COSACNAIFY PORTÁTIL 19

PENSAM

NO SÉCU

GRANDES PROTAGONISTAS E RECEPÇÃO DAS OBRAS NO BRASIL

NTO ALEMÃO O XX OLUME 1

organização Jorge de Almeida e Wolfgang Bader

APRESENTAÇÃO
WOLFGANG BADER

A Alemanha encontra-se no centro da história do século XX, afirma o historiador inglês Eric Hobsbawm. Com razão, pois a Alemanha, como nenhum outro país europeu nesse século, foi o ponto de intersecção de diversos processos históricos universais: a Primeira Guerra Mundial, o nacional-socialismo, a Segunda Guerra Mundial, a divisão do país na linha de frente dos grandes blocos antagonistas da Guerra Fria, a reunificação em meio a uma situação mundial marcada pela crescente globalização. Em muitas ocasiões, a Alemanha ocupou o centro de processos históricos que atingiram o mundo como um todo e, em outras tantas, transformou-se também num desafio radical para o pensamento (inclusive o mais radical), que ao tomar o país como tema e inspiração pôde elaborar praticamente todas as questões relativas à atualidade da experiência humana.

Essa situação extraordinária levou ao surgimento de muitos extraordinários pensadores alemães (ou que pensaram e escreveram em língua alemã), como Max Weber, Sigmund Freud, Carl Schmitt, Martin Heidegger, Hannah Arendt, Walter Benjamin, Theodor W. Adorno, Ernst Bloch, Herbert Marcuse, Jürgen Habermas e Niklas Luhmann, autores que marcaram profundamente a história do pensamento universal e que – à medida que articulavam situações fundamentais do homem moderno a partir de um contexto histórico particular, projetavam teorias críticas da sociedade e do indivíduo, elaboravam projetos culturais e formulavam utopias – tornaram-se conhecidos muito além das fronteiras de seu universo linguístico. Diante das questões fundamentais do século XX, cada um deles deve ser medido por sua própria grandeza, pois, como escreveu Nietzsche, "esse é o trabalho peculiar de todo grande pensador: ser legislador da medida, moeda e peso das coisas" – uma pretensão imensa. Será que essa grandeza é afetada pelo modo como ocorre a recepção de suas obras em outros países, sobretudo em países que, como o Brasil, se encontram em contextos históricos diferentes?

É frequente ouvir que a elite intelectual brasileira orienta-se tradicionalmente pela França e pelo pensamento francês. Uma revisão crítica dos processos de recepção coloca esse juízo em dúvida, pelo menos no que se refere ao século XX. Em 4 de abril de 1999, o jornal *Folha de S. Paulo* publicou o resultado de uma enquete feita entre intelectuais brasileiros de renome. A pergunta era: quais as cem obras de não ficção mais importantes publicadas durante o século XX? Surpreendentemente, quarenta das obras citadas são de pensadores alemães ou de língua alemã, e apenas trinta de autores franceses ou de língua francesa. Uma observação mais acurada da importância dos pensadores alemães para a formulação do discurso público no Brasil não faz senão confirmar essa tendência. Nesse sentido, os resultados pertinentes obtidos no Google são muito elucidativos. Os pensadores de língua alemã estão presentes em posição privilegiada: Freud (488 mil), Adorno (309 mil), Benjamin (158 mil), Heidegger (118 mil), e até mesmo um sociólogo mais especializado, como Max Weber, chega a 205 mil. Contrastando com esses números, os pensadores franceses, com exceção de Sartre (157 mil) e Michel Foucault (108 mil) ficam todos abaixo dos 100 mil resultados: Durkheim (83 mil), Lévi-Strauss (80 mil), Derrida (57 mil), Deleuze (quase 36 mil).[1]

Como se explica essa estima no Brasil pelos pensadores de língua alemã? O que eles têm a dizer nesse contexto cultural e histórico tão diverso? Esse foi o ponto de partida de um ciclo de palestras que ocorreu no segundo semestre de 2007, no Instituto Goethe de São Paulo, onde grandes intelectuais brasileiros apresentaram e lançaram olhares críticos sobre onze pensadores de língua alemã do século XX. Além de apresentar o perfil de cada pensador, os palestrantes falaram de sua importância na história do pensamento, sua recepção no Brasil e a continuidade de suas teorias, críticas e utopias no pensamento brasileiro. A escolha dos pensadores enfocados baseou-se em critérios pragmáticos. Um segundo ciclo, realizado em 2009, incluiu outros grandes pensadores de língua alemã, entre eles Georg Lukács, Rosa Luxemburgo, Carl Gustav Jung, Wilhelm Reich, Norbert Elias, Erich Auerbach, Ludwig Wittgenstein, Karl Popper, Werner Heisenberg e Albert Einstein.

As palestras do primeiro ciclo estão reunidas no presente livro, que pretende contribuir para a discussão sobre a atualidade e a capacidade orientadora dessas posições intelectuais

1. Dados recolhidos em 1º de outubro de 2009.

num mundo cada vez mais complexo e confuso, onde é sempre bom lembrar a frase do Galileu de Brecht: “Pensar é um dos maiores prazeres da raça humana”.

INTRODUÇÃO
JORGE DE ALMEIDA

Em 1965, Theodor Adorno, já de volta à Alemanha após os anos de exílio, foi convidado a participar de um programa na rádio pública no qual vários alemães respondiam a uma pergunta considerada decisiva, principalmente diante do enorme esforço de reconstrução, material e psicológica, do pós-guerra: *Was ist deutsch?* [o que é alemão?]. Em vez de um mero pretexto para respostas evidentes, o adjetivo tomado como objeto exigia dos convidados reflexão e escolha, pois a pergunta, aparentemente simples, denunciava o peso da história recente. No século XX, marcado pelo nazismo, pela derrota da Alemanha em duas guerras mundiais e pela recente divisão do país no auge da Guerra Fria, o que poderia ainda ser lembrado como algo especificamente alemão?

Para tornar as coisas mais complicadas, essa questão tinha uma história interessante e constrangedora, aparentemente desconhecida pelos organizadores do programa. Num pequeno artigo, esboçado cem anos antes, Richard Wagner também havia se perguntado: *Was ist deutsch?*[1] Sua resposta trazia as marcas

1. Richard Wagner, "Was ist deutsch?". *Dichtungen und Schriften*, Dieter Borchmeyer (org.). Frankfurt am Main: Insel, 1983, v. X, pp. 84-103.

de outros tempos, nos quais a própria pergunta podia ser entendida como uma confissão de fraqueza nacional. Logo no início de seu texto, Wagner lembra que "os povos mais poderosos", como os ingleses e franceses, nem se preocupariam em respondê-la. No entanto, como a história do "povo alemão" era conturbada e fragmentada, a pergunta tinha inegável importância "no âmbito da política". E, como para ele arte e política se misturavam a cada linha e compasso, a resposta dizia respeito às "mais altas conquistas" do povo alemão: a literatura e a música (Wagner cita Goethe e Schiller, Bach, Mozart e Beethoven, sem disfarçar que seu nome seria o próximo dessa lista). E conclama os "príncipes alemães" da época a divulgar e defender esse "espírito alemão", cuja grandeza, seriedade e profundidade estariam em risco diante da importação de noções "judaico-francesas" de democracia e dos novos espetáculos parisienses, demasiado cosmopolitas, que ignoravam a importância da ideia de "povo", crucial para a futura grandeza da Alemanha.

Um século depois, quando os sonhos dessa grandeza mítica haviam contribuído para a catástrofe e o extermínio em massa, as respostas tomavam outros caminhos, embora ainda ecoassem o elogio wagneriano ao "espírito alemão". Em sua fala,[2] Adorno começa questionando o sentido da própria pergunta, que facilmente engendraria meros estereótipos, para o bem (a glorificação nacionalista de determinados traços de um suposto caráter

2. Publicada posteriormente com o título "Auf die Frage: Was ist deutsch?" na coletânea *Stichworte*, in Theodor Adorno, *Gesammelte Schriften*, v. 10-2, pp. 691-701 [ed. bras. *Palavras e Sinais*. Petrópolis: Vozes, 1995, pp. 124-136].

alemão) ou para o mal (Adorno convivera, no exílio, com o esforço meticuloso da indústria de Hollywood para difundir uma imagem ridícula e negativa do inimigo). A pergunta é então reformulada, e a experiência do intelectual exilado torna-se o parâmetro de uma reflexão filosófica mais abrangente: o que moveria Adorno, depois de ter sido expulso da Alemanha, depois de todas as atrocidades do período nazista, a ainda se reconhecer (e a seu pensamento) como "alemão"?

Antes de mais nada, sua identificação com a língua alemã, que "possui uma peculiar afinidade eletiva com a filosofia e nomeadamente com o momento especulativo" – afinidade que, no Brasil, foi expressa em termos mais bruscos na conhecida frase de uma canção de Caetano Veloso: "só é possível filosofar em alemão". O verso, que por aqui virou tese, tem seu momento de verdade, e o próprio Adorno não se contém, ao ressaltar que "o idioma alemão não é mera significação de significados já fixados, mas conservou maior força expressiva que as outras línguas ocidentais".[3] Além disso, continua, é sua língua materna, é nela que ele se reconhece e sente bem. Um sentimento de "estar em casa" na própria língua, que teria sobrevivido até mesmo no exílio, e seria indício de seu pertencimento a determinada "cultura do espírito" [*Geisteskultur*], por que não dizer, inequivocamente "alemã".

Nesse sentido, Adorno chama a atenção para a importância do termo *Geist*, de difícil tradução. Em suas experiências universitárias na Inglaterra e nos Estados Unidos, a ausência de um equivalente na língua inglesa leva Adorno a comentar a dificuldade

3. Id., ibid., p. 700 [ed. bras. p. 134].

dessas tradições intelectuais em reconhecer o âmbito do *Geistiges* como algo existente em si, para além do sujeito. O francês *esprit* também teria outro sentido, mais próximo do *Witz* alemão, que em português ressoa na identificação de alguém "com espírito" como uma pessoa "espirituosa". Em nossa língua, a opção correta de traduzir sempre *Geist* por "espírito" gera alguns ruídos e mal-entendidos: não poucas vezes a "dimensão espiritual" se confunde com insuspeito misticismo, e o "espírito" intelectual passa a ser lido como uma entidade místico-religiosa (traindo a origem do termo, que a metafísica alemã não cansou de sublinhar). Na argumentação de Adorno, que não foge do enfrentamento desses pecados de origem, a palavra *Geist* evocaria também duas outras, fundamentais para a consolidação dessa tradição intelectual alemã: *Bildung* [formação cultural] e *Geisteswissenschaft*, que normalmente traduzimos por "ciências humanas". O paradoxo, aqui evidente, traz as marcas da história da recepção do idealismo alemão: quando e de que forma o "espiritual" passou, de algo que existia em oposição à natureza, ao natural, a ser entendido entre nós como o propriamente "humano"?

A resposta tem a ver com outro aspecto relevante dessa "tradição espiritual alemã", valorizado por Adorno tanto nessa sua resposta como no conjunto de sua obra: a indissociação entre rigor conceitual e expressão literária. Na tradição alemã, desde a época de Goethe, são tênues as fronteiras entre *Dichter* [poeta] e *Denker* [pensador], e não custa lembrar o quanto a filosofia alemã sempre se preocupou com sua "forma de exposição", chegando mesmo a se entregar perigosamente aos devaneios de uma metafísica da própria linguagem, como Adorno demonstrou em sua crítica ao "jargão da autenticidade" da escola heideggeriana. Seja como for, a tradição da "cultura do espírito" assumiu em alemão (e não apenas na Alemanha, o que justifica a inclusão de autores austríacos neste volume) características próprias, que tornam possível o reconhecimento de certa unidade, que deve entretanto, segundo frisa a boa dialética de Adorno, ser vista como "um todo contraditório e autocrítico". Do contrário, a resposta à pergunta "o que é alemão?" recairia na mera ideologia nacionalista: "A tradição alemã é lesada por aqueles que, ao mesmo tempo, a admiram e neutralizam como patrimônio cultural que não traz compromisso".[4]

Na organização destes dois ciclos de conferências sobre o pensamento alemão do século XX, não podemos deixar de ficar atentos a essa advertência de Adorno. Para recuperar o sentido pleno dessa tradição, sem "neutralizá-la" como peça de museu, é necessário, paradoxalmente, recuperar sua história como algo vivo e atual, ressaltando as contradições não como meras diferenças teóricas entre os autores, mas como expressões de fraturas históricas mais profundas, sedimentadas no pensamento e nas artes. Na raiz desses processos estão dois pares de referências contraditórias, que marcam o pensamento alemão desde o final do século XVIII: de um lado, a oposição entre Kant e Hegel; de outro, a tensa convivência entre classicismo e romantismo.

O primeiro conjunto contraditório encontra-se no cerne da história da filosofia idealista alemã. Em nenhum outro país, como na Alemanha, a filosofia foi elevada, tanto na academia como na

4. Id., ibid., p. 693 [ed. bras. p. 126].

vida pública, ao centro do debate intelectual. Os dois pontos altos dessa tradição, Kant e Hegel, constituem referências constantes de praticamente todos os autores deste volume. Vários deles, professores de filosofia, escreveram livros e artigos sobre Kant e/ou Hegel: é o caso de Heidegger, Bloch, Adorno, Marcuse, Hannah Arendt e Habermas. Além disso, o conjunto de temas e problemas que configuram as tradições kantiana e hegeliana foi incorporado e aflora na constituição da obra de Freud, Weber, Carl Schmitt, Benjamin e Luhmann.

Em Kant temos a consolidação da filosofia como disciplina universitária e modelo da prática (pública ou privada? – uma grande questão kantiana) da razão, pré-requisito para a defesa da autonomia, no sentido iluminista. Em suas três críticas, a razão pura, a razão prática e a faculdade de julgar são levadas ao tribunal, para que reconheçam seus limites. Ao mesmo tempo, isso abre o caminho para a busca da necessária validade objetiva, ou seja, universalidade e necessidade, de pensamentos, ações morais e juízos de gosto. O rigorismo kantiano, expresso no conceito de "imperativo categórico", com suas raízes luteranas e pietistas, torna-se referência fundamental da cultura alemã como um todo.

Mas em seguida vem Hegel, e afirma que toda imposição de limites já é ela própria uma superação. E propõe a "superação" [*Aufheben*] da própria obra kantiana, contrapondo-lhe um pensamento ao mesmo tempo sistemático e dialético, no qual o sujeito, em busca de sua autonomia, é completamente determinado pelo processo histórico, visto agora como o caminho do espírito em direção a si mesmo. Em vez da moral, temos a ética e a filosofia do direito; em vez do juízo de gosto, uma reflexão sobre a história do belo que acompanha os momentos decisivos da história da arte. Em vez da crítica, a fenomenologia. Em vez das definições e desdobramentos analíticos kantianos, a defesa da exposição [*Darstellung*], quase narrativa, do próprio objeto, em suas várias "figuras".

A tradição alemã posterior teve sempre de enfrentar, de modo muito produtivo, as contradições entre esses dois pensadores. Em seus cursos, Adorno opunha Hegel a Kant, só para no semestre seguinte voltar Kant contra Hegel, mostrando como essa contradição era "esclarecedora"; Hannah Arendt, no último ano de sua vida, buscou num refúgio de férias na Suíça um lugar apropriado para "ler o bom e velho Kant"; Marcuse, no exílio americano, encontrava na leitura de Hegel os "momentos de felicidade" que refletiam injustamente as "páginas em branco da história".

Ao lado dessa oposição propriamente filosófica, outro par contraditório se expressou de maneira mais intensa na literatura e nas artes (filosóficas desde sempre, na Alemanha) como uma contraposição e amálgama (haja dialética, diria Mefistófeles, o espírito que nega sempre tudo, organizado em sistema pela pena de Hegel) entre o classicismo mais radical e o romantismo mais devaneante.

Desde Goethe e Schiller, passando por Hölderlin e Heine e chegando a Nietzsche e Thomas Mann, esses dois momentos se mesclam em obras que, justamente por recusarem o meio-termo, permaneceram relevantes para boa parte dos autores estudados neste volume, pois também eles tiveram de lidar com essa herança contraditória, alternando referências e intenções propriamente clássicas (o apelo à ordem e ao sistema, a defesa da razão e do espírito científico, a constante referência à tradição clássica da Antiguidade, o rigor filológico, o recurso a etimologias e mitologias greco-latinas, a pretensão à universalidade, os imperativos éticos e morais, e uma "serena seriedade" no tratamento dos assuntos do espírito) com impulsos românticos os mais radicais (exaltação da vontade e da vida, atenção à transitoriedade e grandeza da história, certo tom místico e irracionalista, glorificação do sujeito e da nação, cultivo da ironia, desconfiança nos sistemas e no poder absoluto da racionalidade, engajamento político revolucionário, distanciamento em busca da natureza perdida etc.).

Essa tradição duplamente contraditória marcou os debates políticos, artísticos e culturais da Alemanha nos séculos XIX e XX, forjando a própria "vida espiritual" de seus participantes, para usar um vocabulário adequado. Nas universidades, conviviam (faustianamente) neokantianos, hegelianos de direita e de esquerda, metafísicos e materialistas, conversadores revolucionários e revolucionários conservadores, filósofos vitalistas e mestres ascéticos, sempre ansiosos por uma boa conversa filosófica, nem que fosse às marteladas...

Quem talvez melhor "martelou", antes de Nietzsche, a autoestima da cultura alemã, tenha sido Heinrich Heine, ele próprio um judeu alemão ressabiado, cujo olhar estrangeiro sobre sua terra natal revelou muito das contradições da cultura alemã da época. Em um dos "fragmentos ingleses" de 1828, um de seus personagens contrapõe os alemães aos ingleses e franceses:

> No que concerne aos alemães, não precisam nem da liberdade, nem da igualdade. São um povo especulativo, ideólogos, pensadores e devaneadores, sonhadores que vivem unicamente no

> passado e no futuro, mas que não têm presente. Ingleses e franceses têm presente, para eles todo dia tem sua luta, seu embate, sua história. O alemão nada tem por que possa lutar e quando começou a suspeitar que havia coisas, cuja posse era desejável, seus filósofos previdentes lhe ensinaram a duvidar da existência de semelhantes coisas.[5]

Não por acaso, Heine foi amigo, em Paris, do terceiro autor fundamental para a tradição que forma o pensamento alemão do século XX: Karl Marx. Crítico ferrenho da ideologia alemã, autor que, como dizem as anedotas, colocou o idealismo de ponta-cabeça, para que ficasse em pé, Marx estava tão atento às contradições da cultura alemã que acabou se interessando pelas contradições históricas que lhes davam sentido. Essa abordagem, materialista e dialética, explica muito do teor especulativo da "vida espiritual" alemã, como lembra o próprio Adorno, ao chamar atenção para as consequências da "unificação tardia, precária e instável"[6] de seu país. Nessa relação, já muito investigada, entre uma cultura altamente desenvolvida e uma situação econômica e política atrasada, encontramos uma chave para explicar a especificidade dessa tradição. Dividida em centenas de pequenos principados, e sem forças políticas para realizar uma revolução como a inglesa ou a francesa, os intelectuais alemães sempre encontraram na língua e na cultura um "sucedâneo" ade-

5. Heinrich Heine, *Prosa política e filosófica*. Rio de Janeiro: Civilização Brasileira, 1967, pp. 91-92.
6. Adorno, op. cit. p. 692 [ed. bras. p. 126].

quado para essa falha. De Goethe, que encarnava ele próprio o "espírito alemão", até Thomas Mann, que chegando ao exílio pôde dizer "onde eu estou, está a Alemanha", a ideologia alemã adquiriu muitas faces, mas também se olhou no espelho, criticando a si mesma mais do que qualquer outra, como mostram os vários estudiosos, nem todos marxistas, desse produtivo descompasso entre cultura e sociedade: Norbert Elias,[7] Georg Lukács,[8] Fritz Ringer[9] e também os brasileiros Michael Löwy[10] e Paulo Arantes.[11]

Se o século XIX assistiu, pela chamada "via prussiana", o processo de unificação e industrialização acelerada da Alemanha, as primeiras décadas do século XX colocaram em questão o próprio significado da idealização da *Kultur* e da *Bildung* nos campos de batalha da Europa. Os autores estudados neste volume herdaram e viveram todos esses problemas, mas a resposta de vários deles foi menos uma tomada de posição do que a percepção de que esses conflitos funcionavam como chave para a compreensão crítica dos pressupostos da própria época em que viviam: um *Zeitgeist* avesso ao livre desenvolvimento do *Geist*, que havia sido justamente o ideal da cultura alemã do século XIX. O resultado, também político e social, como vemos na ascensão do nazismo e nos horrores da Segunda Guerra, foi traduzido em termos precisos pela expressão de Hannah Arendt que dá título a uma reunião

7. Norbert Elias, *Os alemães*. Rio de Janeiro: Jorge Zahar, 1997.
8. Georg Lukács, *Der junge Hegel*. Frankfurt am Main: Suhrkamp, 1973.
9. Fritz Ringer, *O declínio dos mandarins alemães*. São Paulo: Edusp, 2000.
10. Michel Löwy, *Para uma sociologia dos intelectuais revolucionários*. São Paulo: Lech, 1979.
11. Paulo Arantes, *O ressentimento da dialética*. São Paulo: Paz e Terra, 1996.

de ensaios sobre alguns dos pensadores apresentados neste volume: "homens em tempos sombrios".

Esses tempos sombrios geraram uma determinada "constelação de problemas" dos quais nenhum autor alemão pôde escapar. Nas palestras (e ensaios) que reproduzimos neste volume, alguns temas são recorrentes: a) uma crítica aos pressupostos da razão; b) reflexões transcendentais e históricas sobre moral e política; c) debates sobre estética e crítica da arte moderna e das vanguardas; d) reflexões sobre os fundamentos sociais, políticos, filosóficos e psicológicos do autoritarismo e do nazismo; e) a experiência do exílio, do trauma e do horror da guerra. Em todos esses temas, um pouco da questão sobre "o que é alemão?" é respondida, no prisma dialético de um pensamento marcado, como vimos, pelo contínuo esforço de reconciliar-se com suas próprias contradições.

Neste ciclo de palestras, entretanto, os autores que marcam o "pensamento alemão do século XX" são vistos sob outro foco, na medida em que a obra de cada um será apresentada e criticada por intelectuais brasileiros, sob a perspectiva de um suposto, ainda que recalcitrantemente afirmado, "pensamento brasileiro do século XX". A questão relevante, portanto, torna-se outra: como os brasileiros entendem, utilizam e criticam as por vezes intraduzíveis, mas sempre fecundas, obras do "espírito" alemão?

É comum a surpresa que os intelectuais alemães demonstram quando percebem que, em muitos casos, algumas vertentes dessa tradição estão mais vivas aqui no Brasil do que na própria Alemanha. Basta lembrar a importância de Freud e da prática psicanalítica em nosso país; o papel fundamental de Max Weber na consolidação da sociologia brasileira; ou o enorme interesse público pelos autores da Teoria Crítica, que constituem bibliografia básica nas mais variadas disciplinas, da filosofia ao jornalismo, da educação à crítica de arte. Como anedota, podemos recordar também o espanto da viúva de Heidegger, que duvidou do editor da coleção Os Pensadores ao saber que a tiragem prevista para o volume com obras de seu marido ultrapassava os 100 mil exemplares.

Paradoxalmente, boa parte desse interesse pelo pensamento e pela literatura da Alemanha se deve aos acontecimentos políticos mais trágicos do século XX, que trouxeram ao Brasil um conjunto expressivo de exilados, como Stefan Zweig, Otto Maria Carpeaux e Anatol Rosenfeld, intelectuais que acabaram difundindo por aqui a tradição humanística que cultivavam – como um antídoto ao próprio nazismo. Em plena Segunda Guerra, a solidariedade "espiritual" dos alemães no exílio recuperava o sentido humano da *Bildung* e da cultura alemã, como pode ser visto em artigo de Anatol Rosenfeld publicado num jornal paulista em julho de 1943:

> Thomas Mann, o maior escritor alemão do presente, [...] é o expoente de uma cultura humanística cuja essência, na sua pátria, há mais de dez anos se acha proscrita e esmagada sob as botas do Nazismo. O mais bondoso, o mais elegante e fino escritor da Alemanha, expulso de sua terra, vive presentemente na América do Norte, levantando a sua voz contra os que dominam o país de Goethe, Kant e Bach.[12]

12. Anatol Rosenfeld, "Thomas Mann e a situação ambígua do homem", in *Thomas Mann*. São Paulo: Perspectiva, 1994, p. 101.

Nas universidades brasileiras, entretanto, a Alemanha também era vista como "o país de Karl Marx". Quando a elite paulistana fundou a USP, exigiu que professores alemães e italianos fossem convidados apenas para as áreas técnicas, reservando as ciências humanas aos representantes da "civilização francesa". Mas os jovens professores franceses que vieram nas primeiras "missões" já estavam, como seus mestres, tocados pelo "espírito de contradição" da filosofia alemã. Antonio Candido lembra os cursos que Jean Maugüé ofereceu sobre "Kant, Hegel, Schopenhauer, Nietzsche, Marx, Scheler e Freud: de todos se desprendia uma espécie de inspiração que aguçava o senso da vida, da arte, da literatura, da história, dos problemas sociais".[13] Um professor mais jovem, Gérard Lebrun, continuou a tradição franco-germânica nos estudos uspianos, e mesmo o famoso seminário sobre *O capital* ficou marcado pela obstinada aplicação dos tradicionais métodos franceses de explicação de texto às obras dialéticas da filosofia radical alemã.[14] Como resultado, um número significativo de importantes teses sobre autores alemães foi defendido, em francês e em Paris, por jovens pesquisadores brasileiros, no correr dos anos 1970 e 1980.

O que explica todo esse interesse? Artigos e pesquisas recentes no âmbito da história e da sociologia da cultura buscam algumas respostas,[15] estudando a recepção e o impacto desses autores

13. Citado em Paulo Arantes, *Um departamento francês de ultramar*. São Paulo: Paz e Terra, 1994, p. 65.
14. Id., ibid., pp. 241-316.
15. Várias dessas pesquisas, que focam a recepção dos autores alemães no Brasil, são citadas nos ensaios aqui reunidos.

alemães no meio acadêmico brasileiro. Mas prefiro recuperar aqui outro trecho do próprio Heine, o mais autocrítico dos poetas alemães, e portanto acima de qualquer suspeita nacionalista:

> Não falemos mal dos alemães. Embora sejam sonhadores, havia entre eles quem sonhasse sonhos tão belos que eu não os trocaria pela realidade desperta de nossos vizinhos. [...] Senhor, não deboche dos nossos sonhadores, pois de vez em quando dizem coisas maravilhosas no sonho, como sonâmbulos, e sua palavra se torna semente de liberdade. Ninguém pode prever o futuro das coisas. Se um dia, Deus nos livre, a liberdade desaparecer do mundo inteiro, um sonhador alemão a redescobrirá em seus sonhos.[16]

Esses sonhos, e alguns pesadelos do século XX, serão interpretados nas palestras que compõem este volume.

16. Heine, op. cit., p. 93.

MAX WEBER:
MUITO ALÉM DO ESTADO NACIONAL

GABRIEL COHN

Num ciclo sobre pensamento alemão, cabe a pergunta sobre o que há de propriamente germânico em Max Weber. À primeira vista, ele se apresenta como a própria encarnação da germanidade, a expressão mais acabada (não exageremos: não chega a ser o tipo ideal) do acadêmico alemão na época da hegemonia prussiana. No entanto, essa visão logo se revela simples demais. Havia sim uma referência especificamente germânica além das óbvias filiações culturais no pensamento desse jurista, historiador, economista (como ele próprio gostava de se definir, referindo-se àquilo que na Alemanha de sua época era denominado "economia nacional" e outros designavam por "economia política") e finalmente sociólogo, cuja vida se estendeu de 1864 a 1920 por escassos 56 anos, nos quais produziu, com interrupções, uma obra que o caracteriza provavelmente como o último espírito universal nas ciências sociais (ou culturais, ou históricas). Trata-se da questão do Estado nacional ao qual pertencia, que então se buscava consolidar no centro da Europa. Esse sempre foi um problema substantivo fundamental para ele. No que concerne ao formato de seu pensamento, contudo, a marca dessa preocupação perene não consistiu em restringi-lo a seus limites nacionais, mas em algo mais fundo e mais significativo. Por essa via, a dimensão política da vida social ganha posição central em sua obra.

Isso se dá numa perspectiva muito ampla, que envolve até suas construções teóricas mais gerais. No centro de suas análises sempre está, mesmo de modo indireto, a questão do poder. E este, por sua vez, é concebido numa ótica que lhe confere alcance que vai além do seu núcleo estritamente político, pois Max Weber é tributário da grande vertente burguesa do pensamento europeu que opera com o pressuposto da insuperável escassez dos recursos disponíveis no mundo em que os homens se movem. (A única grande figura do pensamento social moderno que se distancia dessa concepção que já levou, no século XIX, a designar a economia como a "ciência triste" é Karl Marx, com seu exuberante otimismo na capacidade de os homens livremente associados superarem todos os limites aos propósitos humanos.) Isso significa que a busca da satisfação de necessidades de todo tipo passa inexoravelmente por alguma modalidade de disputa pela apropriação desses recursos escassos, numa luta (o termo é de Weber, e mostra como ele ainda era tributário da mesma sem-cerimônia oitocentista utilizando palavras que o século XX meticulosamente expurgou de seu vocabulário, tanto quanto aqueles que sem ver nisso nada demais falavam de luta de classes); luta essa cuja versão amenizada (civilizada, poder-se-ia dizer) é exatamente o exercício do poder mediante a dominação legítima e não pela força ou pela mera violência sem mais. Isso se aplica especialmente quando o poder se organiza de modo racional, conforme regras conhecidas e previsíveis e mediante uma forma de dominação legitimada em nome de sua racionalidade.

Há um ônus para isso, todavia. Ocorre que o poder racional e, de modo geral, o mundo racionalizado é o reino da previsibilidade, da persistência das formas de ação que se revelarem mais eficazes – no limite, é o mundo da burocracia rotineira mais do que da política inquieta e sempre em busca de novos desafios. No entanto, a política em sua forma moderna somente se realiza em moldes racionalizados. Isso envolve uma tensão contínua entre as exigências da política e as da administração burocrática, o que assinala uma tensão mais funda, entre formas racionais e frias de dominação (logo, de direção) na sociedade e formas que estão em seus antípodas e resistem à racionalização. Dessas últimas o caso exemplar é aquilo que Weber denominou dominação carismática, que se exerce em nome do caráter excepcional (portanto único e de base irracional) do mandatário. Nesse caso não temos propriamente política e sim arbítrio, num sentido muito específico ao qual Weber estava muito atento. É que o caráter singular do portador da condição carismática lhe permite fazer algo que está inteiramente vedado ao dirigente racional. Se não estiver preso às regras estabelecidas, nem – este é o ponto – aos fundamentos últimos delas, que são valores, ele pode fazer algo que confere a essa configuração a condição que Weber considerou "a grande força revolucionária da história". Está qualificado e capacitado para propor *novos* valores como fundamentos das condutas em vez de se ater aos já estabelecidos. Esse é um dos pontos mais intrincados do pensamento weberiano, e talvez aquele que gera mais desconforto e mal-entendidos. Por isso mesmo, merece um pouco mais de atenção. Ao ter como base o caráter excepcional do líder, a dominação carismática é efêmera por sua própria natureza, pois sempre enfrenta a questão do sucessor. Mesmo quando há regras meticulosas para sua busca, como no caso do Dalai Lama, persiste o problema daquilo que Weber chamava de "rotinização" do carisma: aos poucos a excepcionalidade abre caminho para regras que, no limite, burocratizam o processo todo. Em estado puro, a dominação carismática é como a explosão de uma estrela nova no firmamento histórico. O fascínio dessa configuração singular para Weber consistia justamente na possibilidade que ela oferece de romper a continuidade do quadro valorativo no interior do qual se move uma sociedade; continuidade essa que é tanto mais sólida quanto mais avança a burocracia racionalizada. Hoje, após as experiências extremas do século XX, as quais Weber não testemunhou, somos levados a considerar com certo desconforto esse capítulo em sua obra. O período posterior a Weber testemunhou algo que ele não poderia prever: a mescla perversa entre traços carismáticos e burocracia racionalizada, tal como se apresentou em regimes políticos altamente despóticos como o hitlerismo e o stalinismo. Nesses casos não se trata diretamente de carisma, mas de sua instrumentalização deliberada e com fortes componentes racionalizados. Autores como Hannah Arendt viriam a caracterizar regimes dessa ordem como totalitários; mas isso está além do empreendimento weberiano. A despeito disso, a caracterização desse tipo de dominação feita por Weber é muito importante, e a identificação de traços carismáticos em regimes dados à observação (por exemplo, tentativas de reduzir o conjunto dos cidadãos a séquito de lideranças personalizadas) pode ser de grande valia na análise; mas o carisma em sua versão pura não tem como se impor em sociedades complexas modernas.

A referência ao detentor do poder permite identificar outro elo entre as preocupações substantivas que guiavam o pensamento de Weber desde o início e o próprio esquema conceitual que ele foi construindo para tratar dos problemas envolvidos nisso. É que não há como falar em poder quando não se tem condições para identificar o agente social (ou, numa expressão mais forte, o sujeito capaz de torná-lo efetivo). Ocorre que, para Weber, essa questão do detentor efetivo do poder na Alemanha (e, por extensão, da própria Alemanha em relação ao resto do mundo) tocava naquilo que havia de mais problemático na situação histórica então vigente naquele país. Pois, para ele, era exatamente essa figura que não se apresentava com densidade suficiente para assegurar aquilo que importava naquela conjuntura, que era a proposta e a promoção efetiva de um programa de fortalecimento interno e externo da unidade da Alemanha como Estado nacional e, por conseguinte, como potência internacional reconhecida. Inexistia um grupo social dentro da Alemanha que pudesse atuar como sujeito político efetivo, como entidade capaz de dar início a ações e gerar situações novas. Na falta disso, a própria Alemanha como nação encontrava dificuldades para assumir a posição de interlocutor reconhecido no cenário internacional. Do ponto de vista da constituição do esquema de pensamento de Weber, isso tem importância fundamental, pois nessa perspectiva se coloca em posição central a figura do agente e se focaliza a ação que ele desempenha, com atenção aos objetivos procurados e ao modo de persegui-los. Já aqui se anuncia, portanto, que a análise social weberiana só poderia ser uma teoria da ação; e não de qualquer ação, mas daquela que tem significado para o agente (pois, do contrário, como ele poderia estabelecer ou sequer reconhecer metas?). Segue-se disso tudo que o agente terá necessariamente as características de um indivíduo: um ente inteiriço no qual se encontram o começo e o fim de uma ação, desde a intenção inicial até a meta buscada, tudo organizado de tal modo que o conjunto formado pelo motivo inicial, pelos atos desempenhados e pelo sucesso (ou não) na busca da meta seja significativo, faça sentido para ele.

A trajetória intelectual de Max Weber o levou a desembocar numa ciência social específica, a sociologia. Considerando-se sua ênfase sobre a figura individual do agente da ação, seria de esperar que ele entrasse nessa área com certa desconfiança, pois a tendência nela dominante dava muito mais realce a entes coletivos do que a agentes individuais. De fato, desde o começo sua preocupação foi com o combate à ideia de que se pudessem atribuir motivos, metas e desempenho de ações a entes coletivos sem considerar que eles são redutíveis a seus componentes individuais, os únicos capazes de ação. Nesses termos, a questão sociológica básica tem três dimensões. A primeira concerne aos móveis da ação: o que leva o agente a agir? A segunda diz respeito à orientação que o agente imprime à ação: o que ele tem em vista quando age? A terceira é aquela à qual Weber dedicou mais esforço em sua obra. Refere-se à própria organização interna da ação, admitindo-se que ela constitui um processo complexo, que no mínimo envolve uma sequência de atos interligados. (Cabe aqui um parêntese sobre a natureza dessa interligação dos atos singulares que compõem a ação. Ela é de índole significativa; na realidade ela é constituída pelo *sentido* da ação). No limite da univocidade e da clareza dessa interligação dos componentes da ação encontra-se aquela modalidade de ação que mais atraiu a atenção de Weber: a ação *racional*. Nesta, os móveis e os alvos da ação se articulam com nitidez mediante um contínuo bem ordenado de atos, que asseguram o máximo de eficácia no agenciamento de meios e fins.

Essa modalidade de ação está no cerne do grande processo social – mais do que isso, constitutivo de toda uma configuração civilizatória, aquela que caracteriza o mundo ocidental de raiz europeia – que absorveu a atenção de Weber ao longo de toda a sua obra. Trata-se do processo de *racionalização*, consoante o qual a racionalidade desenvolve ao longo do tempo sua lógica própria e vai tomando conta de todas as esferas da vida social (ou cultural, na linguagem de Weber). No fundo dessa preocupação encontra-se a questão substantiva que forma o ponto de partida desse grande empreendimento intelectual: como assegurar que a Alemanha de fato se integre como parceira de primeira linha nesse mundo racionalizado, capitalista, potencialmente democrático que avança deixando para trás quem não souber se adaptar a ele? Como garantir, enfim, que a Alemanha integre de vez o mundo moderno? A questão inicial é restrita, mas seu tratamento acaba se revelando de porte universal. Sempre de olho na questão nacional alemã, Weber observa incansavelmente o mundo, numa conduta que lembra a grande figura do pensamento social francês no século XIX, Alexis de Tocqueville, que falava dos Estados Unidos da América e pensava na França, que também considerava como um país às voltas com as dificuldades de se ajustar a um processo histórico em avanço inexorável; em seu caso, a democracia, entendida como igualdade de condições (em contraste com a aristocracia).

Continua de pé, porém, a questão sobre o que move os homens a agir socialmente (isto é, a agir de modos que levem em conta os dos demais e também sejam importantes para outros e por sua vez os levem à ação). Neste ponto podemos considerar equivalentes as referências aos motivos da ação e às orientações de conduta, pois o que move os agentes é o resultado que eles têm em vista. Esse resultado, por sua vez, pode ser basicamente de duas ordens. Ou bem se trata de satisfazer algum tipo de necessidade ao se atingir um fim qualquer que remete a outros fins e a outras ações, ou então a ação se orienta conforme um fim último, que, por ter valor intrínseco, não remete a outros nem pode ser substituído sem mais. No primeiro caso, age-se movido por interesses; no segundo, por valores. Posso votar num partido cujo programa me promete vantagens; por interesse, portanto. Ou posso fazê-lo porque o programa visa à expansão da igualdade entre os cidadãos; neste caso, minha referência é um valor, e nenhum apelo a interesses me levará a modificar minha conduta. Em ambos os casos a modalidade racional da conduta permitirá agenciar do modo mais eficaz os meios para se chegar aos fins contingentes (no caso dos interesses) ou últimos (no caso dos valores).

O conjunto dos interesses e valores que balizam a ação de um agente ao longo do tempo constitui aquilo que Weber chama de "condução da vida". Esse conceito tem grande importância em seu esquema analítico, em especial quando se trata de examinar o modo como certas constelações de interesses e valores lançam raízes e se convertem em movimentos históricos importantes a partir do momento em que são compartilhadas por muitos. É o caso da ação econômica racional capitalista, cuja expansão em momento crucial para sua consolidação é associada por Weber, em estudo clássico (ao qual voltarei mais adiante), a determinada condução religiosa da vida, mediante a demonstração da singular ressonância significativa entre a ideia de lucro (como indicador de sucesso na vida) e a da salvação da alma (como indicadora de êxito na busca da graça divina). Num de seus textos mais famosos – a conferência que fez a estudantes em 1918, no final da Primeira Grande Guerra do século XX, sobre "política como profissão" (e como "vocação", pois o termo alemão *Beruf* comporta ambas as acepções) –, Weber examina um aspecto importante da condução da vida no campo da ação política. Após distinguir entre viver *para* a política e *da* política – ou seja, fazer da política uma vocação e mesmo uma missão ou então tomá-la como um ramo especial de atividades entre outras – e demonstrar o avanço dessa concepção profissional, ele propõe a distinção entre duas orientações básicas de conduta (duas éticas, em sua linguagem) específicas desse campo. Por um lado, temos uma ética da responsabilidade, que está no centro mesmo da ação propriamente política. Ela consiste em levar a conduta política de modo consequente até o fim, em contraste com a do burocrata e a do homem devotado a alguma fé (religiosa, estética ou de qualquer outro tipo), mediante a disposição a assumir para si a responsabilidade por todos os seus atos no exercício de cargo que venha a ocupar. Essa responsabilidade é diferente daquela do burocrata, que única e exclusivamente deve resposta às normas que regem seu serviço. Ela tem como objeto a capacidade de propor programas à sociedade e de tomar decisões inovadoras, não adstritas a regulamentos já existentes. O burocrata responde por eventuais infrações a regulamentos, enquanto o político como tal se prepara para responder no futuro pelas consequências de seus atos presentes. É diferente, contudo, assumir a posição de "tomo uma decisão e respondo por ela" ou sustentar que "faço assim porque estou convicto da justeza do meu ato". Essa segunda posição pode ser altamente respeitável, mas sua inerente intransigência colide com uma característica básica da ação propriamente política, que é a disposição de fazer concessões. Essa distinção tem grande importância para Weber, desde que se perceba que ela é primordialmente de caráter analítico: serve para caracterizar com nitidez as posições para melhor assinalar suas diferenças. E a diferença básica consiste em que a pura convicção não serve para a política, por mais que se reconheça que não há responsabilidade desprovida de convicção. Parafraseando um dito célebre, quando está em causa a ação política a convicção sem responsabilidade é cega e a responsabilidade sem convicção é impotente.

Para Weber, a política consiste basicamente naquilo que seu longínquo predecessor nesse assunto, Maquiavel, identificava como a conquista e a preservação do poder. E, na mesma linha, o poder não é um ente, uma coisa ou um lugar, e sim uma relação entre agentes sociais. É fundamentalmente uma relação entre vontades. O detentor do poder impõe sua vontade sobre outros sempre que o aciona. Pois o poder não se traduz diretamente em ação permanente: é uma capacidade, mais do que um exercício. O exercício fica por conta de outra relação fundamental na organização, na rede de ações reciprocamente referidas que constitui a sociedade: a *dominação*. Esse termo não designa, em Weber, puro e simples mando, do mesmo modo que o poder não se traduz diretamente em mera força ou coerção. Na realidade, designa muito mais uma relação de direção, de condução. O dominante se impõe sim, mas isso se dá em sua capacidade de instilar conteúdos específicos na relação de poder e por essa via definir o rumo das ações de outros. O modelo weberiano de poder e dominação como dimensões complementares e inseparáveis não cabe num esquema estático como aquele que muitos sociólogos denominam "estratificação social". Trata-se de um modelo dinâmico, que em termos plásticos mais se assemelha à ordenação de fluxos do que à superposição de camadas. Isso, entretanto, assinala uma dimensão essencial do poder segundo essa concepção, que ainda não ficou explícita. O núcleo mesmo do poder consiste na capacidade de *tomar a iniciativa* numa relação ou numa rede de relações. Nesses termos, ajustam-se inteiramente as dimensões da dominação como condução e do poder como iniciativa. Há todavia um elo intermediário. Sem ele, a continuidade do exercício da dominação ficaria comprometida, pois não poderia se sustentar na pura coerção (refluindo assim ao poder em sua forma mais crua). É imprescindível algum grau de assentimento; e é precisamente a isso que responde o processo de *legitimação*, ao prover os dominados de conteúdos significativos para a aceitação da ordem no interior da qual se movem.

O exercício da dominação com o respaldo de alguma modalidade de legitimação (Weber identifica várias) é um importante fator de estabilidade das relações sociais, ou, numa formulação mais ampla, de uma dada ordem social. Nisso encontra resposta um problema que afeta toda teoria centrada na ação individual: em nome do quê, afinal, as pessoas mantêm as mesmas linhas de ação de um dia para o outro e não entram em comportamentos totalmente erráticos? A segurança de que isso não ocorra só pode provir de algo interno a elas; no caso, a aceitação de determinada situação como algo que vale a pena ser preservado. Essa segurança, contudo, não é uma garantia. Em princípio, ela está continuamente sujeita a uma anuência que pode falhar. Em suma, a continuidade de determinada linha de ação ou de toda uma ordem social está no campo da probabilidade (que pode ser alta, mas não necessariamente) mais do que da certeza. No conjunto, o mundo social e histórico não é um cenário em que as coisas ocorram necessariamente e conforme leis inexoráveis como as da ordem natural. Nada foi univocamente determinado no passado, nem é no presente e menos ainda é possível formular previsões bem fundadas. O máximo que se pode fazer é identificar tendências alternativas, cuja chance de efetivação se possa avaliar de alguma maneira, sempre imprecisa. Não há leis históricas gerais, só configurações contingentes, cuja densidade e capacidade de preservação ao longo do tempo precisam ser examinadas caso a caso. A vida não é fácil para o sociólogo weberiano. Para ele, ter resolvido um problema só garante uma coisa: que outros problemas, independentes daquele, se apresentarão. Dele espera-se que seja capaz de formular os problemas sempre que exista a informação para percebê-los.

Essa posição teórica de Max Weber é a expressão daquilo que ele fazia em todas as áreas da existência, como seu modo pessoal de "condução da vida". Sua conduta correspondia em todos os pontos, até nas concepções teóricas, a uma visão "senhorial", na qual o imperativo básico é ser "senhor de si". Em suma, uma concepção de índole aristocrática, embora, como filho de família burguesa, ele nada tivesse a ver com qualquer aristocracia – diferenciando-se nesse ponto da já citada grande figura francesa com a qual tinha certa afinidade, Alexis de Tocqueville, aristocrata até a medula. Quanto à identificação social e política explícita, Weber era inequívoco: sou burguês, da classe burguesa, dizia ele, para se diferenciar da classe que, na Alemanha de sua época, servia para ele como referência negativa, a classe operária. Nesse passo ele também se distinguia de seu grande predecessor Karl Marx, com tudo o que este representava de adesão a uma visão de perfil mais "plebeu" da sociedade e de seu conhecimento ao tomar a classe operária como referência positiva. Ambos estavam preocupados com o entendimento do processo histórico de constituição e expansão da ordem capitalista e ambos viam no capitalismo a força decisiva do mundo moderno em vias de racionalização. Suas óticas eram opostas, porém, no que se refere às forças sociais básicas, às classes envolvidas nesse processo. Sem entrar em outras considerações, cabe assinalar neste ponto que, ao se colocar na perspectiva da classe dominante, Weber era perfeitamente coerente em concentrar sua atenção no sujeito-agente, nas relações de dominação e nas diferentes orientações da ação; enquanto não surpreende que Marx examinasse o mesmo processo pelo ângulo das relações entre aquelas classes polares, já que sua mirada partia do polo dominado, embora empenhado em se tornar dominante. Tampouco surpreende que Marx concentrasse sua atenção sobre uma relação de apropriação historicamente específica, aquela da propriedade dos meios de produção, enquanto Weber, em resposta, argumentasse que nenhum meio de trabalho, seja no setor produtivo seja no de serviços, pertence ao trabalhador direto nas sociedades modernas e que, portanto, concentrando-se no setor fabril, nada de especial se poderia tirar dessa relação. Do mesmo modo, faz sentido que Weber focasse no exame de formas específicas de orientação da ação que, combinadas, tiveram papel decisivo, senão na gênese, pelo menos naquilo que mais lhe interessava, que é a consolidação e a expansão do capitalismo racional ocidental, enquanto Marx estivesse particularmente atento ao modo como o sistema capitalista, já constituído de acordo com certos processos que reconstrói, encontra condições para se reproduzir como tal, junto com os limites disso.

Toda a perspectiva analítica de Weber aponta para dois procedimentos básicos, que estão presentes direta ou indiretamente em seus estudos. Primeiro, o fenômeno que importa é caracterizado em seus traços peculiares e em sua especificidade; depois, diferentes manifestações suas são comparadas, buscando encontrar aproximações ou afastamentos nos sentidos das ações correspondentes, para saber, por exemplo, se são compatíveis entre si ou se há repulsa mútua; na linguagem de Weber, se há afinidade ou rejeição entre elas. O caso mais notório dessa forma de análise, à qual já se aludiu anteriormente, é o da relação entre a ação religiosa protestante de perfil calvinista e a ação econômica de perfil capitalista. A questão mais ampla, que alimentava o interesse de Weber por esse caso, era: o que ocorreu de especial para que só na Europa se desenvolvesse um capitalismo racional, com empresas reguladas por um direito também racional (isto é, com regras claras, consistentes e de validade geral), tudo isso sob a égide de um Estado também racionalizado (vale dizer, apto a operar mediante um quadro administrativo com regras racionais – no caso, uma burocracia profissional). Seria de grande valia se fosse possível observar na sociedade, no momento da emergência do capitalismo moderno, algum impulso poderoso em favor da adoção de condutas compatíveis com a constituição e a generalização de empresas capitalistas do tipo que a era moderna conhece. Melhor ainda seria se fosse possível localizar esse impulso em alguma linha de ação já adotada por muitos agentes, pois do contrário poderíamos encontrar uma mera idiossincrasia de alguns poucos. Pois bem, afirma Weber, é possível localizar essa conjugação num caso especialmente expressivo, no qual se revela uma alta afinidade entre os significados que regem a ação religiosa no interior do protestantismo e a ação econômica voltada para o investimento regular e metódico tendo em vista o lucro da empresa. A presença de componentes de uma modalidade de ação religiosa que já possuía bases sociais firmes como reforço em momento decisivo para a conduta racional na gestão lucrativa da empresa autoriza a conclusão de que, sem esse componente, dificilmente se teria o desenvolvimento do capitalismo em sua feição altamente racional na Europa moderna. O segredo dessa alta afinidade entre o sentido da ação nessas duas dimensões pode ser enunciado da seguinte maneira. Primeiro, ambas as formas de ação são suscetíveis de racionalização, e a vertente do protestantismo a que Weber se refere exibe isso em alto grau. Depois, encontra-se em ambas uma condição de incerteza que envolve alto risco para o agente. Num caso, há o risco de não se estar predestinado à salvação da alma no além; no outro, o risco é mais iminente, de fracasso no empreendimento econômico. O elo entre as duas orientações se fecha caso se verifique, como Weber procura demonstrar, que o êxito econômico aqui e agora pode ser visto pelo agente como indício de que será bem-sucedido também na busca da salvação da alma. Ocorre que, uma vez instalado o padrão da gestão racional da empresa, dá-se um deslocamento: se antes o sucesso econômico tinha significado religioso, agora a continuidade do bom desempenho lucrativo depende da competição crescente entre os novos agentes econômicos. Enquanto antes o sucesso aqui e agora era indício de sucesso no além, agora a obtenção de bons resultados cotidianos se torna condição de sobrevivência da própria empresa. O sucesso econômico se converte em exigência intrínseca e passa a dispensar a referência religiosa. Em suma, já não é preciso ser um bom protestante dessa ou daquela denominação para ser um bom capitalista: basta ser racional e eficiente na disputa econômica. Dispensada a sua antiga referência religiosa, o capitalismo racional está livre para sua marcha triunfal pelo planeta. Mas não de modo irrestrito: quando o sentido da ação econômica racional colide com o de alguma outra modalidade de ação (religiosa, digamos) poderá até desenvolver-se o capitalismo, mas terá traços diferentes daquele ao qual Weber se referia em seu estudo pioneiro.

Alguns insistem em considerar Weber como uma espécie de maquiaveliano moderno. Num certo sentido, essa afirmação tem fundamento. Em especial quando ele pensa a política como aquisição e manutenção do poder e adota a perspectiva da ação específica de um agente também específico: o príncipe (para usar a linguagem de Maquiavel); vale dizer, do primeiro, daquele que vai à frente e toma a iniciativa com audácia temperada por realismo. É claro que no Weber pós-bismarckiano às voltas com os problemas de um Estado nacional mal resolvido também se pode detectar uma remota ressonância da busca por Maquiavel do líder capaz de promover a unificação italiana como nação independente. Pelo alcance universal que soube dar ao tratamento das questões teóricas e práticas envolvidas nisso, Weber projetou sua presença sobre todo o século XX, como interlocutor intrépido de um Marx e como pensador do porte de um Tocqueville, pelo menos. O que resta, hoje, de seu empreendimento intelectual? Não tanto o seu núcleo político de origem, a referência ao Estado nacional, ainda menos em sua versão estritamente alemã. Mantém-se firme e instigante, porém, toda a sua análise do processo de racionalização – que nele assume figura caracteristicamente ocidental –, para agora, em escala mundial, suscitar problemas novos que seu esquema analítico pode ajudar a formular com a precisão requerida. Sobretudo, resta algo implícito em seu pensamento, embora oculto pela ênfase nas formas históricas do capitalismo e na especificidade moderna como regime por excelência da acumulação sistemática e racional de recursos postos sob o poder de disposição (o termo é dele) de proprietários e gestores de empresas. Pois, a rigor, a acumulação não constitui categoria fundamental no pensamento de Weber. Consoante a índole senhorial-aristocrática de matiz elitista de seu pensamento, ele reserva lugar proeminente a processos *seletivos*. Nesse ponto, ele se revela inesperadamente um representante antecipado daquilo que, na fase final do século XX, encontrou expressão mais plena no pensamento de outro sociólogo alemão de peso, Niklas Luhmann. Na obra deste, desenha-se com nitidez aquilo que poderá muito bem ser peça central de qualquer novo paradigma das ciências sociais no século XXI: a passagem da ênfase na *acumulação* para a ênfase na *seleção* como processo social fundamental em sociedades moldadas pela prevalência de processos informacionais. Ocorra ou não algo nessa linha, é de se reconhecer que atravessar um século em posição de ponta no pensamento social e entrar no seguinte com a promessa de novas contribuições não é coisa de somenos: é proeza para um grande clássico.

FREUD E A PSICANÁLISE: "UM TRABALHO DE CIVILIZAÇÃO"

RENATO MEZAN

Este volume nos incita a reexaminar a contribuição dos pensadores alemães do século XX para entendermos o mundo em que vivemos. Sem dúvida, um dos mais importantes desses pensadores é Sigmund Freud. Para falar desse gigante do pensamento, cuja obra modificou tão profundamente a visão que temos de nós mesmos, parto da afirmação que encerra a Conferência 31 das *Novas conferências introdutórias sobre a psicanálise* [*Neue Folge der Vorlesungen zur Einführung in die Psychoanalyse*]:

> [A finalidade da psicanálise] é fortalecer o ego, torná-lo mais independente do superego, ampliar seu campo de percepção e desenvolver sua organização, de modo que possa se apropriar de novas partes do id. Onde era id, que haja ego. Trata-se de um trabalho de civilização, um pouco como a drenagem do Zuydersee.[1]

1. "[*Die Absicht der Psychoanalyse*] *ist ja, das Ich zu verstärken, es vom Über-Ich unabhängiger zu machen, sein Wahrnehmungsfeld zu erweitern und seine Organisation auszubauen, so das es neue Stücke des Es aneignen kann. Wo Es war, soll Ich werden. Es ist Kulturarbeit etwa wie die Trockenlegung der Zuydersee*".

Como em tantas outras ocasiões, Freud utiliza um fato então atual para ilustrar suas ideias – aqui, a recuperação pelos holandeses de uma parte do mar, com a finalidade de transformá-la em terra cultivável. Qual é a base para a metáfora? Se o id – a parte da nossa personalidade que abriga as pulsões, as paixões, os desejos e as fantasias – pode ser comparado ao mar do Norte, o ego não é mais do que uma pequena parte dela, digamos como o território da Holanda. E a análise anexa a esse território uma área de alguns quilômetros quadrados, semelhante em proporção a um *polder*. Mas não se pense que esse "trabalho de civilização" é sem importância: ele amplia as capacidades do ego, tanto porque coloca à sua disposição um tanto de "solo fértil" conquistado ao mar do inconsciente, como porque aumenta – ainda que em medida limitada – o controle dele sobre as pulsões.

Assim, embora a psicanálise enfatize o aspecto pulsional ou instintivo do ser humano, as paixões que nos governam à nossa revelia, também é importante lembrar o complemento dessa afirmação, a saber, a vantagem de poder utilizar essas energias para nosso próprio benefício. O que Freud nos lembra é que existe uma dialética entre o lado obscuro do ser humano – paixões, violência, sexualidade, agressividade, ódio pelo seu semelhante – e aquilo que possibilita não sermos determinados apenas por essas características. Um melhor entendimento entre a porção racional da nossa mente e as vastas áreas de irracionalidade que a cercam – esse é o objetivo da análise. E as implicações disso não se limitam à vida pessoal: já que as pulsões têm como alvo invariavelmente o outro (ou os outros), a vida em sociedade também depende da forma como cada um é capaz de as controlar.

ASPECTOS BIOGRÁFICOS

Convém não esquecer que as *Novas conferências* foram redigidas num período muito conturbado: a década de 1930, que precede a tragédia da Segunda Guerra Mundial. Em 1932, Freud é um homem idoso, e também doente, devido a um câncer na mandíbula contra o qual lutou por dezesseis anos, até morrer por causa dele em setembro de 1939. Para bem situar o horizonte contra o qual se recorta a imagem do Zuydersee, convém lembrar alguns fatos históricos que enquadram a vida e as ideias do fundador da psicanálise.

Como nasceu em 1856, boa parte da existência de Freud transcorreu numa época muito mais tranquila. Em sua autobiografia, *Die Welt von Gestern*,[2] Stefan Zweig – que nasceu em 1881 – descreve o que era a vida em Viena quando ele era jovem, ou seja, na virada do século XIX para o XX. No capítulo inicial, intitulado *Die Welt der Sicherheit* [O mundo da segurança], lemos o seguinte: "tudo na nossa monarquia austríaca quase milenar parecia feito para durar. Tudo tinha sua norma, sua medida certa e seu peso": instituições políticas que preservavam os direitos dos cidadãos; moeda estável, garantindo um futuro tranquilo para quem seguisse as leis e soubesse poupar para a velhice; uma clara hierarquia social, cujo topo era ocupado pelo velho imperador – mas "caso ele morresse, sabia-se (ou se pensava) que viria um outro, sem que nada se alterasse naquela

2. Traduzida em português com o título *O mundo que eu vi*. Rio de Janeiro: Record, 1999.

ordem tão bem calculada. Ninguém acreditava em guerras, revoluções ou cataclismas..."[3]

Essa impressão de solidez, como sabemos, era superficial, pois o "mundo da segurança" ruiu como um castelo de cartas quando os disparos de um estudante contra o herdeiro da monarquia "quase milenar" acionaram o mecanismo das alianças militares entre as potências rivais, mergulhando a Europa no horror da Primeira Grande Guerra. Mas é verdade que os primeiros dez ou quinze anos do século XX – a época eduardiana, assim chamada porque em 1901 subira ao trono inglês o rei Eduardo VII – foram marcados pela sensação de que o novo século levaria a progressos tão importantes quanto os do anterior – e que o fim da "era vitoriana" acarretaria maior liberdade de costumes.[4] Mais tarde, esse período tornou-se conhecido por um nome que mostra a nostalgia que as pessoas sentiam por ele – a *belle époque*.

Os anos de juventude de Zweig foram justamente esses. Freud pertence à geração anterior: durante sua juventude, consolida-se o capitalismo no Império Austro-Húngaro, no qual ele vivia, e na Alemanha. Também se realizam progressos científicos – em particular na física e na química – extremamente

3. Stefan Zweig, *Die Welt von Gestern*. Frankfurt am Main: Fischer Taschenbücher, 1977, p. 14.

4. Esse tipo de impressão costuma predominar após o término de um longo reinado: é como se com o corpo do monarca fossem também enterradas as restrições que sua presença impunha. Como no período da Regência, que na França se seguiu à morte de Luís XIV, ou na República de Weimar, iniciada com a abdicação do Kaiser em virtude da derrota na Primeira Guerra Mundial.

importantes: Pasteur cria a vacina contra a raiva, Koch isola o bacilo da tuberculose, Maxwell formula as equações do eletromagnetismo, inicia-se a batalha pela aceitação das teorias de Darwin, e assim por diante.

Invenções como a bicicleta, o pneu de borracha e o trem de ferro permitiram às pessoas uma mobilidade sem precedentes; o telégrafo, e a partir de 1851 os cabos submarinos, tornaram possível a circulação de notícias e informações em escala jamais vista. Enquanto antes se levavam meses para saber o que estava acontecendo em outros países, agora a imprensa diária trazia o mundo para a sala de estar – Hegel disse certa vez que a leitura do jornal diário tinha se tornado a "oração matinal do burguês". O mundo começa a ficar menor – mas a mentalidade das pessoas não acompanha necessariamente os progressos técnicos.

Em 1908, portanto na mesma época das memórias de Zweig, Freud escreveu um artigo que estabelece um contraste interessante com o livro. Em "O nervosismo moderno e a moral sexual civilizada", ele diz, em resumo, que o preço a pagar pela moral vitoriana era elevado demais: a hipocrisia em relação à sexualidade estava produzindo neuroses em escala sem precedentes, porque a grande maioria das pessoas não era apta a suportar um código moral tão rigoroso. Resultado: desobedeciam-no. Por trás da fachada moralista, existiam o adultério, a dupla moral para homens e mulheres, a exploração sexual das moças pobres (empregadas, costureiras, vendedoras...), e a difusão epidêmica de doenças venéreas, em particular a sífilis. Ainda não haviam sido descobertos os antibióticos e, portanto, a possibilidade de comprometer a saúde tendo relações com alguém desconhecido era bastante grande.[5]

A *belle époque* presencia o surgimento da psicanálise, mas a rigor a formação de Freud se deu no período imediatamente anterior, digamos de 1870 a 1890. Em 1873, aos dezessete anos, ele ingressa na Faculdade de Medicina de Viena, na época uma das melhores do mundo, e ali absorve os elementos fundamentais do método científico: observação cuidadosa, verificação das hipóteses, eliminação de variáveis que não interessassem, cautela na formação de teorias, e assim por diante. O rigor da ciência se materializou para ele na figura de Ernst Brücke, o professor de fisiologia mencionado em vários momentos de *A interpretação dos sonhos* por causa dos seus "terríveis olhos azuis", que fulminavam o jovem Sigmund a cada vez que este chegava atrasado ao laboratório.

O primeiro trabalho de que Brücke o encarrega é descobrir onde ficam os órgãos sexuais da enguia macho. Freud vai para Trieste, que naquela época era uma possessão austríaca, e passa algumas semanas examinando as enguias que os pescadores traziam, até encontrar a localização exata das gônadas do peixe – sua primeira descoberta no campo da sexualidade. Como sabemos, o inventor da psicanálise não se deteve nela...

Os anos passados no laboratório de Brücke marcaram a visão de Freud, não só como pessoa, mas sobretudo como pensador. Como tantos jovens promissores, ele desejava se notabilizar por alguma descoberta que o tornasse famoso e lhe garantisse a inde-

5. Schubert, por exemplo, morreu de sífilis, e a loucura de Nietzsche pode ter tido a mesma causa.

pendência econômica. Sabemos disso, porque desde Adão e Eva talvez ele tenha sido o ser humano sobre o qual mais documentos existem. Foram conservadas centenas de cartas à sua noiva Martha, que morava em Hamburgo, e, na década de 1960, um filho do casal publicou uma boa seleção delas.[6] Assim, sabemos praticamente dia por dia o que se passava na faculdade, na residência, no laboratório etc.

Em 1886, Freud se casa e abre seu consultório médico. Um ano depois, enceta correspondência com Wilhelm Fliess, colega que vivia em Berlim e cujas ideias muito o impressionavam. Entre outras coisas, Fliess é o criador da noção de biorritmo: ele supôs que o ser humano era governado por ciclos de 23 dias para os homens e de 28 dias para as mulheres, e a partir daí criou uma numerologia fantástica, que permitia calcular datas para vários eventos na vida de uma pessoa, como doenças ou momentos de particular fragilidade.

O mais espantoso é que, apesar da sua rigorosa formação de cientista, Freud aceita essas teorias sem pestanejar. Infelizmente, só dispomos da correspondência que ele enviou, pois, quando brigaram, Freud destruiu tudo o que Fliess lhe remetera. Ao ler essas cartas, vemos – entremeadas por relatos sobre as descobertas que fazia – páginas e páginas em que o inventor da psicanálise calcula quando os filhos de ambos vão ter sarampo, quando será seu próximo período criativo, e outras coisas do gênero.[7]

6. Cf. *Epistolario 1873-1890*. Barcelona: Plaza y Janés, 1975.

7. A primeira edição dessas cartas foi publicada em 1950, simultaneamente em alemão e inglês (*Die Geburt der Psychoanalyse*, *The Origins of Psychoanaly-*

Cito esse fato, porque penso que é muito importante não idealizar a figura de Freud. Foi sem dúvida um homem da maior importância – prova disso é que setenta anos depois de ele morrer continua-se a falar de sua obra – mas também teve fraquezas e defeitos. Levá-los em conta evita que se torne objeto de veneração religiosa – o que seria a forma mais segura de embalsamá-lo, e junto com ele as suas ideias. Freud foi um acerbo opositor da religião e temia que a psicanálise se convertesse numa espécie de idolatria, com seus crentes e seus rituais – receio nada absurdo, quando se pensa na virulência das paixões (pró e contra) que ela suscitou.

A HISTERIA

O que aproximou Freud de Fliess foi o interesse de ambos pela histeria, que acarretou uma grande mudança no percurso profissional do primeiro. Como se deu isso? Em 1885, já com alguns anos de prática científica, Freud ganha uma bolsa de estudos e decide usá-la numa viagem a Paris. É lá que descobre as histéricas. No final do século XIX, por uma série de motivos – entre os quais o excesso de silêncio sobre a sexualidade, sobretudo entre as mulheres –, a doença da moda é a histeria. Mas não devemos pensar que esse termo designava o que hoje se chama popularmente "comportamento histérico" (gritos descontrolados, escândalos

sis), sob os cuidados de Anna Freud e Ernst Kris. Os editores avisavam que haviam mantido apenas as partes referentes a assuntos científicos, omitindo quase todas as que tratavam da vida pessoal dos dois amigos. A versão completa só foi publicada nos anos 1980. Em português, pode-se consultar Jeffrey Masson (ed.), *Correspondência completa de Sigmund Freud para Wilhelm Fliess*. Rio de Janeiro: Imago, 1986.

públicos etc.). Na verdade, a histeria era uma das formas que o "mal-estar na cultura" assumia no apogeu da civilização burguesa.

Assim como ocorre hoje com a depressão, discutia-se muito a origem dessa doença: seria algo orgânico (o que na época significava originado por lesões cerebrais), ou algo mental? O professor com quem Freud estuda em Paris, Jean-Martin Charcot, alinhava-se com os partidários da segunda opção: embora a histeria se manifestasse por sintomas corporais bastante espetaculares – contrações, desmaios, tremedeiras, paralisias, cegueiras parciais ou totais – ele sustentava que a origem era psíquica, pois o exame anatomopatológico de doentes de ambos os sexos não revelava qualquer tipo de lesão.

Para apoiar sua opinião, Charcot tinha um forte argumento: demonstrara que por meio da hipnose – recurso até então utilizado apenas em espetáculos de seriedade mais que duvidosa, e ao qual ele foi dos primeiros a conferir dignidade científica – era possível tanto provocar quanto remover temporariamente os sintomas histéricos. Todas as terças-feiras, procedia no auditório do hospital da Salpêtrière a uma *présentation de malade* (apresentação de doente), na qual a paciente contava sua história, e todos podiam ver que seus sintomas eram tais e quais. Em seguida, ela era hipnotizada, e Charcot lhe dizia para fazer aquilo que minutos atrás era incapaz de fazer: por exemplo, se tivesse uma paralisia dos membros inferiores, solicitava que andasse normalmente. Para surpresa da plateia, composta por estudantes, mas também por pessoas que simplesmente quisessem assistir à aula, a paciente realizava o que lhe era pedido; mas, ao acordar do transe hipnótico, já não lhe era possível repetir o que acabara de fazer.

Ainda mais espetacular era a demonstração contrária – suscitar por meio da hipnose um sintoma até então inexistente. Por exemplo, alguém sem problemas na fala recebia sob hipnose a ordem de, ao acordar, só falar gaguejando; a um estalar de dedos do médico, porém, a gagueira desaparecia. A isso se chamava "fenômeno pós-hipnótico".

As demonstrações de Charcot provavam que era possível suscitar um fenômeno corporal por meio de influência sobre a mente, e do mesmo modo o eliminar (ainda que, no caso dos verdadeiros sintomas histéricos, apenas por um curto período de tempo). Até então, aceitava-se a teoria de que o corporal podia produzir efeitos psíquicos – uma lesão cerebral originando uma afasia, a degeneração dos nervos levando à demência senil etc. – mas o inverso era tido por impossível. O mental era visto por médicos e cientistas como uma espécie de espuma produzida pelo funcionamento do cérebro, um epifenômeno de algo invariavelmente de ordem física – assim como hoje alguns imaginam que todo acontecimento mental tenha causas orgânicas: busca-se o "gene da homossexualidade", o "gene da depressão" etc. Trata-se do mesmo princípio, apenas traduzido em linguagem compatível com o estado atual da biologia.

Certa vez, Freud advertiu Charcot que aqueles fenômenos eram inexplicáveis pelas teorias existentes. O professor respondeu com uma frase que ele nunca esqueceu: "*la théorie, c'est bon, mais ça n'empêche pas d'exister*" (é bom ter teorias, mas isso não impede que algo exista). No necrológio que escreveu para seu mestre, Freud diz que essas palavras o estimularam a observar com atenção, e não negar a realidade do que se vê em nome da crença numa teoria, por mais prestigiosa que esta seja.

Charcot pertence a uma espécie de clínicos dotados de grande poder de observação, cuja capacidade de diagnosticar com precisão suscitava o espanto dos que os viam atuar. Um deles, aliás da mesma geração, foi o Dr. Alexander Bell, professor de Conan Doyle na faculdade de medicina de Edimburgo e modelo para a criação de Sherlock Holmes. Aqui uma nota marginal: existe um filme interessantíssimo, *The Seven-per-cent Solution* (direção de Herbert Ross, EUA, 1976), no qual, tendo lido em *The Lancet* que um certo Dr. Freud estava investigando os efeitos da cocaína, Watson leva seu amigo – que, como sabemos pelas histórias, era usuário constante do alcaloide – para se tratar com ele em Viena. (No preparado que Holmes injetava na veia, a concentração de cocaína era de 7%). Segundo o filme, foi o detetive inglês que ensinou Freud a *observar*.

Lembro de uma cena hilariante: apenas olhando com atenção o consultório, ele deduz detalhes sobre a vida do médico dos quais obviamente não tinha conhecimento: por exemplo, que era um homem de princípios e que devia ter formulado alguma teoria escandalosa, a qual o indispusera com seus pares. De queixo caído, Freud lhe pergunta como podia saber isso.

"Elementar!", responde Holmes, impaciente. "Olhe para os espaços vazios entre os diplomas e certificados profissionais que adornam a sua parede. É claro que o senhor retirou diversos outros. E por que fez isso? Porque deve ter brigado com as instituições que os conferiram. Isso sugere que o senhor defende ideias que elas repudiam – com certeza porque são inovadoras e audaciosas. Quanto aos princípios firmes e à honestidade – o senhor fez isso em seu próprio consultório, com o que evita que seus pacientes pensem que ainda pertence a elas. É portanto um homem correto."

De fato, quando, ao voltar de Paris, Freud começa a defender a hipótese de que a histeria tem origem psíquica, provoca escândalo e indignação no ambiente rigidamente positivista da medicina vienense. A hipótese de Charcot era vista ali como mais uma tolice francesa, inaceitável para profissionais formados na boa tradição germânica. A reputação de Freud, que nos anos anteriores à viagem para a França se dedicara a estudar os efeitos da cocaína, ficou ainda mais abalada por sua adesão à teoria "mentalista" da histeria.

A cocaína acabava de ser descoberta, e ainda não se conheciam os efeitos da dependência. Supunha-se que pudesse ter utilidades médicas, inclusive como antídoto contra a morfinomania. Freud adquire certa quantidade do produto e, para observar o que acontecia a quem o tomasse, passa a consumi-lo em pequenas doses, com os efeitos euforizantes que se pode imaginar. Escreve artigos sobre isso e defende o uso da substância como estimulante (o que na época não era nada absurdo – no início, a Coca-Cola continha uma pequeníssima dose dela, donde o nome da bebida). Esses artigos lhe granjearam o apelido de "Doutor Coca" e, quando a nocividade da droga foi ficando patente, sua competência como médico e pesquisador chegou a ser questionada. As coisas pioram quando, tentando livrar um colega da dependência da morfina, ele lhe receita injeções de cocaína – e o amigo vem a morrer de overdose.

Na verdade, a única serventia da cocaína para fins médicos está no uso como anestésico em cirurgias oculares, descoberto por Carl Koller, que por este trabalho recebeu posteriormente vários prêmios. Freud havia iniciado estudos nesse sentido, mas, ansioso por ir a Hamburgo visitar a noiva, deixou-os incompletos, encarregando seu colega de verificar o assunto. Aperfeiçoando o método sugerido por Freud, Koller conseguiu demonstrar as vantagens do uso oftalmológico da cocaína. Foi dessa forma que o futuro *Herr Professor* perdeu sua primeira oportunidade de ser tornar famoso. Ou seja: estava sempre envolvido com coisas um tanto escabrosas – e o interesse pela histeria, logo após essas pesquisas com a cocaína, não ajudava muito a consolidar seu prestígio.

O SURGIMENTO DA PSICANÁLISE

Voltando de Paris, Freud se estabelece como *Nervenarzt* (especialista em doenças nervosas). Começa a tratar seus pacientes com os métodos então aceitos para essas moléstias – eletroterapia, curas termais etc. – e logo percebe sua completa ineficácia. É então que decide recorrer ao procedimento que vira funcionar tão bem nas mãos de Charcot. A ideia era que, sob hipnose, a pessoa se lembrasse dos acontecimentos que teriam provocado seus sintomas e, revivendo-os, pudesse "ab-reagir" o que então ficara sufocado, com o que os sintomas perderiam sua razão de ser.

Por sorte, porém, ele não era bom hipnotizador, e um dia uma paciente lhe diz que podia muito bem falar do que ele queria sem ser hipnotizada. Freud concorda, e assim nasce o método "catártico", antecessor da livre-associação. Além de não conseguir hipnotizar com facilidade, Freud tinha outra razão para abandonar a hipnose: o efeito da sugestão pós-hipnótica desaparecia rapidamente, e os sintomas voltavam com intensidade ainda maior.

O objetivo do tratamento era encontrar as *causas* da doença, fazendo o paciente se lembrar das circunstâncias em que ela havia surgido. A hipnose era apenas um meio para isso; quando encontra outro melhor, ele a abandona sem grandes lamentações. Aqui aparece a influência da formação científica citada antes: por mais espetaculares que fossem, os sintomas histéricos eram para Freud apenas a ponta de um *iceberg*, e era necessário mergulhar mais fundo para descobrir o que os produzira.

Freud se coloca uma questão aparentemente simples: se é possível provocar ou suprimir determinados comportamentos apenas falando com a pessoa, *onde* ficam as ordens do médico quando ela acorda do transe? E por que o hipnotizado não se lembra de que as recebeu, quando todos na plateia ouviram o médico dá-las?

Para responder a esta pergunta – em que região da mente ficam armazenadas as instruções recebidas sob hipnose – ele vai se servir de uma ideia da qual está longe de ter sido o inventor: a noção de *Unbewusste* (inconsciente). Esse conceito era corrente tanto no romantismo alemão como nos escritos de filósofos como Schopenhauer e Herbart, bem conhecidos na época. A novidade está na interpretação que Freud lhe dá: em vez de se limitar a supor que certas ideias podiam escapar à percepção do sujeito, ele sugere que o inconsciente é uma *localidade psíquica* na qual ficam armazenadas as instruções do médico. Dela não sabemos nada, mas sem uma suposição desse tipo é impossível dar conta dos fenômenos pós-hipnóticos. E, uma vez admitida a existência de uma tal região na mente, é necessário investigá-la com os recursos do método científico – pois a alternativa seria acreditar em bruxaria.

Essa decisão audaciosa foi o grande momento da vida de Freud e está na origem direta da psicanálise: supor a existência de algo ainda desconhecido como forma de dar conta do visível, e partir em busca deste "algo" com os recursos da ciência. Tal atitude tinha dois precedentes, o que ajuda a compreender por que Freud aceitou correr os riscos epistemológicos nela implicados.

O primeiro é a tabela periódica, criada pelo químico russo Mendeleiev. Quando ele a concebeu, conheciam-se apenas cinquenta e poucos elementos. Metade das casas estavam vazias, o que levou muitos a acharem que Mendeleiev tinha cometido um grande engano: como poderia haver "lugares" para elementos inexistentes? Mas o químico não se abalou: disse que os tais elementos existiam, sim – apenas não eram conhecidos ainda. De fato, nas últimas quatro décadas do século XIX, foram descobertos os que faltavam, ao ritmo impressionante de um ou dois por ano – e exatamente com os pesos atômicos e propriedades previstos pelo modelo: o polônio, o germânio, o rádio etc.

Chamo a atenção para a enormidade desse fato: a capacidade da mente humana de propor um modelo teórico para o qual ainda não existe conteúdo empírico. Isso permite buscar algo preciso – um elemento com as características necessárias para ocupar *aquele* lugar na sequência – e portanto se torna muito mais simples encontrar o que se procura. *Onde* estavam esses elementos até então? Claro que na natureza – só que ninguém ainda os tinha visto.

Da mesma forma, diz Freud, as histéricas são incapazes de explicar seu comportamento aparentemente absurdo, porque os verdadeiros motivos dele escapam à sua consciência – mas nem por isso são menos determinantes. Dito de outro modo, o absurdo é ilusório: uma vez encontradas, as causas de tal comportamento são perfeitamente proporcionais aos efeitos observados, assim como em qualquer ramo da ciência.

O segundo exemplo é a descoberta de Urano, em 1781, pelo astrônomo Wilhelm Herschel – outra aventura fascinante do espírito humano. Nos anos anteriores, graças ao uso de telescópios mais potentes, vinham sendo observadas certas irregularidades na órbita de Netuno – às vezes, ele não estava na posição em que, de acordo com as leis de Newton, deveria aparecer no céu. De início, pensou-se que as observações haviam sido mal feitas, mas a repetição do fenômeno mostrou que eram exatas.

Como um planeta não pode desafiar as leis da mecânica celeste, das duas uma: ou a lei da gravitação estava errada – algo difícil de acreditar, dada a imensa quantidade de fatos que ela explica – ou existia um corpo celeste ainda desconhecido, cuja atração sobre Netuno ocasionava tais irregularidades. Mais: para produzi-las daquela forma e não de outra qualquer, o astro em questão devia ter tais e quais características: densidade, massa, órbita, e assim por diante. Os astrônomos se puseram a partir de então à espreita do tal corpo celeste – e Herschel o encontrou! Urano é exatamente como a teoria newtoniana diz que devia ser – o que comprova a veracidade e a utilidade dela, pois permitiu "prever" o que ainda não se conhecia.

Voltemos a Freud. Havia portanto pelo menos dois exemplos – um na astronomia, outro na química – para apoiar a ideia de que é possível haver efeitos cujas causas permanecem ocultas, mas *devem* ser reais, posto que produzem os efeitos observados. Freud a transporta para o domínio da psique e postula a existência do inconsciente. É nessa época que começa a corresponder-se com Fliess, de modo que pelas cartas podemos acompanhar passo a passo a evolução das investigações freudianas – como se fossem um diário de bordo, ou o *making of* de um filme. A correspondência se estende de 1887 a 1904 e se intensifica a partir de 1893, quando a psicanálise começa realmente a ser gestada – com um vocabulário e ideias ainda incipientes, mas já no caminho que conduziria à sua feição definitiva.

Freud conta a Fliess os tratamentos que realiza, fala sobre a morte de seu pai, comunica-lhe a interpretação de inúmeros sonhos seus e de seus pacientes, relata as hipóteses que está formulando e as primeiras aplicações delas a fenômenos não patológicos, como os lapsos. Nesse último caso, supor a existência de desejos inconscientes é a única maneira de dar conta do que ocorreu. Freud também começa a refletir sobre o *Witz* (piada), que vai servir de base para um dos seus livros mais interessantes: *A piada e sua relação com o inconsciente*.[8] Para documentar, Freud reuniu cerca de 150 anedotas dos mais variados tipos, a partir de cuja análise propõe uma teoria bastante elaborada sobre o efeito cômico e sobre os processos psíquicos que o originam. Tudo isso acompanhamos nessas cartas, que obviamente não eram destinadas à publicação. Por isso, digo que constituem um verdadeiro *making of* da psicanálise – o bônus do DVD, se se quiser.

Nessa correspondência também aprendemos como Freud ficou surpreso com a frequência de temas sexuais nos relatos de suas pacientes. Num primeiro momento, ele sente-se tão

8. As razões pelas quais traduzo *Witz* como "piada" são expostas em Renato Mezan, "A 'Ilha dos Tesouros': relendo *A piada e sua relação com o inconsciente*", in Abrão Slavutzky & Daniel Kupermann, *Seria trágico... se não fosse cômico*. Rio de Janeiro: Civilização Brasileira, 2005.

chocado com isso quanto qualquer burguês com uma formação semelhante à sua; mas, fiel a seus princípios científicos, põe-se a investigar os motivos desse fato – e descobre que por baixo da superfície polida da consciência havia um "mar de lama", para usar uma expressão que conhecemos bem. Mas talvez essa não seja a forma adequada para se referir ao conteúdo do inconsciente, porque nada é menos moralista do que os escritos de Freud. Digamos com mais precisão: ele se dá conta de que a sexualidade é muito mais importante na vida psíquica do que se havia suspeitado até então – é uma das grandes forças motrizes dos nossos desejos e fantasias.

UMA TEORIA CIENTÍFICA DA ALMA

Na década que vai de 1895 a 1905, Freud publica uma série impressionante de textos: *A interpretação dos sonhos*, *Psicopatologia da vida cotidiana*, o primeiro relato de um caso de histeria tratado pela psicanálise (o *Caso Dora*), os *Três ensaios para uma teoria sexual*, e diversos outros, que formam os alicerces da psicanálise como sistema de pensamento. No que consiste ele? Imagine-se uma laranja com quatro gomos. A laranja é a psicanálise, e os gomos são suas principais divisões.

O primeiro corresponde à teoria da mente, que Freud chama *metapsicologia*. Se a psicologia é a ciência que estuda nossos processos mentais, a metapsicologia é a construção teórica destinada a explicar como eles são possíveis e por que acontecem dessa maneira e não de outra. A metapsicologia trabalha com uma noção central: a divisão da mente em três grandes regiões, a saber, o inconsciente, o pré-consciente e a consciência.

A consciência nos dá a percepção de nós mesmos e do que está acontecendo no momento presente. No pré-consciente estão os conteúdos psíquicos facilmente acessáveis. Para exemplificar: nesse exato momento, espero, o leitor deste texto não está pensando na chapa do próprio carro. Mas se lhe for perguntado qual é, decerto não terá dificuldade em responder. E, se não o conseguir, estaremos diante de um lapso de memória: Freud diria que algo se opôs ao desejo de lembrar aquele conteúdo – um *Gegenwunsch*, um desejo contrário – e a contenda foi vencida por este último. Por isso, uma psicanalista que conheci na França costumava dizer que não existe *acte manqué* (ato falho) – na verdade, deveríamos dizer que se trata de um *acte réussi* (ato bem-sucedido), porque o desejo inconsciente triunfou.

O inconsciente, por sua vez, contém dois tipos de elementos: tudo o que fomos recalcando ao longo da vida, e os *Triebe* – instintos ou pulsões – que são as forças que nos movem. Algumas delas empurram para este lado, outras puxam para aquele, e esse interjogo produz uma espécie de vetor, ao longo do qual transita aquilo que chega até nossa consciência – e eventualmente passa para o plano da ação.

Usando uma metáfora facilmente compreensível para os seus contemporâneos, Freud fala de um "aparelho psíquico", que compara a um telescópio com suas lentes. A ideia é hoje corriqueira, mas na época era bastante audaciosa, porque propunha submeter a alma humana a *leis* como as da óptica – ela que até então fora o território dos poetas e dos romancistas, que sempre souberam que o homem é movido por suas paixões.

Essa parte da metapsicologia pode ser comparada à anatomia, pois descreve os elementos estáticos de que se compõe a psique, assim como a anatomia descreve os elementos de que se compõe o corpo. Além disso, ela compreende algo semelhante à fisiologia, que estuda os processos orgânicos (respiração, circulação, digestão etc.): a descrição do aparelho em funcionamento.

Como isso ocorre? Freud afirma que as pulsões buscam descarregar-se, o que ilustra com outra metáfora bem escolhida: a da corrente elétrica. O conteúdo da nossa mente consiste em ideias, lembranças, imagens e outras representações. Quando investidas pela energia pulsional, que lhes confere uma espécie de "densidade", elas ganham força suficiente para atravessar certas barreiras psíquicas e chegar até a consciência. Mas pode ocorrer que determinadas representações ofendam nosso senso moral ou estético, e, nesse caso, para evitar que se tornem conscientes, precisam ser bloqueadas por outras, de sentido contrário. O esforço do sujeito para cercear a expressão delas implica um desgaste, na verdade inútil, pois, impedidas de passar pela porta, elas simplesmente entram pela janela – mas sob um aspecto irreconhecível, o que engana os guardiões encarregados de zelar por nossa decência interna.

O que chega à consciência, diz Freud, pode ser comparado a um jornal tesourado por censores russos: cortam-se num artigo as partes consideradas inconvenientes para o regime, e o que sobra fica incompreensível. É dessa forma que ele explica que tantos sonhos pareçam absurdos, que os sintomas neuróticos não façam sentido para quem os apresenta, que nos escape a significação de um esquecimento ou de uma gafe: parte da cadeia psíquica que conduziu a tais resultados tornou-se inacessível pela ação das defesas, mas permanece ativa no inconsciente, de onde – como se dispusesse de um controle remoto – codetermina o comportamento da pessoa.

O que é um sonho, finalmente? Uma sucessão de imagens, que na maior parte das vezes parecem desprovidas de significação. Quando formam uma "história", é sinal de que ocorreu algo a que podemos chamar *elaboração secundária*: como se os censores se envergonhassem do trabalho que tiveram de fazer e tentassem costurar os pedaços uns aos outros para formar uma sequência. Assim, o absurdo do sonho se torna um forte argumento em favor da tese de que existem conflitos entre os impulsos que provêm do inconsciente e as forças que os repudiam. Essa é a ideia básica da psicanálise. Com notável persistência, Freud a aplica ao estudo dos sonhos, dos lapsos, das piadas, dos sintomas neuróticos, da criação artística e científica, de fenômenos sociais como o comportamento das multidões, os rituais religiosos ou a violência da guerra – em suma, ao conjunto da vida humana.

Tomemos um exemplo simples: o das piadas. Não existe boa anedota que seja politicamente correta. Por quê? Porque o humor consiste em apresentar de modo socialmente aceitável um pensamento que, sem essa forma jocosa, ofenderia nossos valores morais, políticos ou estéticos. Considere-se o seguinte exemplo: na casa da vovó, a família se reúne para o almoço de domingo. O vovô propõe que, antes de comer, todos façam uma oração. "Eu não vou fazer oração nenhuma", diz o Jacozinho. A mãe o repreende: "Mas como? Na nossa casa, sempre rezamos antes das refeições. Por que não na casa da vovó?". E o menino: "Porque ela sabe cozinhar!".

O garoto está dizendo algo pesado: na casa dele, é preciso rezar antes de comer porque sabe-se lá o que a mãe preparou – provavelmente, nada de gostoso. Mas por que, em vez de criticarmos o menino por ser malcriado, rimos do que ele disse? Porque, explica Freud, sempre temos alguma reclamação contra a nossa mãe. Quando ouvimos o que o Jacozinho disse à sua, nos identificamos com ele e, já que *ele* falou em voz alta o que não ousaríamos expressar, sentimo-nos autorizados a acolher um pensamento que, sem o admitir, já abrigávamos em nossa mente – e o riso manifesta o alívio por poder fazer isso sem culpa.

Nem todas as tiradas humorísticas satisfazem impulsos agressivos, mas algumas das melhores o fazem, e nisso reside o motivo do seu efeito. A necessidade de contornar a censura, no caso de o alvo da agressão ser uma figura que exige respeito, leva ao *deslocamento* do ataque para outras, próximas dela, porém menos capazes de gerar culpa: é o caso das piadas sobre sogra. Ocorre uma cisão: as qualidades simpáticas da mãe ficam com a própria, e as antipáticas são atribuídas a *outra* mãe, o que tem a grande vantagem de poupar a nossa da crítica.

Dizem que um cidadão levou toda a família para conhecer Jerusalém: esposa, filhos, a babá – e a sogra. No segundo dia da visita, a senhora tem um mal súbito e parte desta para melhor. Muito embaraçado, o homem vai até uma agência funerária, onde o encarregado lhe diz que tem duas opções: enterrar a falecida lá mesmo, o que custaria 5 mil dólares, ou repatriar o corpo, o que sairia por 25 mil dólares. Depois de pensar um pouco, ele escolhe a segunda opção. Um tanto espantado, o funcionário pergunta por que o cliente prefere gastar cinco vezes mais para resolver o seu problema. Resposta: "Porque aqui já houve um caso de ressurreição."

Por que se ri muito mais desta anedota do que da primeira? Porque ela é mais ferina – ou seja, contém mais agressividade, ofende mais, e ao mesmo tempo faz isso de modo engenhoso, sem dar a impressão de que se trata de uma maldade. Esse ponto é importante: se o homem apenas dissesse que tem medo de que a sogra retorne do além, isso não teria graça nenhuma. É a *alusão* que produz o efeito, pois nos surpreendemos com a referência (velada, mas facilmente decodificável) a um dos dogmas centrais do cristianismo – ou seja, a pilhéria faz troça de várias instituições respeitáveis por meio do *mesmo* recurso.

Essa forma de matar dois coelhos com uma só cajadada é o que Freud chama de *condensação*, que, juntamente com o deslocamento, constitui um mecanismo típico da lógica do inconsciente. Ele estuda esses processos, como disse, em várias esferas – o sonho, o lapso, o sintoma, a criação intelectual – e assim demonstra como nosso pensamento consciente é apenas a parte visível de um conjunto bem mais complexo de operações psíquicas.

O segundo gomo da laranja é uma teoria do desenvolvimento, ou seja, das etapas pelas quais a psique passa desde que nascemos até a idade adulta. Aqui é importante destacar a evolução da sexualidade – as famosas fases oral, anal etc. Freud mostra como cada uma delas se instala, e, ao ser sucedida pela próxima, não o faz sem deixar vestígios, que influenciarão determinados comportamentos do adulto.[9] Também fazem parte dessa evolução o complexo de Édipo, e a superação/repressão dele quando a criança entra na fase dita de latência, ao cabo da qual ocorre a "escolha de objeto", que determinará se o indivíduo será homo ou heterossexual.

Essa mesma ideia de etapas no desenvolvimento está na base do terceiro gomo: a psicopatologia. Em resumo, Freud vinculou as várias espécies de problemas mentais e emocionais a transtornos ocorridos em fases específicas do desenvolvimento psicossexual: dependendo da fase em que ocorre a falha, o resultado será uma esquizofrenia, uma paranoia, uma neurose obsessiva etc. Quanto mais cedo ocorrer a perturbação, mais grave será a condição resultante, que consiste simplesmente numa saída infeliz para o conflito entre as forças pulsionais e aquelas que as recalcam.[10]

Por fim, quarto gomo da laranja: como é possível intervir no funcionamento psíquico? Aqui encontramos hipóteses sobre como e por que opera o processo analítico, e quais podem ser as causas do seu eventual fracasso. Fazem parte desse segmento da teoria noções como livre-associação, interpretação, transferência, resistência, *insight*, elaboração, entre outras. Em resumo, Freud diz que a pessoa adoece ao tentar controlar sua angústia;

9. Por exemplo, o hábito de fumar e a voracidade alimentar ou intelectual são formas facilmente reconhecíveis da libido oral, que predominou na época em que éramos lactentes.

10. Essa ideia, que ainda hoje é aceita (embora numa forma diferente da que lhe foi dada originalmente) serve de eixo para o trabalho mais importante de um dos discípulos de Freud, o psicanalista alemão Karl Abraham, que a expôs no livro intitulado *História da libido à luz dos transtornos mentais* (1924).

a neurose consegue fazer isso porque, por meio da condensação e do deslocamento, canaliza para os sintomas grandes volumes de energia psíquica, que de outro modo avassalariam o sujeito. É menos incômodo ter uma fobia do que um ataque de angústia: por estranho que possa parecer, ao desenvolvê-la estamos obedecendo ao princípio do prazer – nesse caso, ao princípio de evitar o desprazer.

O que é o desprazer? É a sensação de mal-estar que sentimos quando nossos impulsos e fantasias são frustrados pela realidade exterior, condenados pela moral ou por nosso senso estético, ou quando nos fazem ter medo de perder o amor daqueles a quem queremos bem. Se eu fizer tal coisa, o que mamãe vai dizer? O que papai vai fazer? E como vários desses impulsos são incestuosos, a punição seria extremamente severa caso fossem satisfeitos.

Os romancistas, dramaturgos e poetas sabiam perfeitamente que o amor e o sexo são forças fundamentais na vida do ser humano, assim como o ódio, o ciúme, a inveja, a agressividade ou a violência. Também sabiam que esses impulsos entram em choque com as normas que a sociedade impõe para que possamos conviver de maneira civilizada uns com os outros. Pensem em Romeu e Julieta: eles se amam, mas não podem se casar porque pertencem a famílias inimigas. Têm que seguir a regra do sistema no qual vivem; mas, como tentam burlá-la, são castigados pelo destino. Na tragédia *Le Cid*, de Corneille, Ximène se apaixona pelo homem que matou seu pai, algo sumamente condenável pelo código de honra da nobreza medieval. O tema do amor proibido ilustra bem o conflito entre as pulsões e as normas, e por isso é tão frequente na literatura de todas as nações.

Freud dá a esse antigo conhecimento uma forma científica e mostra como ele pode ser utilizado para reverter os efeitos nefastos do que chamei há pouco de "saída infeliz". Ao reconhecer a força das paixões, ele é um herdeiro do romantismo, que na Alemanha teve a importância que se sabe. Mas ao postular que a tomada de consciência das forças obscuras que nos movem tem o poder de alterar o equilíbrio entre elas e a razão, obviamente em favor desta última – ou seja, ao apostar no poder libertador do conhecimento –, Freud é herdeiro do Iluminismo. Romantismo temperado por Iluminismo, ou vice-versa – essa bem poderia ser uma síntese das suas concepções.

Contudo, ao criar a chamada "situação analítica" Freud vai além: inventa a psicologia clínica. O essencial aqui é que, sozinho, ninguém pode avançar no conhecimento de si mesmo além de um certo ponto. Por quê? Porque a esse conhecimento se opõem exatamente as defesas, tão inconscientes quanto aquilo contra o que nos protegem. Por isso é que se torna necessária a figura do analista: uma espécie de espelho para quem falamos, e que nos devolve, com o esclarecimento dos processos que ocorrem na sessão, uma imagem mais nítida de nossa própria vida emocional. Na análise, aprendemos a falar nossa própria língua, por meio de uma experiência intersubjetiva com alguém em quem confiamos e que, justamente por ser neutro, reservado, de certa forma distante – embora acolhedor – nos possibilita esse mergulho em nós mesmos.

Nesse ponto, Freud é um partidário das Luzes, e as metáforas da luz pontilham cada página de seus escritos. Uma delas compara a neurose a uma casa fechada, cheia de morcegos e teias de aranha. A experiência da análise equivale a abrir as janelas;

assustadas pela luz e pelo ar fresco, as criaturas da escuridão fogem por todos os lados – morcegos, ratos, baratas. Pela luz do quê? Do conhecimento – mas de um conhecimento que não é doutrinação, e sim *descoberta*.

Mas, alguém poderia perguntar, por que ir atrás das coisas dolorosas? Não é melhor deixá-las quietas, protegidas pelos sintomas que ao mesmo tempo as exprimem e as ocultam? Não é melhor deixar os cães dormindo? Num texto chamado *Análise terminável interminável*, Freud responde: se há sintomas, angústia, sofrimento, é sinal de que os cães *não* dormem, apenas estão rosnando baixo. Mais cedo ou mais tarde vão latir, e o prejuízo será muito maior: ataques de angústia, depressões, doenças psicossomáticas, loucura – ou essa atividade à qual nos entregamos com tanto deleite: infernizar a vida do próximo.

Isso é fundamental. Gostaríamos de imaginar, escreve Freud em *O mal-estar na cultura*, que o ser humano é essencialmente bom e generoso. Mas se observarmos com atenção a história e o comportamento das pessoas, veremos que são dotadas de uma dose extraordinária de agressividade, que "não hesitam em agredir o próximo, em explorar sem retribuição a sua capacidade de trabalho, usá-lo sexualmente sem seu consentimento, provocar-lhe dor, humilhá-lo, torturá-lo e matá-lo. *Homo homini lupus*."[11]

Diante deste diagnóstico sombrio, qual é a única esperança que se pode acalentar? Exatamente, a drenagem de uma pequena

11. Sigmund Freud, *Das Unbehagen in der Kultur* (1930), *Studienausgabe*, v. IX, capítulo V, p. 240 (tradução espanhola de Luis López-Ballesteros. Madri: Biblioteca Nueva, 1977, tomo III, p. 3046).

parte do oceano pulsional, e a sua anexação à parte consciente da personalidade; mas não seguindo sem crítica os ditames da ideologia, e sim adquirindo mais liberdade interna, o que envolve conhecer e aceitar tanto nossas limitações quanto os recursos de que a natureza e a civilização nos dotaram. Muitas vezes, isso envolve alguma crítica da ideologia dominante: a análise nos ensina a não converter o desejo de ser como os outros em mais um sintoma neurótico. Isso não significa, é claro, que estimule a delinquência: apenas nos faz perceber quais forças nos determinam, quais são os nossos verdadeiros anseios, para assim termos melhores condições de decidir quais deles podemos tentar satisfazer.

Em outros termos, ela contribui para aumentar nossa capacidade tanto de nos autocontrolar, renunciando à realização de alguns desejos e fantasias, como de extrair mais prazer daqueles de que a realidade nos permite desfrutar. E, como é evidente, tal "realidade" depende – não só, mas também – daquilo que fazemos na vida. É isso, penso, que Freud tem em mente quando diz que a análise é, como a drenagem do Zuydersee, um "trabalho de civilização". O que apresentei aqui é também uma espécie de *polder* – alguns hectares desse vasto território, o pensamento de Freud. Se esta pequena amostra da riqueza dele motivar o leitor a prosseguir no seu estudo, poderei me dar por satisfeito.

A RECEPÇÃO DE FREUD NO BRASIL

As primeiras referências às ideias de Freud por parte de psiquiatras brasileiros são contemporâneas da publicação de seus artigos em revistas científicas alemãs, ou seja, datam dos anos iniciais do século XX. Isso porque, dado o prestígio da medicina germânica, muitos faziam seus estudos na Alemanha ou em Viena e se mantinham atualizados assinando os periódicos lá editados. A partir de uma exposição sobre o novo método feita em 1899 por Juliano Moreira, da faculdade do Rio de Janeiro, pouco a pouco vão surgindo menções aos trabalhos de Freud, porém sem destaque especial: é mais um entre os psiquiatras citados, assim como Krafft-Ebing, Bleuler ou Kraepelin. Aqui e ali, temos notícias do emprego das técnicas freudianas na prática clínica, mas sempre isoladamente e sem continuidade.

Na década de 1920, a influência das vanguardas europeias sobre os modernistas abre outra via para a penetração das ideias psicanalíticas: no *Manifesto antropófago*, Oswald de Andrade se serve de algumas delas, e Mario de Andrade chegou a sugerir o termo *sequestro* para verter o nome do principal mecanismo de defesa proposto por Freud (*Verdrängung*, depois traduzido como repressão ou recalque). Sai um ou outro artigo na imprensa, ouve-se uma ou outra conferência, do mesmo modo como se fala do surrealismo ou da moda do tango: a psicanálise é mais um assunto para as conversas de salão, sem prejuízo do emprego de tal ou qual aspecto dela em determinado caso atendido por um profissional.

É com Durval de Andrade que tem início um esforço mais consequente para que as ideias freudianas deixem de ser apenas mais um item no cardápio intelectual. Ele se põe em correspondência com Freud, funda uma *Revista brasileira de psicanálise* (que teve um único número, em 1926),[12] organiza em São

12. O número 2 só foi publicado em 1967, mas desde então a revista vem tendo edições regulares.

Paulo a Sociedade Brasileira de Psicanálise (também em 1926) e busca trazer para a cidade um analista didata, capaz de realizar análises de verdade e assim formar um primeiro grupo de psicanalistas locais.[13]

Com a chegada da dra. Adelheid Koch à capital paulista no ano de 1937, encerra-se a fase diletante da psicanálise brasileira, e tem início um novo período, que a meu ver se estende até meados da década de 1970. Durante esses anos, quem deseja se tornar psicanalista lê os escritos de Freud, mas a forma desse estudo é tributária dos desenvolvimentos mais amplos da psicanálise.

Depois de 1945, muitos latino-americanos vão se formar na Inglaterra,[14] onde tomam contato com o círculo de Melanie Klein e acabam adotando o estilo clínico que ela inaugurou. O kleinismo torna-se assim a corrente predominante nas sociedades brasileiras; Freud vai aos poucos se convertendo numa espécie de Pai Fundador, um vulto venerado a cujo retrato na parede se fazem as reverências de praxe, mas sua obra passa a ser considerada como algo de importância histórica, com que se tem a mesma relação existente com os clássicos da arte e da literatura. Na clínica,

13. Essa "importação" de especialista(s) é semelhante à que na mesma época ocorre na recém-fundada Faculdade de Filosofia, Ciências e Letras da Universidade de São Paulo, para cujas cátedras são convidados jovens professores franceses, como Claude Lévi-Strauss, Roger Bastide, Fernand Braudel e cientistas obrigados a deixar a Alemanha e a Itália por causa das perseguições fascistas.
14. Além do prestígio da psicanálise inglesa e dos atrativos de passar alguns anos em Londres, o Brasil e a Argentina tinham saído da guerra em situação bem melhor do que a Grã-Bretanha: a relação de câmbio favorecia suas moedas, o que barateava a formação.

porém, empregam-se as ideias de Klein, particularmente o modo como ela trabalha a relação transferencial.

Durante as décadas de 1950 e 1960, a metrópole psicanalítica para os brasileiros é Londres. A publicação dos três volumes da biografia de Freud escrita por Ernest Jones, assim como dos primeiros volumes da nova tradução inglesa dos *Gesammelte Werke* por James e Alix Strachey – empreendimento que consumiu muitos anos de trabalho, e resultou nos 24 tomos da *Standard Edition of the Complete Works of Sigmund Freud* – estimulou alguns analistas do Rio de Janeiro a verter para o português os escritos do mestre. Mas a opção de traduzi-los da *Standard*, e não do original, resultou num trabalho sem coerência na terminologia e eivado de erros.

O fato de a *Edição standard* brasileira – realizada com boa vontade, porém sem qualidade literária nem científica – ter sido recebida sem críticas diz bastante sobre a posição secundária de Freud nas referências dos analistas brasileiros de então: se os textos da escola kleiniana tivessem sido traduzidos com a mesma displicência, com certeza a reação teria sido outra. Somente com as novas condições mencionadas mais adiante é que se percebeu como era ruim o texto disponível na nossa língua.

Nas mesmas décadas, mas ainda sem impacto sobre a psicanálise em nosso país, Jacques Lacan empreendia na França o chamado "retorno a Freud". O estudo minucioso dos textos, frequentemente no original alemão, resultou para os discípulos de Lacan numa grande familiaridade com o pensamento do mestre de Viena, e na transformação de Freud em um interlocutor tanto para a teorização quanto para a prática clínica, o que não ocorria nos países de língua inglesa.

A partir de 1970, as doutrinas lacanianas começam a ser divulgadas na América Latina, em especial na Argentina. Os profissionais platinos que vinham para cá – primeiro como conferencistas visitantes, e após o golpe de 1976 como emigrados políticos – traziam na bagagem uma nova visão da obra freudiana, influenciados pelo prestígio de que ela passara a desfrutar na França. Durante a década de 1980, retornam ao país vários analistas formados no ambiente gaulês, ou na universidade belga de Louvain, então um importante centro lacaniano. Eles trazem consigo um conhecimento e uma valorização de Freud que também contribuíram para a maior difusão do seu pensamento nas plagas tropicais. Em alguns novos cursos de formação para psicanalistas – como o do Instituto Sedes Sapientiae, em São Paulo – o *corpus* freudiano se torna o eixo central dos estudos, o que ainda hoje contrasta com o currículo de corte mais britânico em uso nas Sociedades de Psicanálise.

Por fim, para compreender a situação atual de Freud na cultura brasileira é preciso mencionar outros três processos ocorridos nos últimos trinta anos. Em primeiro lugar, a crescente solicitação por parte da mídia para que psicanalistas expressem sua opinião acerca de comportamentos, atitudes, declarações de autoridades políticas e científicas, crimes particularmente hediondos, e outros fatos da vida social. Nesses comentários, não raro é citada alguma ideia do fundador da disciplina, e isso contribui para que o grande público se familiarize com conceitos como o de inconsciente, complexo de Édipo, entre outros.

O segundo processo é a crescente presença da psicanálise nos cursos de pós-graduação em psicologia. Isso deu origem a muitas teses de ótima qualidade, que por sua vez – terceiro processo – vêm sendo publicadas por editoras especializadas. Em virtude do que expus, tanto em teses quanto em livros são frequentes as referências a Freud e discussões sobre as implicações delas para o assunto tratado.

Sinal de uma exigência congruente com o novo papel da obra freudiana no pensamento dos analistas brasileiros é a decisão da Editora Imago de encetar uma nova tradução, desta vez com critérios adequados e a partir do original alemão. Sob a coordenação de Luiz Alberto Hanns, até janeiro de 2009 saíram três dos dez volumes planejados. As excelentes notas explicativas e a qualidade da tradução com certeza farão dela um instrumento de trabalho utilíssimo para os psicanalistas, pesquisadores e demais interessados em conhecer o que Freud realmente disse.

Para concluir: além das constantes citações em artigos, livros e conferências, esse contato mais íntimo com a obra fundadora da psicanálise vem influindo no modo como os profissionais conduzem seu trabalho clínico. A capacidade dos escritos de Freud para inspirar reflexões sobre os mais variados aspectos da vida psíquica, assim como para fornecer pistas que permitem compreender fenômenos dos quais ele não tratou explicitamente, parece dar razão ao psicanalista francês André Green, o qual, questionado certa vez sobre o que havia de novo em psicanálise, respondeu sem hesitar: "Freud".

CARL SCHMITT E A TENTATIVA DE UMA REVOLUÇÃO CONSERVADORA

GILBERTO BERCOVICI

O PENSAMENTO JURÍDICO SOBRE O ESTADO E A UNIDADE POLÍTICA

No século XIX, a partir da consolidação do constitucionalismo, com a implantação do modelo liberal de organização socioeconômica, o Estado passa a ser o objeto privilegiado de estudo da doutrina publicista europeia, que se firma, no decorrer do século, a partir da implementação do método exclusivamente jurídico na análise de seu objeto de estudo, buscando compreender toda a esfera da política e sua dinâmica em formas jurídicas.[1] A ideia predominante na doutrina política europeia do século XIX era a da

1. Ver Walter Wilhelm, *Zur juristischen Methodenlehre im 19. Jahrhundert: die Herkunft der Methode Paul Labands aus der Privatrechtswissenschaft*. Frankfurt am Main: Vittorio Klostermann, 1958, pp. 146-49; Maurizio Fioravanti, *Stato e Costituzione: materiali per una storia delle dottrine costituzionali*. Turim: G. Giappichelli Editore, 1993, pp. 4 e 144-45; Michael Stolleis, "Verfassungsideale der Bürgerlichen Revolution" in *Konstitution und Intervention: Studien zur Geschichte des öffentlichen Rechts im 19. Jahrhundert*. Frankfurt am Main: Suhrkamp, 2001, pp. 17-32, Maurizio Fioravanti, "Il dibattito sul metodo e la costruzione della teoria giuridica dello Stato" in *La scienza del diritto pubblico: dottrine dello Stato e della Costituzi one tra Otto e Novecento*. Milão, Giuffrè, 2001,

supremacia da lei. Ela era entendida como proveniente da Nação, representada no Parlamento. A lei garantia os direitos e deveria ser obedecida também pelo Estado, personificação jurídica da Nação,[2] que se configurava em Estado de Direito, ou seja, o Estado que obedece ao direito posto por este mesmo Estado. A questão da unidade política estava resolvida.[3]

A questão central a ser colocada para a compreensão do Estado como objeto histórico é a da unidade política.[4] Em torno da unidade política digladiam-se as visões de fragmentação e de totalidade no estudo do Estado desde a consolidação da disciplina Teoria do Estado, no século XIX. Desse modo, o papel dos juristas foi crucial para a consolidação do modelo liberal de Estado de Direito na Europa.[5] Os autores clássicos, talvez, possam ser, Georg Jellinek, na Alemanha, e Raymond Carré de Malberg, na França.

v. 1, pp. 23-63 e Gilberto Bercovici, *Soberania e Constituição: para uma crítica do constitucionalismo*. São Paulo: Quartier Latin, 2008, pp. 158-77 e 242-82.

2. Ver, por todos, Adhémar Esmein, *Éléments de droit constitutionnel français et comparé*. 6ª ed. Paris: Sirey, 1914, p. 1.

3. António Manuel Hespanha, *Guiando a mão invisível: Direitos, Estado e lei no liberalismo monárquico português*. Coimbra: Almedina, 2004, pp. 196-98

4. Sobre a importância da questão da unidade política, especialmente em um contexto de crise e de superação da racionalidade burocrática pela racionalidade econômica, ver Marcus Llanque, "Die Theorie politischer Einheitsbildung in Weimar und die Logik von Einheit und Vielheit (Rudolf Smend, Carl Schmitt, Hermann Heller)" in Andreas Göbel, Dirk van Laak & Ingeborg Villinger (orgs.), *Metamorphosen des Politischen: Grundfragen politischer Einheitsbildung seit den 20er Jahren*. Berlim: Akademie Verlag, 1995, pp. 157-60. Ver, ainda, Christoph Möllers, *Staat als Argument*. Munique: C. H. Beck, 2000, pp. 228-55.

5. Maurizio Fioravanti, *Stato e Costituzione*, pp. 198-206.

Jellinek pretendeu criar um sistema de validade universal, à margem da história e da realidade. Sua teoria geral do Estado, segundo Pedro de Vega, está vinculada a três pressupostos: a positividade do direito, o monopólio estatal da produção jurídica e a personalidade jurídica do Estado. O principal conceito é o do Estado como pessoa jurídica, ligado à ideia de autolimitação do Estado (*Selbstverpflichtung des Staates*): ao criar o direito, o Estado obriga-se a si mesmo e, ao se submeter ao direito, também se torna sujeito de direitos e de deveres.[6]

Esse modelo, no entanto, vai ser abalado com a expansão do sufrágio. A transformação progressiva dos regimes liberais (nominais ou efetivos) europeus em democracias de massa, processo que se acelera logo após a Primeira Guerra Mundial, vai gerar uma crise sem precedentes no modelo jurídico oitocentista de Estado de Direito. Com raríssimas exceções, como Carré de Malberg,[7] os teóricos do Estado e os publicistas não vão con-

6. Georg Jellinek, *Allgemeine Staatslehre*. Berlim: O. Häring, 1905, pp. 169-73, 182-83, 367-75 e 386-87. Ver também Pedro de Vega García, "El tránsito del positivismo jurídico al positivismo jurisprudencial en la doctrina constitucional", *Teoría y Realidad Constitucional*, n. 1, Madri, Universidad Nacional de Educación a Distancia/Editorial Centro de Estudios Ramón Areces, jan./jun. 1998, pp. 65-67 e 70-72 e Gilberto Bercovici, op. cit., pp. 253-59.

7. Carré de Malberg escreveu sua grande obra, *Contribution à la théorie générale de l'État*, nos anos anteriores à Primeira Guerra Mundial, embora só a tenha publicado em 1920. Nos anos subsequentes, Carré de Malberg reviu uma série de posições, especialmente no tocante à soberania popular, passando de severo crítico a seu defensor, pregando a ampliação da participação do povo no sistema político, como se pode perceber em seu livro *La Loi, expression de la volonté générale: Étude sur le concept de la loi dans la Constitution de 1875*. Paris:

seguir lidar com esse novo fenômeno do início do século XX: a participação popular e a ampliação da democracia.[8] O consenso liberal estava rompido e a questão da unidade política retorna ao centro do debate sobre o Estado.

Diante desse quadro, Hermann Heller não hesita em anunciar a "crise da teoria geral do Estado",[9] para a qual há várias respostas,[10] desde a perplexidade liberal que via a crise definitiva

Economica, 1984 (ed. fac-similar; a edição original é de 1931), e no artigo "Considérations théoriques sur la question de la combinaison du referendum avec le parlementarisme", *Revue du Droit Public*, 1931, pp. 225-44. Sobre essa mudança teórica de Carré de Malberg, ver Éric Maulin, "Démocratie et représentation dans la pensée de Carré de Malberg", *Droits*, n. 22. Paris: PUF, 1995, pp. 127-43 e Gilberto Bercovici, op. cit., pp. 297-300.

8. Sobre a perplexidade e as dificuldades da doutrina publicista francesa, entre 1870 e 1914, em conjugar suas categorias jurídicas liberais com um órgão legislativo formado pelo sufrágio universal masculino, ver Marie-Joëlle Redor, *De l'État legal a l'État de droit: l'Évolution des conceptions de la doctrine publiciste française, 1879-1914*. Paris: Economica/Presses Universitaires d'Aix--Marseille, 1992, pp. 30-31, 96-110, 167-70 e 260-316 e Gilberto Bercovici, op. cit., pp. 259-60 e 279-81. Por sua vez, o jurista italiano Santi Romano, em um texto de 1909, já anunciava a "crise do Estado moderno". Ver Santi Romano, "Lo Stato moderno e la sua crisi" in *Scritti minori*, v. 1: *Diritto costituzionale*. Milão: Giuffrè, 1990, reimpr., pp. 379-96.

9. Hermann Heller, "Die Krisis der Staatslehre" in *Gesammelte Schriften*, 2.ª ed. Tübingen: J. C. B. Mohr (Paul Siebeck), 1992, v. 2, pp. 3-30.

10. Ver, para a análise de algumas dessas respostas, Gilberto Bercovici, "A Constituição dirigente e a crise da teoria da Constituição" in Cláudio Pereira de Souza Neto; Gilberto Bercovici; José Filomeno de Moraes Filho & Martonio Mont'Alverne Barreto Lima, *Teoria da Constituição*: Estudos sobre o lugar da política no direito constitucional. Rio de Janeiro: Lumen Juris, 2003, pp. 85-103.

da democracia e da estatalidade europeias,[11] passando pela procedimentalização da democracia (Kelsen),[12] pela busca de alternativas autoritárias de reconstrução da unidade política supostamente perdida com a democracia (Schmitt), pela legitimação fragmentária e pluralista do Estado pelos seus fins (Duguit)[13] até

11. São exemplos dessa literatura, que se defronta com a questão da irrupção da democracia de massas e as alternativas fascista e soviética, os livros de M. J. Bonn, *Die Krisis der europäischen Demokratie*. Munique: Verlag von Meyer & Jessen, 1925 e de Alfred Weber, *Die Krise des modernen Staatsgedankens in Europa*. Stuttgart/Berlim/Leipzig: Deutsche Verlags-Unstalt, 1925.

12. Hans Kelsen, *Vom Wesen und Wert der Demokratie*. reimpr. da 2.ª ed. Aalen: Scientia Verlag, 1981. Para o debate em torno das concepções kelsenianas de democracia, ver Horst Dreier, *Rechtslehre, Staatssoziologie und Demokratietheorie bei Hans Kelsen*. 2.ª ed. Baden-Baden: Nomos Verlagsgesellschaft, 1990, pp. 249-94; Agostino Carrino, *L'Ordine delle norme: Stato e diritto in Hans Kelsen*. 3.ª ed. Nápoles: Edizioni Scientifiche Italiane, 1992, pp. 221-40; Carlos Miguel Herrera, *Théorie juridique et politique chez Hans Kelsen*. Paris: Éditions Kimé, 1997, pp. 118-37 e 216-36 e Robert Chr. van Ooyen, *Der Staat der Moderne: Hans Kelsens Pluralismustheorie*. Berlim: Duncker & Humbolt, 2003, pp. 45-139.

13. Léon Duguit combate, em suas obras, a visão tradicional do Estado soberano, criticando a concepção do Poder Público como uma vontade subjetiva dos governantes sobre os governados. Para Duguit, o Estado não é um soberano que comanda, mas uma força capaz de criar e gerar serviços públicos, formando um sistema realista com base na solidariedade social e objetivamente imposta a todos os cidadãos. O ponto central é sua defesa do fim da ideia de dominação (*Herrschaft*, *puissance publique*) na teoria do Estado, substituindo a soberania pelo serviço público como noção fundamental do direito público. Duguit propõe, assim, um regime político fundado na solidariedade social, em que os governantes têm deveres e obrigações ao agir, o que implica intervenção estatal nos domínios econômico e social. A solidariedade social, concretizada por meio dos serviços públicos, é, em sua visão, a forma mais adequada de legi-

a visão de uma democracia socialista que consagraria a unidade política na pluralidade democrática (Heller). A partir da questão da unidade política, Carl Schmitt chega à conclusão de que ela é impossível por meio do Estado, anunciando o fim da estatalidade.

CARL SCHMITT EM WEIMAR: A UNIDADE POLÍTICA IMPOSSÍVEL[14]

Uma das preocupações centrais de Carl Schmitt é a crise da unidade política, por meio do Estado, em uma democracia de massas. Boa parte de seus textos escritos no conturbado período da República de Weimar buscam expressar sua perplexidade com as instituições liberais-representativas na democracia do sufrágio universal (no caso alemão, desde 1918, sufrágio universal masculino e feminino) e com o que ele entende como ampliação da esfera do Estado (e do político) para todas as áreas da vida social, que causaria a perda do monopólio do político pelo Estado.

timidade do Estado. Ver Léon Duguit, *Les Transformations du droit public*. Paris: Éditions La Mémoire du droit, 1999, pp. 33-72; id., *Manuel de droit constitutionnel*. 3.ª ed. Paris: Ancienne Librairie Fontemoing & Cie Éditeurs, 1918, pp. 29-30, 67-68 e 71-84; id., *Leçons de droit public général*, Paris, Éditions La Mémoire du Droit, 2000, pp. 124-152 e Léon Duguit, *Traité de Droit constitutionnel*. 3.ª ed. Paris: Ancienne Librairie Fontemoing & Cie Éditeurs/E. de Boccard, 1927-1928, v. 1, pp. 541-51, 603-31, 649-54 e 670-80, e v. 2, pp. 59-107 e 118-42. Para a importância da noção de serviço público na teoria do Estado de Duguit, ver o indispensável estudo de Evelyne Pisier-Kouchner, *Le Service public dans la théorie de l'État de Léon Duguit*. Paris: LGDJ, 1972. Ver, ainda, Gilberto Bercovici, op. cit., pp. 269-71.

14. Ver, para uma discussão mais aprofundada, Gilberto Bercovici, *Constituição e estado de exceção permanente: atualidade de Weimar*. Rio de Janeiro: Azougue Editorial, 2004, pp. 65-107, 141-44 e 149-62.

A questão fundamental de uma teoria constitucional, para Carl Schmitt, não era a unidade lógica do ordenamento, mas a unidade política e da homogeneidade. O Estado, desse modo, se situaria na conjunção de duas questões distintas, a da unidade e a do político. O núcleo central é a autoafirmação da unidade política, que deve ser garantida a todo custo.[15]

Schmitt definiu o Estado como um *status*: a unidade política de um povo vivendo em determinado território.[16] Embora aceitasse a essência da definição weberiana de Estado, ele foi além, invertendo a abordagem clássica e, ao rejeitar a tentativa de derivar a concepção do político de uma teoria do Estado, fez com que o Estado dependesse do político: "O conceito de Estado pressupõe o do político"[17]. Para Schmitt, portanto, de conceito do direito público, o Estado se tornou uma questão sobre a essência do político. O Estado deveria ser pensado a partir e em função do político, sem o qual perderia o sentido. Ele é, assim, um meio de continuação e de organização da luta política preexistente a ele, que cria sua

15. Hasso Hofmann, *Legitimität gegen Legalität: Der Weg der politischen Philosophie Carl Schmitts*. 4ª ed. Berlim: Duncker & Humblot, 2002, pp. 109-11 e Marcus Llanque, art. cit., pp. 165-71. Nas palavras de Helmut Rumpf, a unidade política é o *Oberbegriff* do conceito de Estado de Schmitt. Ver Helmut Rumpf, *Carl Schmitt und Thomas Hobbes – Ideelle Beziehungen und aktuelle Bedeutung mit einer Abhandlung über: Die Frühschriften Carl Schmitts*. Berlim: Duncker & Humblot, 1972, p. 77.
16. Carl Schmitt, *Der Begriff des Politischen: Text von 1932 mit einem Vorwort und drei Corollarien*. 6ª ed., Berlim: Duncker & Humblot, 1996, p. 20 e id., *Verfassungslehre*. 8ª ed., Berlim: Duncker & Humblot, 1993, pp. 3 e 204-06.
17. Carl Schmitt, *Der Begriff des Politischen*, p. 20.

própria ordem política. A unidade política, para Schmitt, era a unidade suprema por decidir por si mesma e ser capaz de impedir todos os demais grupos sociais opostos de se dissociarem diante do antagonismo extremo (guerra civil). Onde existisse a unidade política, os conflitos sociais poderiam ser objeto de uma decisão, com o estabelecimento de uma situação normal, de uma ordem.[18]

O Estado liberal neutro e não intervencionista tinha autonomia em relação à sociedade. Com a clara separação entre Estado e sociedade, o Estado neutro possuía capacidade genuinamente política. Dessa forma, a equação Estado = político é correta, pois o Estado constitui um fato claro e determinado em contraposição aos grupos e esferas não políticos, ou seja, ele mantém o monopólio do político, encontrando-se separado e acima da sociedade. A extensão e amplitude do sufrágio e da democracia, no entanto, derrubaram a separação entre Estado e sociedade. Nesse contexto, o Parlamento, por pressupor a divisão entre Estado e sociedade, converteu-se em uma estrutura que encerra em si mesma uma contradição que nega as premissas de sua vitória. Afinal, a distinção entre essas esferas desapareceu justamente com a democratização e o triunfo do Parlamento, com o Estado tornando-se a auto-organização da sociedade. Para Schmitt, desse modo, não poderia passar despercebida a diferença entre as tradicionais

18. Id., ibid., pp. 20-24 e 44-45 e id., "Staatsethik und pluralistischer Staat" in *Positionen und Begriffe im Kampf mit Weimar-Genf-Versailles*, 1923-1939. 3.ª ed. Berlim: Duncker & Humblot, 1994, pp. 157-60. Ver também Hasso Hofmann, op. cit., pp. XL-XLIII e 95-103 e Pier Paolo Portinaro, *La crisi dello jus publicum europaeum: saggio su Carl Schmitt*. Milão: Edizioni di Comunità, 1982, pp. 258-61.

ideias parlamentares liberais e as ideias da moderna democracia de massas.[19]

O Estado não está mais acima das forças sociais, pois o povo ocupa o Estado, que passa, assim, a ser a auto-organização da sociedade. Esse pluralismo, presente na República de Weimar, anula todas as delimitações do político e transfere o monopólio do político do Estado para os partidos. Consequentemente, o Estado deve satisfazer todas as necessidades e demandas da população, intervindo nos domínios econômico e social, abandonando os postulados da neutralidade e da não intervenção estatais. Na medida em que o Estado e a sociedade se interpenetram reciprocamente, gerando a identidade entre ambos (o Estado total), todos os domínios passam a ser políticos, ou seja, não há mais como distinguir o político, aquela identificação entre Estado e político, para Schmitt, deixa de ser verdadeira.[20]

19. Carl Schmitt, *Die geistesgeschichtliche Lage des heutigen Parlamentarismus*. 8.ª ed. Berlim: Duncker & Humblot, 1996, pp. 6, 10-20, 43-50 e 61-63 e id., *Der Hüter der Verfassung*. 4.ª ed. Berlim: Duncker & Humblot, 1996, pp. 82-83.

20. Id., *Der Begriff des Politischen*, pp. 20-26; id., *Der Hüter der Verfassung*, pp. 73-75 e 77-79; id., "Konstruktive Verfassungsprobleme" in *Staat, Grossraum, Nomos: Arbeiten aus den Jahren 1916-1969*. Berlim: Duncker & Humblot, 1995, pp. 56-59 e id., "Starker Staat und gesunde Wirtschaft" in *Staat, Grossraum, Nomos*, pp. 74-79. O fundamento da democracia situa-se na identidade e na homogeneidade do povo e consiste no aspecto existencial da unidade política. Para Schmitt, o princípio político autenticamente democrático não é o da liberdade, mas o da identidade ou igualdade substancial. No entanto, a igualdade democrática está ligada à desigualdade, pois, para Schmitt, a igualdade é política, portanto, discriminatória, devendo tratar igualmente os iguais e definir o inimigo. A igualdade política da democracia deve corresponder ao princípio da homogeneidade a partir do

O conceito do político de Schmitt, portanto, não implica a total usurpação de todas as esferas sociais pelo Estado e pela política, antes o contrário. Schmitt deseja garantir a autonomia de esferas não estatais. Só um Estado forte pode se retirar dessas esferas. O Estado neutro é um Estado forte, pois se separa da economia e da sociedade civil. A neutralização e despolitização da economia (que são processos políticos, pois só podem se originar da decisão política do Estado) necessitam de um Estado com liderança política, que só é capaz de existir se possuir fundamentos plebiscitários. Schmitt não se opõe ao livre mercado, mas entende que ele só pode sobreviver sob a égide desse Estado forte. O Estado forte que defende é um que protege a liberdade econômica dos setores privilegiados das demandas populares garantidas pelo Estado Social. Será a dissolução ou ruptura da divisão entre o político e o não político que vai trazer uma série de problemas para a definição do político ou para sua vocação em se manifestar de modo privilegiado em certos domínios em contraposição a outros.[21]

qual e em nome do qual possa se estabelecer a distinção entre cidadão e estrangeiro, entre iguais e desiguais, entre amigo e inimigo. Ver id., *Verfassungslehre*, pp. 223, 226-28 e 234-38. Ver, ainda, o excelente trabalho de Bernardo Ferreira, *O risco do político: crítica ao liberalismo e teoria política no pensamento de Carl Schmitt*. Belo Horizonte/Ed. UFMG/Rio de Janeiro/Iuperj: , 2004, pp. 156-235.

21. Carl Schmitt, *Der Begriff des Politischen*, pp. 24-26; id., "Konstruktive Verfassungsprobleme", pp. 63-64; id., "Starker Staat und gesunde Wirtschaft", pp. 71, 74, 77 e 81 e id., "Weiterentwicklung des totalen Staats in Deutschland" in *Positionen und Begriffe*, pp. 212-213. Ver também id., "Wesen und Werden des faschistischen Staates" in *Positionen und Begriffe*, pp. 125 e 128-29.

Se os órgãos e instâncias previstos na Constituição não são capazes de realizar a unidade política, é inevitável, segundo Schmitt, que a substância política se desloque para outros setores do sistema político e social. A solução não pode, no entanto, ser a continuidade da debilitação do Estado. Para que se consiga impor a neutralidade, é necessário um Estado forte, pois a solução é política e exige a capacidade de tomada de decisões. A saída é um poder neutralizador, que, utilizando-se dos poderes de exceção, consiga excluir quem é hostil ou estranho à ordem política, podendo jogar a legitimidade contra a legalidade e, assim, eliminar o inimigo. Como nas situações críticas a solução dos problemas se afasta do Parlamento, os poderes de exceção do artigo 48 da Constituição de Weimar se revestem de crucial importância. Em um Estado como o alemão da República de Weimar, federal, policrático e pluralista, a função mediadora e reguladora do poder neutro adquire importância central no sistema político. O presidente do Reich é, portanto, o último pilar da ordem constitucional, o único capaz de resistir à possibilidade de caos.[22]

A "ocupação pluralista" do Estado faz com que não haja direção, integridade nem unidade na política econômica, ou seja, o Parlamento é incapaz de lidar com as crises econômicas, e menos ainda de ser o guardião da Constituição.[23] Para Carl Schmitt, apenas o poder executivo, na figura do presidente do Reich, dotado dos poderes discricionários previstos no artigo 48 da Constitui-

22. Id., *Verfassungslehre*, pp. 350-53; id., *Der Hüter der Verfassung*., pp. 71-73, 100-1, 115-17 e 132-40 e id., "Weiterentwicklung des totalen Staats in Deutschland", p. 216.
23. Id., *Der Hüter der Verfassung*, pp. 91-94.

ção de Weimar,[24] será capaz de tomar as decisões necessárias para solucionar o *Wirtschaftsnotstand* (estado de emergência

24. Texto do artigo 48 da Constituição de Weimar:

Quando um Estado [Land] *não cumpre os deveres que lhe são impostos pela Constituição ou pelas leis do Reich, o presidente do Reich pode obrigá-lo com ajuda da Força Armada.*

Quando, no Reich alemão, a ordem e a segurança públicas estão consideravelmente alteradas ou ameaçadas, o presidente do Reich pode adotar as medidas necessárias para o reestabelecimento da segurança e ordem públicas, inclusive com ajuda da Força Armada caso necessário. Para tanto, pode suspender temporariamente, em todo ou em parte, os direitos fundamentais consignados nos artigos 114, 115, 117, 118, 123, 124 e 153.

De todas as medidas que adote com fundamento nos parágrafos 1º. e 2º. deste artigo, o presidente do Reich deverá dar conhecimento ao Parlamento. A pedido deste, tais medidas se tornarão sem efeito.

O governo de um Estado poderá aplicar provisoriamente as medidas expressas no parágrafo 2º. deste artigo quando o atraso em adotá-las implique perigo. Tais medidas se tornarão sem efeito a pedido do presidente do Reich ou do Parlamento.

Os pormenores serão regulamentados por uma lei do Reich.

Segundo Carl Schmitt, o artigo 48 da Constituição de Weimar consistia em uma combinação dos conceitos de ditadura comissária (*kommissarische Diktatur*), ou seja, uma ditadura de ação incondicionada de um poder constituído, e de ditadura soberana (*souveränen Diktatur*), uma ditadura de ação incondicionada do poder constituinte. Nesse sentido, ver Carl Schmitt, *Die Diktatur: Von den Anfängen des modernen Souveränitätsgedankens bis zum proletarischen Klassenkampf*. 6ª. ed. Berlim: Duncker & Humblot, 1994, pp. 143 e 197-200. Para o comentário clássico sobre o artigo 48 da Constituição de Weimar, ver Gerhard Anschütz, *Die Verfassung des Deutschen Reichs vom 11. August 1919*. 14ª. ed. Aalen: Scientia Verlag, reimpr. 1987, pp. 267-300. Para uma análise atual, ver Christoph Gusy, *Die Weimarer Reichsverfassung*. Tübingen: J.C.B. Mohr (Paul Siebeck), 1997, pp. 107-15.

econômico).[25] Apenas com uma autoridade política estável e situada fora da luta dos partidos políticos e das demais forças sociais poderia voltar a ser garantida a "esfera livre" da religião e da vida privada, por meio das "garantias institucionais" (*institutionelle Garantien*).[26]

Para Carl Schmitt, as violações da Constituição podem ser solucionadas por um poder político máximo, situado acima de todos os outros (que seria, no caso, o soberano do Estado), ou por um órgão que não é superior aos outros, mas tem a função de coordenar os poderes, ou seja, um *pouvoir neutre*. Esse "poder neutro, mediador, regulador e tutelar" (*neutralen, vermittelnden, regulierenden und bewahrenden Gewalt*), está no mesmo nível de todos os poderes constitucionais, embora tenha atribuições especiais para garantir o funcionamento dos demais poderes e da própria Constituição. Esse poder deve ser neutro exatamente para não fortalecer um dos poderes existentes. Segundo sua interpretação da Constituição de Weimar, esse poder neutro é o do presidente do Reich, independente do Parlamento, eleito por toda a nação e dotado dos poderes especiais do artigo 48 da Constituição.[27]

25. Carl Schmitt, *Der Hüter der Verfassung*, pp. 115-31.
26. Para a crítica da concepção schmittiana de "garantias institucionais", ver Gilberto Bercovici, "Entre institucionalismo e decisionismo", *Novos Estudos* (Cebrap), São Paulo, n. 62, mar. 2002, pp. 191-93.
27. Carl Schmitt, *Der Hüter der Verfassung*, pp. 132-40. Para a concepção de um *pouvoir neutre*, cujo objetivo seja a coordenação e cooperação entre os demais poderes do Estado, buscando manter a ordem e a liberdade, sem preocupação com as paixões políticas, ver Benjamin Constant, "Principes de politique" in *Cours de politique constitutionnelle*. Paris: Librairie de Guillaumin et Cie, 2.ª ed.,

Carl Schmitt afirma ainda que o presidente do Reich não representa apenas um poder neutro, mas tem também uma função de integração política, nos termos de Rudolf Smend, pois representa o Estado todo, em contraposição ao pluralismo do Parlamento. A unidade política do Estado, para Schmitt, está representado pelo presidente, eleito por toda a nação.[28] A independência do presidente do Reich em relação aos partidos é, segundo Schmitt, uma independência política, não apolítica, como a de um juiz. Ela assegura uma participação autônoma e positiva do presidente na orientação ou na influência sobre a vontade política, superando os métodos desintegradores do Estado pluralista de partidos. Schmitt enfatiza essa independência do

1872, v. 1, pp. 18-29 e id., "Réflexions sur les Constitutions et les garanties" in ibid., v. 1, pp. 177-93. A teoria de Constant é a inspiradora do Poder Moderador, instituído pela Constituição brasileira de 1824 (e pela Constituição portuguesa de 1826). Para a análise do Poder Moderador, "chave da organização política", na Constituição do Império, de 1824, ver José Antonio Pimenta Bueno (Marquês de São Vicente), *Direito público brasileiro e análise da Constituição do Império*. Rio de Janeiro: Ministério da Justiça e Negócios Interiores, 1958, pp. 201-13 (comentário aos artigos 98 a 101 e 142 a 143 da Constituição de 1824) e Paulino José Soares de Sousa (Visconde do Uruguay), *Ensaio sobre o direito administrativo*. Rio de Janeiro: Typographia Nacional, 1862, tomo 2, especialmente o capítulo XXVIII, pp. 35-114. Carl Schmitt cita expressamente uma tradução francesa do artigo 98 da Constituição brasileira de 1824. Ver Carl Schmitt, *Der Hüter der Verfassung*, nota 1, p. 133.

28. Id., ibid., pp. 141-149. Sobre a noção de "integração funcional" (*Funktionelle Integration*), ver Rudolf Smend, *Verfassung und Verfassungsrecht in Staatsrechtliche Abhandlungen und andere Aufsätze*. 3.a ed. Berlim: Duncker & Humblot, 1994, pp. 148-60.

"sistema plebiscitário" (presidente) ante o sistema parlamentar na Constituição de Weimar.[29]

O presidente do Reich, para Schmitt, poderia conduzir a política, independentemente dos partidos, à medida que as tendências pluralistas dificultassem ou impossibilitassem o funcionamento normal do Estado legislativo. Em vez de apoiar a instituição de um tribunal constitucional[30] para decidir sobre as questões políticas e constitucionais, Schmitt afirma que a solução está prevista no próprio texto da Constituição de Weimar: o guardião da Constituição é o presidente do Reich (*Nach dem vorliegenden Inhalt der Weimarer Verfassung besteht bereits ein Hüter der Verfassung, nämlich der Reichspräsident*). Sua estabilidade e permanência relativas (mandato de sete anos, independência das maiorias parlamentares) e suas atribuições tinham, segundo Schmitt, o objetivo de criar uma instituição neutra, protetora e garantidora do sistema constitucional e de seu funcionamento e que, em caso de necessidade, teria atribuições eficazes definidas pelo artigo 48, que permitiriam sua atuação na defesa ativa da Constituição.[31]

O papel do presidente do Reich como guardião da Constituição, para Carl Schmitt, também corresponderia ao princípio democrático da Constituição de Weimar, pois ele era eleito diretamente por todo o povo alemão. Desse modo, o presidente

29. Carl Schmitt, *Der Hüter der Verfassung*, pp. 156-58.

30. Segundo Schmitt, um Tribunal Constitucional não seria um poder neutro, mas um tribunal político que, além de tudo, seria contrário ao princípio democrático, pois criaria uma "aristocracia de toga" (*Aristokratie der Robe*). Ver id., ibid., pp. 153-56.

31. Id., ibid., pp. 158-59.

era o centro de um sistema plebiscitário, capaz de fazer frente ao pluralismo dos grupos sociais e econômicos representados no Parlamento. Ou seja, segundo Schmitt, o presidente do Reich não garantiria apenas a Constituição, mas também a unidade do povo alemão como conjunto político. Ele seria o protetor e o guardião da unidade da Constituição e da integridade da nação.[32]

A TENTATIVA DE UMA REVOLUÇÃO CONSERVADORA

A defesa de Carl Schmitt do reforço dos poderes presidenciais no contexto do chamado Estado total era uma saída autoritária na crise da República, ligada ao pretendido Estado autoritário da "revolução conservadora" (*Konservative Revolution*).[33] As propostas

32. Id., ibid., p. 159. Sobre a influência da concepção de liderança carismática de Max Weber na interpretação de Carl Schmitt sobre o papel do presidente do Reich como guardião da Constituição, ver Wolfgang Mommsen, *Max Weber et la politique allemande, 1890-1920*. Paris: PUF, 1985, pp. 477-86.

33. Karl Dietrich Bracher, *Die Auflösung der Weimarer Republik: eine Studie zum Problem des Machtverfalls in der Demokratie*. 2.ª ed. Stuttgart/Düsseldorf: Ring Verlag, 1957, pp. 37-44 e 57-63; Lutz-Arwed Bentin, *Johannes Popitz und Carl Schmitt: Zur wirtschaftlichen Theorie des totalen Staates in Deutschland*. Munique: Verlag C. H. Beck, 1972, pp. 114-15; Mario Nigro, "Carl Schmitt e lo Stato amministrativo", *Rivista Trimestrale di Diritto e Procedura Civile*, anno XL, n. 3, Milão, Giuffrè, set. 1986, pp. 784-86; Reinhard Mehring, *Pathetisches Denken: Carl Schmitts Denkweg am leitfaden Hegels – katholische Grundstellung und antimarxistische Hegelstrategie*. Berlim: Duncker & Humblot, 1989, pp. 136-42 e Andreas Koenen, *Der Fall Carl Schmitt: Sein Aufstieg zum Kronjuristen des Dritten Reiches*. Darmstadt: Wissenschaftliche Buchgesellschaft, 1995, pp. 120-22 e 200-06. De acordo com Haselbach, o primeiro programa do ordoliberalismo, que se destacava por sua crítica contra o Estado social e o regime democrático

autoritárias da "revolução conservadora" alemã, muitas delas inspiradas no fascismo italiano,[34] ganharam muito destaque a partir de 1930, com os gabinetes Brüning, von Papen e von Schleicher, nomeados pelo presidente Hindenburg à revelia do Parlamento. A ligação de Carl Schmitt com a "revolução conservadora" sempre foi muito debatida. Para Bendersky, Schmitt não tinha conexões com a "revolução conservadora", apesar de seus trabalhos terem chamado a atenção desse movimento a partir de 1930. Essa ligação seria fruto, na realidade, de uma interpretação equivocada criada no pós-guerra.[35] Carlo Galli, embora admita que as ideias schmittianas circularam pelos círculos conservadores, acha que isso não o ligaria necessariamente à "revolução conservadora".[36] Por sua vez, autores como Stefan Breuer, Ingeborg Maus, Jeffrey Herf, Reinhard Mehring, Andreas Koenen e Armin Mohler consideram Schmitt um membro ativo da "revolução conservadora".[37]

de Weimar – próximo, portanto, às posições de Carl Schmitt – também estava inserido na "revolução conservadora". Ver Dieter Haselbach, *Autoritärer Liberalismus und Soziale Marktwirtschaft: Gesellschaft und Politik im Ordoliberalismus*. Baden-Baden: Nomos Verlagsgesellschaft, 1991, pp. 17-19.

34. Sobre a influência do fascismo na "revolução conservadora", ver Stefan Breuer, *Anatomie de la révolution conservatrice*. Paris, Éditions de la Maison des Sciences de l'Homme, 1996, pp. 148-60.

35. Cf. Joseph W. Bendersky, *Carl Schmitt: Theorist for the Reich*. Princeton: Princeton University Press, 1983, pp. 56-60 e Joseph W. Bendersky, "Carl Schmitt and the Conservative Revolution", *Telos*, n. 72, Nova York, Summer 1987, pp. 36-41.

36. Ver Carlo Galli, *Genealogia della politica: Carl Schmitt e la crisi del pensiero politico moderno*. Bolonha: Il Mulino, 1996, pp. 671-72.

37. Ver, por todos, Ingeborg Maus, "Gesellschaftliche und rechtliche Aspekte der 'Konservativen Revolution'" in *Rechtstheorie und Politische Theorie im In-*

Schmitt não foi o único a apresentar uma alternativa autoritária à crise da República de Weimar. Os apelos autoritários encontraram eco no Gabinete von Papen, em 1932. Com a fracassada tentativa de implantar um Estado corporativo, o chamado *Neue Staat*, von Papen pretendeu criar um Estado autoritário, acima dos partidos políticos, fundado no poder do presidente do Reich. Segundo Karl Dietrich Bracher, o *Neue Staat* era uma espécie de "meio-termo" entre o parlamentarismo e a ditadura totalitária, com uma tentativa incipiente de restauração monárquica, elaborado para tentar conter as aspirações nazistas de chegar ao poder. Em termos econômicos, a proposta do *Neue Staat* se declarava a favor da restauração do capitalismo liberal, da livre iniciativa, com a demolição das garantias do Estado social.[38]

dustriekapitalismus. Munique: Wilhelm Fink Verlag, 1986, pp. 155-61; Armin Mohler, "Carl Schmitt und die 'konservative Revolution': Unsystematische Beobachtungen" in Helmut Quaritsch (org.), *Complexio Oppositorum: Über Carl Schmitt*. Berlim: Duncker & Humblot, 1988, pp. 141-51; Jeffrey Herf, *O modernismo reacionário*: *tecnologia, cultura e política na República de Weimar e no Terceiro Reich*. São Paulo/Campinas: Ensaio/Ed. Unicamp, 1993, pp. 58-59, 134-39 e 245 e Stefan Breuer, op. cit., passim.

38. Karl Dietrich Bracher, op. cit., pp. 536-45; Kurt Sontheimer, *Antidemokratisches Denken in der Weimarer Republik: Die politischen Ideen des deutschen Nationalismus zwischen 1918 und 1933*. 4.a ed. Munique: Deutscher Taschenbuch Verlag, 1994, pp. 204-05 e 299; Dieter Grimm, "Verfassungserfüllung - Verfassungsbewahrung - Verfassungsauflösung: Positionen der Staatsrechtslehre in der Staatskrise der Weimarer Republik" in Heinrich August Winkler (org.), *Die deutsche Staatskrise 1930-1933: Handlungsspielräume und Alternativen*. Munique: R. Oldenbourg Verlag, 1992, p. 185; Christoph Gusy, op. cit., pp. 412-15; Heinrich August Winkler, *Weimar 1918-1933: die Geschichte der*

Ao contrário das propostas de outros autores vinculados à "revolução conservadora", como Hans Gerber,[39] Heinz Ziegler[40] e o próprio von Papen, pode-se perceber que a alternativa de Carl Schmitt não é tradicionalista. Para substituir o Estado de Weimar, Schmitt não contrapõe ao Parlamento o conceito neomedieval corporativo de representação, nem propõe a restauração monárquica (o *Obrigkeitsstaat* de Bismarck) ou a ressurreição de formas pré-modernas de dominação. Sua proposta é radicalmente moderna, centrada no poder executivo, com a ditadura plebiscitária.[41] O ponto de partida para, nas palavras de John McCormick, a

ersten deutschen Demokratie. Munique: Verlag C.H. Beck, 1998, pp. 510, 524 e 529; Lutz Berthold, *Carl Schmitt und der Staatsnotstandsplan am Ende der Weimarer Republik*. Berlim: Duncker & Humblot, 1999, pp. 17-18 e 29 e Peter Blomeyer, *Der Notstand in den letzten Jahren von Weimar*. Berlim: Duncker & Humblot, 1999, pp. 259-63. Para a crítica contemporânea às propostas de reforma de von Papen, ver Ernst Fraenkel, "Um die Verfassung" in *Gesammelte Schriften*. Baden-Baden: Nomos Verlaggesellschaft, 1999, v. 1, pp. 496-99, 504 e 506-08; Otto Kirchheimer, "Die Verfassungsreform" in *Von der Weimarer Republik zum Faschismus: die Auflösung der demokratischen Rechtsordnung*. Frankfurt am Main: Suhrkamp, 1976, pp. 96-97 e Hermann Heller, "Autoritärer Liberalismus?" in op. cit., v. 2, pp. 647-48.

39. Hans Gerber, *Freiheit und Bindung der Staatsgewalt*. Tübingen: J.C.B. Mohr (Paul Siebeck), 1932.

40. Heinz O. Ziegler, *Autoritärer oder Totaler Staat*. Tübingen: J.C.B. Mohr (Paul Siebeck), 1932.

41. A ditadura, para Schmitt, não é o oposto da democracia. Schmitt entendia a ditadura como um meio para alcançar um fim determinado, sendo, assim, seu conteúdo determinado pelo interesse no resultado a ser obtido, dependendo da situação de fato. Desse modo, ditadura não poderia ser definida, em geral, como

"agenda fascista" de Schmitt é a situação histórica do estado de direito sob o Estado social e os partidos políticos de massa. O Estado total, assim, demonstra o caráter anacrônico do parlamentarismo liberal e do Estado de Direito – incapacitados de lidar com o estado de emergência econômico – e as virtudes do sistema autoritário centrado no poder executivo, mais bem equipado para lidar com os desafios da era econômico-tecnológica.[42]

O FIM DA ESTATALIDADE?

A teoria da Constituição de Schmitt é, para Hofmann, a aplicação construtiva e teorético-jurídica do conceito do político. Apesar de reabilitar a política na análise constitucional, seu projeto constitucional era a crítica aos fundamentos da Constituição de Weimar.[43] É importante ressaltar que Schmitt não escreveu uma

supressão da democracia. Ver Carl Schmitt, *Die Diktatur*, p. XVI e id., *Die geistesgeschichtliche Lage des heutigen Parlamentarismus*, p. 41.

42. Ingeborg Maus, *Bürgerliche Rechtstheorie und Faschismus: Zur sozialen Funktion und aktuellen Wirkung der Theorie Carl Schmitts*. 2.ª ed. Munique: Wilhelm Fink Verlag, 1980, pp. 21-25 e 122-27; John P. McCormick, *Carl Schmitt's Critique of Liberalism: Against Politics as Technology*. Cambridge: Cambridge University Press, 1999, pp. 157-58 e 201-05 e William E. Scheuerman, *Carl Schmitt: The End of Law*. Lanham/Nova York/Oxford: Rowman & Littlefield Publishers, 1999, pp. 94-97. Ver também Carlo Galli, "Strategie della totalità: Stato autoritario, Stato totale, totalitarismo, nella Germania degli anni trenta", *Filosofia Politica*, ano XI, n. 1, Bolonha, Il Mulino, 1997, pp. 31 e 43.

43. Hasso Hofmann, *Legitimität gegen Legalität.*, p. 117 e Olivier Beaud, "Carl Schmitt ou le juriste engagé" in Carl Schmitt, *Théorie de la Constitution*. Paris: PUF, 1993, pp. 58-61, 74-75, 93-96, 101-08 e 113. Contra essa interpretação, ver Pasquale Pasquino, "Schmitt à Weimar", *Revue Française de Science Politique*,

teoria do Estado (*Staatslehre*), mas uma teoria da Constituição (*Verfassungslehre*). Isso teria ocorrido, segundo ele próprio, pela constatação de que o Estado havia perdido o monopólio do político. O resultado dessa formulação teórica, exposta em *O conceito do político*, era a afirmação de que o conceito de Estado pressupõe o do político. Desse modo, o trabalho sistemático que se desenvolveu em continuidade a *O conceito do político* foi uma teoria da Constituição, não uma teoria do Estado, pois já seria impossível definir o político a partir do Estado.[44] Na definição de Carl

v. 43, n. 4, Paris, Presses de la Fondation Nationale des Sciences Politiques, ago. 1993, pp. 704-08.

44. Carl Schmitt, *Politische Theologie II: Die Legende von der Erledigung jeder politischen Theologie*. Berlim: Duncker & Humblot, 4.ª ed., 1996, pp. 21-22. Holczhauser afirma que o conceito de político da *Verfassungslehre* é o do político como consenso, vinculado à unidade e homogeneidade do povo, sujeito do poder constituinte que toma as decisões fundamentais da Constituição. Ver Vilmos Holczhauser, *Konsens und Konflit: die Begriffe des Politischen bei Carl Schmitt*. Berlim: Duncker & Humblot, 1990, pp. 110-20. Para uma análise das diferenças entre o conceito de político da *Verfassungslehre* e de *Der Begriff des Politischen*, este fundado na ideia de conflito, ver Vilmos Holczhauser, id., pp. 120-23 e 153-55. Ainda sobre o conceito do político de Carl Schmitt, ver Bernardo Ferreira, op. cit., pp. 37-50. Devo ressaltar, também, que Hans Kelsen, a partir de pressupostos absolutamente distintos, chega à conclusão de que a teoria geral do Estado deve coincidir com uma teoria da Constituição. Ver Hans Kelsen, *Allgemeine Staatslehre*. Viena: Verlag der Österreichischen Staatsdruckerei, 1993, pp. 45-46 e Gilberto Bercovici, "A Constituição dirigente e a crise da teoria da Constituição" in op. cit., pp. 88-92.

Schmitt, a Constituição é a concreta maneira de ser resultante de qualquer unidade política existente.[45]

A partir de 1933, Schmitt vai afirmar constantemente que a unidade política não se expressa mais necessariamente sob a forma "Estado". O declínio irreversível do Estado tem, para ele, dois argumentos essenciais: a questão do Estado total, ou seja, a política que se expande além dos limites fixados pelo Estado, e a questão geopolítica. O Estado total, paradoxalmente, é um superestado que leva à superação do Estado e da política em suas acepções modernas. O Estado, construído como aparato e instrumento desde Hobbes, parece exteriormente onipotente, mas é impotente internamente, passando de Estado neutro a Estado total, ao configurar-se a vitória da esfera privada sobre a pública, das forças sociais pluralistas sobre o Estado. O monopólio do político pelo Estado, segundo Schmitt, foi próprio da Europa. A expansão colonial e imperialista desestabilizou a ordem europeia, com a mundialização da política e o consequente declínio do Estado (mas não necessariamente da política), ligado à ascensão da atividade econômica como atividade mundialmente dominante. Schmitt adquire, assim, a convicção da superação definitiva do Estado como tal, dando um senso historicamente concreto à dissociação entre Estado e político.

No prefácio, de 1963, que Schmitt escreveu ao livro *O conceito do político*, ele afirmava que a Europa vivia uma época em que os conceitos jurídicos estavam integralmente ligados ao Estado, pressupondo-o como modelo da unidade política. Mas, na

45. Carl Schmitt, *Verfassungslehre*, p. 4.

visão dele, "a época da estatalidade chegava agora ao seu fim",[46] e o Estado como modelo da unidade política e como portador do monopólio da decisão política estava destronado. Para Schmitt, o Estado moderno é, portanto, uma figura histórica e superada. E a soberania e a política não são mais redutíveis à forma "Estado". Na realidade, desde a teologia política, Schmitt fala do fim do Estado. Desse modo, a desconstrução do Estado, para Galli, já foi virtualmente realizada na individualização da soberania como decisão sobre a exceção. Mesmo a afirmação do Estado como *status* da unidade política culmina na conclusão de que ele não tem sentido separado do político. O Estado não pode ser pluralista, pois deve garantir a unidade política e esta só pode ser garantida se for mantida a diferença originária da exceção, origem e centro gerador da unidade política. Nessa realidade aporética do Estado, Schmitt busca superar a forma "Estado" e tenta recuperar a concretude da forma política.[47]

A interpretação dominante, segundo Portinaro, é a de que Carl Schmitt seria o último e mais nocivo representante do maquiavelismo e da razão de Estado. Efetivamente, com seu conceito do político, segundo o qual o Estado pressupõe o político, Schmitt está polemizando, em conflito, com uma tradição secular da filosofia política. Para essa tradição, a política e o Estado são indissociavelmente ligados, não podem ser considerados isolada ou separadamente. O que muda com Schmitt, de acordo com a análise de Pier Paolo Portinaro, é a definição da característica

46. Id., *Der Begriff des Politischen*, p. 10.
47. Id., ibid., pp. 10-12.

essencial do Estado, não mais como monopólio legítimo do uso da força, mas como o monopólio da decisão última sobre a distinção amigo/inimigo. O político, assim, se reduz à exceção e ao caso extremo, contrapondo-se ao Estado como fator de estabilização. Desse modo, Schmitt rompe com o pensamento político moderno, dissociando Estado e político e retirando o Estado como objeto privilegiado da filosofia política.[48]

Para Schmitt, com a dissociação Estado/político e a perda da capacidade e da autoridade do Estado em decidir sobre a distinção amigo/inimigo, o Estado cessa de existir como formação política autônoma para se tornar simples organização da sociedade civil ou da economia. Isso ocorreu tanto no sistema totalitário, em que o monopólio do político passou para o partido único, como no sistema pluralista, em que esse monopólio se perde. Onde o monopólio do político se dissolve, torna-se impossível que a unidade jurídico-política denominada Estado tome decisões e exercite sua soberania. A crise da soberania e a perda do monopólio do político são, para Carl Schmitt, dois aspectos do mesmo fenômeno de perda de substância política por parte do Estado. E é a perda do monopólio do político e a desagregação da soberania estatal que colocam em crise o *jus publicum europaeum*.[49]

48. Cf. Pier Paolo Portinaro, *La crisi dello jus publicum europaeum*, pp. 234-39. Ver também Carl Schmitt, *Politische Theologie: Vier Kapitel zur Lehre von der Souveränität*. 7.ª ed. Berlim: Duncker & Humblot, 1996, pp. 14-17, 25-26 e 34-37.

49. Id., op. cit., pp. 261-65. Sobre a questão do *nomos* da Terra e a crise do *jus publicum europaeum*, ver, por todos, o livro, hoje clássico de Carl Schmitt: *Der Nomos der Erde im Völkerrecht des jus publicum europaeum*. 4.ª ed. Berlim: Duncker & Humblot, 1997.

A RECEPÇÃO INICIAL DE CARL SCHMITT NO BRASIL

Uma das primeiras referências feitas a Carl Schmitt no Brasil deve-se ao período que Sérgio Buarque de Holanda passou em Berlim, como correspondente de *O Jornal*, entre junho de 1929 e dezembro de 1930. No artigo "O Estado totalitário", publicado em 18 de junho de 1935, no jornal *Folha da Manhã*, Sérgio Buarque de Holanda refere-se à obra de Carl Schmitt *O conceito do político* (*Der Begriff des Politischen*), edição de 1932.[50] O conceito do político de Schmitt é utilizado para explicar o desencanto alemão com o liberalismo. Embora teça referências elogiosas à densidade e ao rigor do texto de Schmitt, a distinção política fundamental entre amigo e inimigo é criticada justamente por se integrar "ao menos na Alemanha, em todas as teorias que apregoam a máxima sujeição do indivíduo ao Estado".[51] Sérgio Buarque fará ainda outra referência ao livro, na passagem em que diferencia hostilidade de inimizade no célebre capítulo "O homem cordial" do clássico *Raízes do Brasil*, cuja primeira edição é de 1936.[52]

Dentre os juristas, Francisco Cavalcanti Pontes de Miranda também foi dos primeiros a utilizar a obra de Schmitt no Brasil.

50. Sérgio Buarque de Holanda, "O Estado totalitário" in Francisco de Assis Barbosa (org.), *Raízes de Sérgio Buarque de Holanda*. 2.ª ed. Rio de Janeiro: Rocco, 1989, pp. 298-301.

51. Id., ibid., p. 301.

52. Id., *Raízes do Brasil*, São Paulo: Companhia das Letras, Edição Comemorativa dos 70 Anos, 2006, capítulo 5, nota 6, pp. 218-19. Sobre a recepção de Carl Schmitt em Sérgio Buarque de Holanda, ver, ainda, o pioneiro artigo de Vamireh Chacon, "A recepção de Carl Schmitt no Brasil", *Revista Brasileira de Filosofia*, v. XLVII, fascículo 185, São Paulo, jan./mar. 1997, pp. 58-61.

As referências iniciais estão no livro *Os fundamentos actuaes do direito constitucional*, de 1932. Pontes de Miranda cita as obras *Die Diktatur* (A ditadura) e *Verfassungslehre* (Teoria da Constituição), seja quando critica a concepção schmittiana de Constituição como fruto da vontade política, seja quando trata da ditadura ou de temas como o federalismo. No entanto, Pontes de Miranda não faz, propriamente, uma reflexão aprofundada sobre as concepções de Schmitt, tomando-o como mais um doutrinador alemão, entre tantos outros que cita, como Kelsen, Smend, Heller etc.[53]

Caso distinto é o de Francisco Campos, principal jurista do Estado Novo, autor da Constituição de 1937 e ministro da Justiça até 1942 (ano em que o Brasil rompe relações diplomáticas com os países do Eixo e entra na Segunda Guerra Mundial ao lado dos Aliados). Sua defesa do regime autoritário se fez simultaneamente com o exercício das funções ministeriais, condensada na coletânea intitulada *O Estado nacional: sua estructura, seu conteudo ideologico*, publicada em 1940. Para Francisco Campos, a sociedade de massas só poderia ser bem governada por uma liderança carismática em um Estado autoritário, que conseguisse, assim, eliminar os conflitos e tensões sociais potencialmente desestabilizadores: "O regimen politico das massas é o da dictadura [...] Não ha hoje um povo que não clame por um Cesar".[54]

53. Francisco Cavalcanti Pontes de Miranda, *Os fundamentos actuaes do direito constitucional*. Rio de Janeiro: Freitas Bastos, 1932, pp. 26-27, 254, nota 1, entre outras passagens.

54. Francisco Campos, *O Estado nacional: sua estructura, seu conteudo ideologico*. 3.ª ed. Rio de Janeiro: José Olympio, 1941, pp. 16-17. Esse trecho foi extraído de uma conferência pronunciada em 28 de setembro de 1935, na Escola de Belas Artes

Embora não cite diretamente Carl Schmitt, a presença das concepções schmittianas é clara nos textos de Francisco Campos.[55] Além da ideia de um líder acima das forças políticas desagregadoras, há a adoção do conceito de suspensão de si própria na Constituição outorgada em 10 de novembro de 1937. Afinal, por mais paradoxal que possa parecer, o texto legal de 1937 nunca foi aplicado. Nele, o artigo 178 dissolveu o Poder Legislativo em todas as esferas governamentais no Brasil e previa que o presidente da República convocaria eleições depois de realizado o plebiscito previsto no artigo 187. Enquanto não se reunisse o Parlamento nacional, o presidente teria o poder de expedir decretos-leis sobre todas as matérias de competência legislativa da União (artigo 180). De acordo com seu artigo 187, a Constituição deveria ser submetida a um plebiscito para que a população se manifestasse sobre sua eventual adoção. Esse plebiscito nunca foi convocado e, por isso, não foram marcadas as eleições parlamentares previstas na própria Constituição de 1937. O que houve durante o Estado Novo foi a ditadura pura e simples do chefe do Poder Executivo.[56]

do Rio de Janeiro, dois anos antes do Estado Novo, quando Francisco Campos exercia a função de consultor-geral da República.

55. Sobre as similaridades entre as visões autoritárias de Francisco Campos e Carl Schmitt, ver Jarbas Medeiros, *Ideologia autoritária no Brasil, 1930-1945*. Rio de Janeiro: Ed. FGV, 1978, 18-35 e, especialmente, a nota 18, pp. 47-51; Vamireh Chacon, "A recepção de Carl Schmitt no Brasil", pp. 62-64 e Rogerio Dutra dos Santos, "Francisco Campos e os fundamentos do constitucionalismo antiliberal no Brasil", *Dados – Revista de Ciências Sociais*, v. 50, n. 2, Rio de Janeiro, 2007, pp. 296-318.

56. Karl Loewenstein, *Brazil under Vargas*. Nova York: Macmillan, 1942, pp. 46-49 e Paulo Bonavides & Paes de Andrade, *História constitucional do Brasil*. 3.ª ed.

O Estado Novo não foi um Estado fascista, embora o fascismo houvesse influenciado a Carta de 1937 e o regime ditatorial. Foi uma ditadura latino-americana, um Estado autoritário mas não totalitário.[57] Ainda sobre o suposto caráter fascista do Estado Novo, destaco as afirmações do historiador José Luiz Werneck da Silva:

> Certamente que a inspiração e as intenções explícitas da Carta "polaca" de 1937, acaso concretizadas, resultariam por hipótese, num Estado totalitário, no limite fascista mesmo, corporativo até. Mas o Estado Novo não foi uma república corporativa, o que não nos impede de constatar que ele ativou práticas corporativistas que hão de permanecer, até a atualidade, no nosso imaginário e em algumas de nossas instituições. Também não foi um Estado fascista, visto que, por exemplo, rejeitou compromisso político com um movimento genuinamente fascista, como o Integralismo, o que não nos impede de constatar que muitos de seus princípios estavam assentes nas ações governamentais. Sabemos que a efetivação integral da Carta "polaca" de 1937 sempre foi postergada pelo chefe da nação e do Estado, o qual, na

Rio de Janeiro: Paz e Terra, 1991, pp. 331-32 e 340-43.

57. Nesse sentido, ver a argumentação feita durante a vigência do Estado Novo pelo constitucionalista alemão, exilado pelo nazismo nos Estados Unidos, em Karl Loewenstein, op. cit., pp. 369-73. Alguns anos antes de Loewenstein, no entanto, Azevedo Amaral já definia o regime autoritário do Estado Novo como essencialmente distinto das experiências fascistas europeias. Vide Azevedo Amaral, *O Estado autoritário e a realidade nacional*. Rio de Janeiro: José Olympio, 1938, pp. 139-179. No mesmo sentido, ver o recente Robert O. Paxton, *A anatomia do fascismo*. São Paulo: Paz e Terra, 2007, pp. 314-22.

> verdade, governou apoiado na "legalidade ilegítima" de alguns artigos, particularmente o de número 180, das Disposições transitórias. Aliás, o arbítrio das nossas Cartas autoritárias sempre se baseou "legalmente" nas Disposições gerais e/ou transitórias, como se comprova, também, nas Cartas de 1967 e 1969. É simples: 1937, 1964-1965, 1967 e 1969 estão doutrinariamente ligados entre si pela genealogia de juristas de filiação autoritária que sempre estiveram de plantão.[58]

Nesse sentido, alijado do poder em 1942, Francisco Campos se torna, a partir da redemocratização de 1945-1946, uma das vozes conservadoras a fazer oposição aos governos democráticos de Getúlio Vargas (1951-1954), Juscelino Kubitschek (1956-1961) e João Goulart (1961-1964), defendendo o liberalismo econômico e a não intervenção estatal nas esferas econômica e social, de forma muito similar à encontrada por Schmitt em sua definição de "Estado total" no início da década de 1930. E, correspondendo à afirmação de José Luiz Werneck da Silva, Francisco Campos esteve de plantão para atender ao convite do autointitulado "Comando supremo da revolução", que usurpou o poder com o golpe militar de 1º de abril de 1964 e desejava se "legitimar" juridicamente.

58. Cf. José Luiz Werneck da Silva, "O feixe do autoritarismo e o prisma do Estado Novo" in José Luiz Werneck da Silva (org.), *O feixe e o prisma: uma revisão do Estado Novo*. Rio de Janeiro: Jorge Zahar, 1991, v. 1, p. 24, grifos nossos. Para uma posição diversa, ver Luiz Werneck Vianna, *Liberalismo e sindicato no Brasil*. 4ª ed. Belo Horizonte: Editora da UFMG, 1999, pp. 264-78.

A autoria do Ato Institucional de 9 de abril de 1964 (então sem número) é de Francisco Campos, com o auxílio de Carlos Medeiros Silva. A situação inverteu-se com a edição do Ato Institucional nº 2, de 27 de outubro de 1965. Nesses dois atos institucionais pode-se perceber claramente a influência schmittiana e a autoria de Francisco Campos em vários trechos, como:

> A revolução vitoriosa se investe no exercício do Poder Constitucional. Este se manifesta pela eleição popular ou pela revolução. Esta é a forma mais expressiva e mais radical do Poder Constituinte. Assim, a revolução vitoriosa, como o Poder Constituinte, se legitima por si mesma. Ela destitui o governo anterior e tem a capacidade de constituir o novo governo. Nela se contém a força normativa, inerente ao Poder Constituinte. Ela edita normas jurídicas, sem que nisto seja limitada pela normatividade anterior à sua vitória. [...] Para demonstrar que não pretendemos radicalizar o processo revolucionário, decidimos manter a constituição de 1946 [...]. Fica, assim, bem claro que a revolução não procura legitimar-se através do Congresso. Este é que recebe deste Ato Institucional, resultante do exercício do Poder Constituinte, inerente a todas as revoluções, a sua legitimação. (Ato Institucional, 9 de abril de 1964)

> Não se disse que a Revolução foi, mas que é e continuará. Assim, o seu Poder Constituinte não se exauriu, tanto é ele próprio do processo revolucionário que tem de ser dinâmico para atingir os seus objetivos. [...] A autolimitação que a Revolução se impôs no Ato Institucional de 9 de abril de 1964 não significa, portanto, que,

> tendo poderes para limitar-se, se tenha negado a si mesma por essa limitação, ou se tenha despojado da carga de poder que lhe é inerente como movimento. (Ato Institucional nº 2)

Com raras exceções, no entanto, a doutrina publicista brasileira irá recepcionar a obra de Carl Schmitt de maneira apenas formal, como mais um dos autores que devem ser mencionados quando são expostas nos livros de direito constitucional as várias teorias da Constituição. Em termos gerais, a reflexão e o debate sobre o pensamento de Carl Schmitt no direito brasileiro são bastante superficiais na maioria dos casos, resumindo-se a um exercício de falsa erudição.[59]

59. Mesmo na discussão sobre poder constituinte, a recepção de Carl Schmitt não é muito debatida. O livro de Manoel Gonçalves Ferreira Filho, escrito entre 1973 e 1974, pouco antes do início do processo de abertura política da ditadura militar, revela a forte influência das concepções de Sieyès e de Schmitt na definição de poder constituinte, o que leva este autor, inclusive, a defender que a atual Constituição de 1988 seria fruto do "poder constituinte derivado", pois a Assembleia Nacional Constituinte de 1987-1988 fora convocada pela Emenda nº. 26, de 17 de novembro de 1985, portanto, por uma reforma da Carta de 1969 (denominada de Emenda nº. 1, de 1969), cujo pressuposto de legitimidade é o Ato Institucional nº. 5, de 13 de dezembro de 1968. Vide Manoel Gonçalves Ferreira Filho, *O poder constituinte*. 3.a ed. São Paulo: Saraiva, 1999, pp. 163-70. Outro autor recente que, aparentemente, adota concepções schmittianas é Carlos Ayres Britto, com sua explicação teológica do poder constituinte, comparando-o ao poder divino de criação. Cf. Carlos Ayres Britto, *Teoria da Constituição*. Rio de Janeiro: Forense, 2003, pp. 5-28. Embora não esteja citado expressamente no trecho mencionado, a semelhança dessa visão com a concepção decisionista da

O ESTADO DE EXCEÇÃO ECONÔMICO PERMANENTE: ATUALIDADE DO PENSAMENTO DE CARL SCHMITT NA PERIFERIA DO CAPITALISMO?[60]

O atual estado do mundo, para Paulo Arantes, é o estado de sítio.[61] A ditadura política foi substituída com êxito pela ditadura

teologia política de Carl Schmitt não parece ser apenas coincidência. Ver Carl Schmitt, *Politische Theologie*, p. 43 e id., *Verfassungslehre*, pp. 75-87 e 91-99.

60. Estas reflexões estão desenvolvidas de forma mais aprofundada em Gilberto Bercovici, *Constituição e estado de exceção permanente*, pp. 171-180 e id., "Die Aktualität von Carl Schmitt an der Peripherie des Kapitalismus: Betrachtungen am Fall Brasilien" in Rüdiger Voigt (org.), *Der Staat des Dezisionismus: Carl Schmitt in der internationalen Debatte*. Baden-Baden: Nomos Verlagsgesellschaft, 2007, pp. 188-98.

61. Paulo Eduardo Arantes, "Estado de sítio" in Isabel Loureiro, José Corrêa Leite & Maria Elisa Cevasco (orgs.), *O espírito de Porto Alegre*. Rio de Janeiro: Paz e Terra, 2002, pp. 51-60. O debate sobre o estado de exceção econômico vem sendo travado no Brasil como tentativa de compreensão da atual situação político-econômica do país por uma série de autores, como Paulo Eduardo Arantes, *Extinção*. São Paulo: Boitempo Editorial, 2007; Francisco de Oliveira & Cibele Saliba Rizek (orgs.), *A era da indeterminação*. São Paulo: Boitempo Editorial, 2007 e Leda Maria Paulani, *Brasil delivery: servidão financeira e estado de emergência econômico*. São Paulo: Boitempo Editorial, 2008. Vide também Gilberto Bercovici, *Constituição e estado de exceção permanente*, pp. 149-80; id., *Soberania e Constituição*, pp. 307-44; Eros Roberto Grau, "O futuro do direito" in *O direito posto e o direito pressuposto*. 7ª ed. São Paulo: Malheiros, 2008, pp. 315-35; Gilberto Bercovici & Luís Fernando Massonetto, "A Constituição dirigente invertida: a blindagem da Constituição financeira e a agonia da Constituição econômica", *Revista Trimestral de Direito Público*, nº 45, São Paulo, Malheiros, 2004, pp. 79-89; Luís Fernando Massonetto, *O direito financeiro no capitalismo contemporâneo: a emergência de um novo padrão normativo*. Tese de doutorado. São Paulo: Faculdade de Direito da USP, 2006, especialmente pp.

econômica dos mercados. Com as estruturas estatais ameaçadas ou em dissolução, o estado de emergência aparece cada vez mais em primeiro plano e tende a se tornar regra. A partir da recente supremacia de ideias como autorregulação e soberania do mercado, volta à atualidade o pensamento de Schmitt, que define como soberano quem decide sobre o estado de exceção.[62]

A periferia vive em estado de exceção econômico permanente, contrapondo-se à normalidade do centro. Nos Estados periféricos há o convívio do decisionismo de emergência para salvar os mercados com o funcionamento dos poderes constitucionais, bem como a subordinação do Estado ao mercado, com a adaptação do direito interno às necessidades do capital financeiro, o que exige cada vez mais flexibilidade para reduzir as possibilidades de interferência da soberania popular. A razão de mercado passa a ser a nova razão de Estado.[63]

84-122 e Alessandro S. Octaviani Luis, *Recursos genéticos e desenvolvimento: os desafios furtadiano e gramsciano*. Tese de doutorado. São Paulo: Faculdade de Direito da USP, 2008, especialmente pp. 15-37.

62. Giorgio Agamben, *Homo sacer: il potere sovrano e la nuda vita*. Turim: Einaudi, 1995, pp. 15-16 e 24 e Annie Dymetman, *Uma arquitetura da indiferença: a República de Weimar*. São Paulo: Perspectiva, 2002, pp. 135 e 172-73.

63. Paulo Arantes, "Estado de sítio", pp. 53 e 58-60 e Tarso Genro, *Crise da democracia: direito, democracia direta e neoliberalismo na ordem global*. Petrópolis: Vozes, 2002, pp. 21-22, 40-43, 46, 96-97 e 100-02. Sobre o subdesenvolvimento como forma de exceção permanente do capitalismo na periferia, vide Francisco de Oliveira, "O ornitorrinco" in *Crítica à razão dualista / O ornitorrinco*. São Paulo: Boitempo Editorial, 2003, pp. 130-32.

Tradicionalmente, as leis de emergência interferiam nas liberdades políticas e econômicas, particularmente no direito de propriedade:[64] ou seja, limitavam-se os direitos individuais tendo em vista o bem-estar coletivo. Hoje, dá-se o contrário: a utilização atual dos poderes de emergência caracteriza-se por limitar os direitos da população em geral para garantir a propriedade privada e a acumulação capitalista.

Na descrição de José Luís Fiori, a América Latina ficou sem acesso ao conhecimento tecnológico de ponta, internacionalizou os mercados internos, foi relegada a mera consumidora parcial da terceira revolução tecnológica, teve que privatizar para atrair investimentos estrangeiros e abandonou políticas sociais universalizantes em busca do equilíbrio macroeconômico. Para isso, promoveu-se a despolitização radical das relações econômicas, com a fragilização dos sindicatos, partidos políticos e parlamentos, reduzindo-se a vida democrática ao mínimo necessário.[65] Os Estados periféricos foram atingidos de maneira profunda pela globalização, perdendo sua margem de manobra e convivendo com crescentes ameaças à própria unidade nacional, com o risco de transformação da democracia política em mero simulacro eleitoral.[66] Desse modo, a América Latina, além da crise econômica interna, é vítima de fatores externos de instabilidade econômica.

64. Clinton Rossiter, *Constitutional Dictatorship: Crisis Government in the Modern Democracies*, New Brunswick/Londres: Transaction Publishers, 2002, pp. 9-10 e 289-90.

65. José Luís Fiori, "Acumulação mundial e ingovernabilidade" in *O Brasil no espaço*. Petrópolis: Vozes, 2001, pp. 124-31.

66. José Luís Fiori, "Acumulação mundial e ingovernabilidade", pp. 118-23.

Os poderes discricionários do Executivo são mais plausíveis, especialmente, para os países dependentes de decisões do Fundo Monetário Internacional (FMI) e da Organização Mundial do Comércio (OMC), que constituem poderes de exceção sem nenhuma contrapartida. As pressões internas e externas para a execução de políticas neoliberais só fazem perpetuar a dependência dos poderes econômicos de emergência.[67]

Na periferia do capitalismo, especialmente na América Latina, esse fenômeno da exceção econômica permanente é agravada pela hegemonia dos Estados Unidos e por sua concepção da política universal (*Weltpolitik*) como polícia universal (*Weltpolizei*).[68] Afinal, de acordo com Maria da Conceição Tavares, o ponto essencial dessa hegemonia não é o maior poder econômico ou militar, mas a capacidade norte-americana de enquadramento econômico-financeiro e político-ideológico dos demais países.[69]

A interpretação dessa hegemonia norte-americana feita por Carl Schmitt pode jogar algumas luzes sobre certas questões que ainda permanecem obscuras. Para ele, o Estado e a soberania também são espacialmente determinados, pois são fenômenos europeus. Com a descoberta de espaços extraeuropeus, há o de-

67. William E. Scheuerman, "The Economic State of Emergency", *Cardozo Law Review*, v. 21, 2000, pp. 1881-1882.
68. Carl Schmitt, "Die legale Weltrevolution: Politischer Mehrwert als Prämie auf juristische Legalität und Superlegalität", in *Der Staat*. Berlim, Duncker & Humblot, 1978, v. 17, p. 329.
69. Maria da Conceição Tavares, "A retomada da hegemonia norte-americana" in Maria da Conceição Tavares & José Luís Fiori (orgs.), *Poder e dinheiro: Uma economia política da globalização*. Petrópolis: Vozes, 1997, pp. 28-29.

safio de novos espaços a serem apropriados e divididos. Surgem espaços de desordem, de anomia, que devem ser tomados e tratados separadamente da ordem europeia; espaços onde não prevalece o *jus publicum europaeum*. O Novo Mundo, narra Schmitt, era um espaço livre, cujas linhas demarcatórias (*amity lines*) determinavam o fim da vigência do direito público europeu e da guerra regulada pelo direito europeu das gentes. A luta desenfreada pela tomada da terra na América consagrou o direito do mais forte, delimitando uma zona de aplicação livre da violência, um âmbito temporal e espacial de suspensão de todo o direito.[70] A fase final do *jus publicum europaeum*, segundo Hofmann, ocorreu justamente com o ingresso dos Estados Unidos na Primeira Guerra Mundial, pois, além da ideologia vitoriosa do capitalismo anglo-saxão, que buscava negar o Estado como totalidade fechada, consolidava-se o hemisfério ocidental como âmbito espacial dos interesses especiais dos Estados Unidos. Desse modo, o continente americano colocou em dúvida o *jus publicum europaeum*, estabelecendo uma zona defensiva contra as tomadas europeias de terra. Além disso, segundo Natalino Irti, com a superação do eurocentrismo do *jus publicum europaeum*, o *nomos* originário, vinculado à "tomada da terra" (*Landnahme*), é substituído por outras tomadas, como a "tomada de indústria" (*Industrienahme*). De sua base territorial e espacial originária, o *nomos* passa a ser conformado pelo domínio econômico, que não se dá em territórios e locais estáveis e determinados, mas

70. Carl Schmitt, *Der Nomos der Erde*, pp. 55 e 62-68 e Carlo Galli, *Genealogia della politica*, pp. 883-87.

nos espaços voláteis dos mercados. Os grandes espaços de nosso tempo são, para Irti, os espaços da livre economia, os mercados. A economia e a técnica exigem um novo espaço mundial, edificando um novo e diverso *nomos* da Terra, cuja formação ainda está marcada pelos conflitos entre o poder localizado dos territórios e o poder planetário da economia mundial.[71]

Na visão de Schmitt, a posição dos Estados Unidos em relação aos países latino-americanos foi de renúncia à anexação direta, mas com a inclusão de seus territórios estatais no âmbito espacial americano. Assim, a soberania exterior permaneceu inalterada, mas seu conteúdo material foi modificado para garantir os interesses econômicos americanos. Dessa forma, a soberania territorial se transformou em um espaço vazio para os processos socioeconômicos. O conteúdo social e econômico da integridade territorial não é reconhecido mais, tornando-se aquele Estado um espaço de poder econômico do Estado controlador, bem diferente do Estado soberano pleno.[72] Em um sentido próximo, José Luís Fiori destaca que os países latino-americanos mantêm formalmente seu autogoverno, mas compartilham de modo crescente sua gestão macroeconômica com os Estados Unidos por meio dos organismos multilaterais e do sistema financeiro in-

71. Id., ibid., pp. 68-69 e 256-70; Hasso Hofmann, *Legitimität gegen Legalität*, p. 201 e Natalino Irti, *Norma e luoghi: problemi di geo-diritto*, 2.a ed. Roma / Bari: Laterza, 2002, pp. 33-37 e 56-59. Sobre a redefinição das relações entre dinheiro, poder e território, vide também José Luís Fiori, "Globalização, hegemonia e império" in Maria da Conceição Tavares & José Luís Fiori (orgs.), *Poder e dinheiro*, pp. 138-39.
72. Id., ibid., pp. 225-26.

ternacional. As redes de poder foram deslocadas, portanto, para o campo da administração macroeconômica global. Com essa decisão política de abrir mão do controle das políticas monetária e fiscal, há erosão da autoridade pública e esgarçamento da solidariedade nacional, despolitizando radicalmente as relações econômicas e reduzindo ao mínimo a vida democrática. Fiori considera que essa tendência é um projeto de certas elites latino-americanas para tornarem seus países uma espécie de *dominion* norte-americano, um Estado associado ou um protetorado, como o Canadá ou a Austrália.[73]

A nova geopolítica monetária e a concentração dos centros de decisão sobre investimentos, segundo Fiori, tornam a capacidade de retaliação econômica o fundamento último da soberania no que diz respeito às políticas econômicas dos Estados periféricos. Isso gera, a médio e longo prazos, a deslegitimação democrática, o esfacelamento do Estado e formas cada vez mais sofisticadas de autoritarismo.[74] Com a globalização, a instabilidade econômica aumentou, e o recurso aos poderes de emergência para sanar as crises econômicas passou a ser muito mais utilizado, com a permanência do estado de emergência econômico.[75]

73. José Luís Fiori, "Globalização, hegemonia e império", pp. 139-41 e "Estados, moedas e desenvolvimento" in José Luís Fiori (org.), *Estados e moedas no desenvolvimento das nações*. 3.ª ed. Petrópolis: Vozes, 2000, pp. 79-83.
74. Id., "Acumulação mundial e ingovernabilidade", pp. 133-37.
75. William E. Scheuerman, "The Economic State of Emergency", pp. 1891-894.

MARTIN HEIDEGGER E OS FUNDAMENTOS DA EXISTÊNCIA

ZELJKO LOPARIC

O ser-o-aí [das Dasein] *nunca é existente* antes *do fundamento, mas sempre e somente* a partir dele *e* como este. *Ser-fundamento significa, portanto,* nunca *poder se apoderar do seu ser mais próprio com apoio em fundamento.* Esse não *pertence ao sentido existencial-ontológico do ser-lançado. Sendo fundamento, o próprio ser-o-aí* é *um nada de si mesmo.*

MARTIN HEIDEGGER

O LUGAR DE HEIDEGGER NO PENSAMENTO ALEMÃO DO SÉCULO XX: O FINITISMO NÃO OBJETIFICANTE

Tendo em vista a importância extraordinária da obra de Heidegger para a filosofia dos nossos dias, não há como deixar de relacionar a pergunta sobre o seu lugar na história do pensamento alemão do século XX com a indagação a respeito da sua posição na filosofia ocidental no seu todo. A realização dessa tarefa nada trivial é facilitada, contudo, pelo fato de que as respostas a ambas as perguntas podem ser buscadas com a ajuda do próprio Heidegger, em virtude de ele ter dedicado grande parte da sua obra à elaboração de uma história filosófica da filosofia.

No entender de Heidegger, a primeira história desse tipo foi elaborada por Hegel. Segundo este, a história da filosofia seria a história fundamental do Ocidente – mais precisamente, ela é a história fundamental *tout court*, pois o Oriente não teria história – e consistiria em desenvolvimento ou desdobramento no tempo do Espírito Absoluto, desde as suas primeiras manifestações na antiguidade grega, ainda incipientes, até as que se encontram expostas nos textos de Hegel, nos quais recebem duas formulações principais: a de uma Fenomenologia e a de uma Ciência da Lógica. Esses dois modos de apresentação do desenvolvimento do Espírito Absoluto se recobrem, implicando o fim da filosofia e, desta feita, da história – fim que consiste no retorno do Absoluto a si mesmo em si mesmo, isto é, ao saber de si e, desta forma, se possuir.

Tanto na primeira quanto na segunda fase do seu pensamento, Heidegger concorda com Hegel ao dizer que a história da filosofia é também a história fundamental do Ocidente e mesmo história fundamental pura e simplesmente.[1]

Contudo, Heidegger redefine essa história como acontecência (*Geschichtlichkeit*) do ser, caracterizada por sinais totalmente invertidos dos da história do Espírito de Hegel. Inicia-se esse acontecer com a grande aurora do pensamento ocidental – com os pré-socráticos pensando o ser como presença desocultada (*alétheia*) do ente como tal no seu todo. Assume, em Platão e Aristóteles, a forma de pensamento metafísico, o qual, tendo esquecido o desocultamento do ser, detém-se prioritariamente no desocultamento do ente como ente. Na sua fase crepuscular, que se inicia com Des-

1. Ver as observações de Heidegger sobre Hegel como interlocutor privilegiado em Martin Heidegger, *Frühe Schriften. Gesamtausgabe* 1. Frankfurt am Main: Klostermann, 1978, p. 411.

cartes, o acontecer (*das Geschehen*) do ser se dá de tal maneira que o ente enquanto ente se revela apenas como presença instalada pela representação, em termos de Heidegger, como representidade (*Vorgestelltheit*) e, em virtude disso, apenas nas suas propriedades e relações "ônticas". Dessa forma, o pensamento original, "oriental", do ser como movimento de desocultamento de tudo o que há fica substituído pelo pensamento terminal, "ocidental", do ente não mais enquanto ente, mas enquanto feixe de relações factuais expressas matematicamente, isto é, como relações funcionais. O ente torna-se mero "objeto", as condições de objetidade tendo sido explicitadas de maneira paradigmática já por Kant. Em Hegel – esse seria o engano fundamental desse pensador – o Absoluto como tal torna-se objeto. As tentativas de Marx de explicitar condições materiais do pensamento filosófico (o processo de trabalho como processo de produção do homem pelo homem) e as empreendidas por Nietzsche de expor as condições concretas de efetivação do Espírito (a vontade de poder ancorada no corpo) não passariam de derivações de um hegelianismo que perdeu força e rumo.[2] Na atualidade, o kantismo e seus sucedâneos são substituídos pela lógica formal, pela semântica e pela pesquisa empírica, trinômio de disciplinas não mais filosóficas, que caracterizam a forma como se constitui e se desenvolve o saber contemporâneo sobre o mundo.

Portanto, de acordo com a história filosófica da filosofia elaborada por Heidegger, a filosofia também chega ao fim, mas não

2. Id., *Beiträge zur Philosophie. Gesamtausgabe* 65. Frankfurt am Main: Klostermann, 1989, pp. 213 e 221.

(como em Hegel) na forma do saber absoluto do Absoluto pelo Absoluto e revelado no homem, mas como consumação do não saber sobre o que há a saber: o ser ele mesmo como aquilo que nos é dado na origem, como dádiva que nos chama a ser e nos mantém na presença de todas as coisas. A obra de Hegel anuncia, sem saber disso, que o Ocidente, e com ele a civilização globalizada, estão entrando numa sonolência profunda, num *coma espiritual*, que no essencial consiste em pensar apenas o ente e nada mais (sem pensar o ser do ente nem, *a fortiori*, o próprio ser). Nesse estado, que se caracteriza pelo domínio da técnica sobre tudo o que há, a própria essência do homem – ente chamado a pensar o ser – corre perigo de aniquilação. Na época da técnica, tudo é pensado e tratado em termos de fabricação, inclusive o ser humano. Já hoje se pode vislumbrar que no limite desse processo, o humano será substituído e mesmo superado pelo humanoide.[3]

A elaboração heideggeriana do desastre no qual teria resultado o hegelianismo depende essencialmente da recepção heideggeriana de Kant, em especial do seu finitismo objetificante. A tese da temporalidade essencial do Espírito – a de que o Espírito cai no tempo – seria, de acordo com Heidegger, uma consequência da tese que atribui a Kant, segundo a qual "a intuição pura do tempo e o pensamento puro encontram-se em uma relação necessária", as categorias brotando "da relação imaginativa ao tempo"[4]. O tempo kantiano seria, por sua vez, uma modificação do tempo originário

3. Sobre o tema de fabricação de humanos, cf. Zeljko Loparic, "A fabricação dos humanos". *Manuscrito*, Campinas, v. 28, n. 2, 2005, pp. 339-65.

4. *Gesamtausgabe* 25, pp. 425, 299, 211.

finito do ser-o-aí (*das Dasein*) do ente humano.[5] O "Espírito" não cai no tempo, como diz Hegel, "mas *existe como temporalização* originária do tempo".[6] Essa concepção da temporalização do Espírito tem consequências decisivas, pois implica a rejeição da essência do hegelianismo: a infinitude do Espírito, e a sua substituição pela finitude do pensar e do ser. Todo o debate de Heidegger com Hegel (mas também com Husserl e com certos neokantianos hegelianizantes, entre eles Cassirer) pode ser resumido da seguinte forma: o Absoluto infinito é uma derivação ocultadora da finitude do ser-o-aí humano, isto é, da estrutura de abertura na qual se constitui o ser de tudo o que há e na qual não pode ser pensado, a não ser por um esquecimento extremo, um ente Absoluto.[7]

De onde poderá vir e em que consistirá o salvamento desse perigo de objetificação radical do ente no seu todo? Heidegger responde: do mesmo lugar de onde ele veio – da origem que dá o ser a pensar e a alternativa salvífica consistirá em um modo de autodesocultamento do ser que não seja mais metafísico.

5. A recepção heideggeriana de Kant tem seus problemas. Alguns deles foram tratados no artigo "A metafísica e o processo de objetificação". *Natureza humana*, n. 2, v. 10, 2008.
6. Martin Heidegger. *Sein und Zeit*. Tübingen: Niemeyer, 1927, p. 436.
7. Depois de 1927, Heidegger também se inspira em expoentes da autorreflexão do pensamento científico, entre eles Heisenberg. Mas Heisenberg também é um neokantiano. Sendo assim, em pleno século XX, Heidegger ainda está tentando dar conta de um desenvolvimento decisivo no pensamento alemão do século XVIII: o criticismo kantiano. Além de ser um interlocutor de Husserl, pensador com inegáveis traços platônicos, Heidegger ainda administra uma herança kantiana nitidamente antiplatônica.

Tal modificação na acontecência do ser não pode, portanto, ser produzida pelo homem, mas pode ser preparada por ele. A pergunta é: como? Heidegger apresenta várias respostas. Uma, elaborada nos anos 1930, diz: dando ouvidos à palavra poética de Hölderlin, que teria fundado o ser do povo alemão de modo a torná-lo capaz de enfrentar e ultrapassar a técnica. Outra resposta, ensaiada a partir dos anos 1950, consiste em dizer que, visto que o perigo se apresenta na forma da linguagem objetificante, o salvamento só pode consistir na modificação da relação do homem com a linguagem como tal – e não mais com a de Hölderlin ou com uma linguagem particular, grega, alemã ou qualquer outra. Ambas as respostas são marcadamente históricas, acontecenciais, isto é, finitas.

O FINITISMO OBJETIFICANTE DE KANT

A fim de entender melhor esse último ponto, convém esclarecer que, segundo Heidegger, o fundacionismo de Kant é permeado de *finitude*, não apenas da razão humana, mas também, e mais significativamente ainda, da existência do homem.[8] Contudo, diferente do heideggeriano, o finitismo de Kant é objetificante.

No que diz respeito à finitude da razão, o objetivo principal do programa kantiano da crítica da razão pura é precisamente mostrar que o domínio da razão não se estende além dos limites da

8. Ele busca os fundamentos, por exemplo, dos costumes, como se depreende da sua famosa obra: *Grundlegung zur Metaphysik der Sitten*, de 1785. Esse título enunciou o mote principal do pensamento alemão até hoje: *Grundlegung*, fundamentação. Ver os títulos dos livros de Dieter Henrich.

sensibilidade – seja teórica, seja prática. A razão teórica tem seus poderes restritos ao domínio de objetos que possam ser *dados* aos nossos sentidos; e a prática tem de se satisfazer em legislar sobre o que pode ser *executado* pelas forças limitadas dos seres humanos.[9] As duas são objetificadoras: a razão teórica estabelece condições de possibilidade de um ente ser *objeto*; e a prática, as de o ser humano ser um *agente* que executa ações determinadas objetivamente por leis universais e necessárias.

Dessa forma, o homem deixou de ter acesso à razão cósmica que regia o mundo na visão dos gregos e teve de renunciar à ideia de ser parceiro da sabedoria e da onipotência divinas (a providência). A imortalidade do homem individual tornou-se propriedade indemonstrável e até mesmo a eternidade da espécie humana foi posta em questão, visto que a própria razão nos obriga admitir que, ao olho da providência (se é que tal olho existe, pois a providência não passa de uma ideia da razão humana) o gênero humano é algo insignificante: uma catástrofe natural futura pode muito bem exterminar a espécie humana tal como desastres deram fim a espécies animais no passado (1798).[10]

Partindo da crítica da razão pura (submetendo as operações cognitivas às exigências da semântica transcendental, da teoria kantiana da referência e significado de conceitos *a priori* e da ver-

9. Segundo Kant, a razão humana legisla soberanamente tanto sobre o comportamento da natureza quanto a respeito do agir humano, produzindo sistemas de leis *a priori* da natureza e da liberdade.

10. Portanto, no final da vida, Kant não defende mais a ideia tradicional da providência da natureza que se encarregaria de preservar o desenvolvimento dos indivíduos, em particular das espécies, não criando nada em vão.

dade de juízos sintéticos *a priori*), Kant criou um sistema de natureza sem o criador, um sistema de moral sem legislador divino, onipotente e bondoso, uma religião da razão sem Deus, embora não sem a ideia de Deus (nossa criação), e uma política e história sem a providência divina (ou algum plano da natureza).

RECEPÇÃO ALEMÃ DO FINITISMO OBJETIFICANTE DE KANT ANTERIOR A HEIDEGGER

Heidegger aceitará o finitismo de Kant, mas rejeitará o seu objetivismo. Antes de examinar em que consistiu essa recepção e o que ela implica para o problema de fundamentos da existência, convém lançar um olhar sobre o vendaval que o finitismo objetificador de Kant causou na cultura alemã. Encontramos vários tipos de reação ao finitismo kantiano:

(a) pura e simples negação tanto do finitismo como da objetificação (Goethe e alguns românticos, entre eles Novalis);
(b) negação do finitismo com aceitação da objetificação (o idealismo alemão, o marxismo, certos neokantianos, Cassirer, certa fenomenologia, Husserl);
(c) reação maníaco-depressiva diante do finitismo (na literatura e na filosofia, Kleist, Heine, Nietzsche) e
(d) aceitação simpática e conformada, como a de outros neokantianos (Lange, Vaihinger), positivistas (Mach) e neopositivistas (Carnap).

Vê-se facilmente que a filosofia alemã dos últimos dois séculos pode ser pensada como uma longa e interminável discussão com

Kant. Este texto examinará mais de perto exemplos desses modos de recepção.

A) NEGAÇÃO TANTO DO FINITISMO COMO DA OBJETIFICAÇÃO

À objetificação do mundo pela ciência newtoniana matemático-especulativa, assentada por Kant no trono do saber factual da natureza, Goethe opôs a realidade das aparências elas mesmas. O poeta buscou um acesso direto, intuitivo e não analítico à natureza, pensada ainda em termos de *hen kai pan*, o uno e o todo de pré-socráticos visto como fundamento criador – cujas criaturas emergem não por causação, mas por diversificação de um fundo comum, cada uma sendo "apenas um tom, um sombreado de uma grande harmonia". Mas Goethe não teve seguidores. Em 1882, seu pensamento foi solenemente descartado por Emil Du Bois-Reymond, um dos representantes oficiais da ciência alemã da época, que em seu discurso de reitorado na Universidade de Berlim, a principal da Alemanha, caracterizou a doutrina de Goethe como "brincadeira natimorta de um autodidata diletante".[11] O neokantismo confirmou essa sentença. O *revival* do fundacionismo na ciência, ensaiado pela fenomenologia de Husserl – com o lema "Retorno às coisas elas mesmas!" –, não mudou nada nesse quadro. Chocou-se com o neokantismo de todas as tendências, com o neopositivismo e, sobretudo, com o operacionalismo predominante nas ciências positivas, cujo melhor exemplo é o neokantismo ob-

11. Citado segundo Gottfried Benn, *Essays und Reden*, in *Gesammelte Werke*. Frankfurt am Main: Fischer, 1989, p. 179.

jetificante de Heisenberg.[12] Ninguém mostrou melhor a grandeza da aspiração e o fracasso de Goethe que o poeta expressionista alemão Gottfried Benn no seu famoso artigo "Goethe und die Naturwissenschaften", publicado em 1932, momento crítico da história da Alemanha no século XX.[13] O saber factual do século XIX rendeu-se, observa Benn, ao finitismo objetificador e tecnicizante. A alternativa não consistiria em tentar salvar as aparências naturais – definitivamente absorvidas pelas estruturas formais –, mas na criação de aparências, de "formas no escuro".[14] Nem o uno, nem o todo, mas a vida provocada pela expressão.[15]

B) NEGAÇÃO DO FINITISMO COM ACEITAÇÃO DA OBJETIFICAÇÃO

Tanto o absoluto quanto a objetificação do ente no seu todo foi uma causa abraçada pelos jovens teólogos de Tübingen e Iena que criaram o idealismo alemão, a objetificação sendo assegurada pelo Eu (Fichte), pelo Mundo como um organismo (Schelling) ou,

12. Ver Werner Heisenberg, *Das Naturbild der heutigen Physik*. Hamburgo: Rohwohlt, 1965.

13. Gottfried Benn, op. cit., pp. 175-205.

14. Id., *Szenen und Schriften. Gesammelte Werke*. Frankfurt am Main: Fischer, 1990, p. 112.

15. Na sua peça *Drei alte Männer* (Três velhos), Benn vai até a caricatura do uno e do todo dos pré-socráticos e dos idealistas alemães: "*O anfitrião*: [...] Nossa existência colocada em uma fórmula tão curta [semelhante às da teoria da relatividade] – como esta rezaria? / *Um dos velhos*: Forma no escuro. / *O outro*: Nem *hen* nem *pan*. / *O jovem*: Nem galinha nem galo. [No original "*Weder Henne noch Hahn*", um jogo de palavras intraduzível, expressando uma ironia sarcástica ou, se se preferir, desconstrução pós-metafísica.] / *Um dos velhos*: Vida provocada." (Id., ibid., p. 112.)

como mostrado anteriormente, pelo Conceito (Hegel). Um diagnóstico otimista da herança desse movimento foi dado recentemente por Dieter Henrich:

> A filosofia e a arte do nosso tempo não se encontram ligadas por uma continuidade sem quebras como esse período [Kant e o idealismo alemão]. [...] Mas essas distâncias ainda não fizeram cair esse período em mera pré-história. Este permaneceu presente, em três sentidos: pelo fato de que os motivos e formas do pensamento que nele emergiram não estão esgotados, mas admitem serem complementados; pois o paradigma de uma teoria universal e uma orientação no mundo fundada numa teoria, que pertencem a esse período, não foram substituídos por quaisquer outros; e, finalmente, também porque o pensamento contemporâneo não pode se entender a si mesmo sem fazer um diagnóstico desse período.[16]

Henrich reconhece que não há consenso sobre esse diagnóstico e que apenas alguns poucos ainda tentam fazer o esforço pensante que seja ao mesmo tempo suficientemente profundo e abrangente. Quem teria feito isso de modo mais impressionante foi Heidegger. Contudo, prossegue Henrich, o esclarecimento heideggeriano do caminho que vai de Kant a Hegel no interior do pensamento moderno não se sustenta "nem em relação à constituição efetiva daquelas teorias, nem como explicação

16. Dieter Henrich, *Der Grund im Bewusstsein: Untersuchungen zu Hölderlins Denken (1794-95)*. Stuttgart: Klett-Cotta, 1992, p. 19.

dos verdadeiros fundamentos dos movimentos e da história do mundo moderno".[17]

Henrich tem razão em destacar os limites do diagnóstico heideggeriano do caminho do pensamento que vai de Kant a Hegel. Mas há dúvidas, contudo, quanto aos termos nos quais o próprio Henrich reivindica a relevância não de Kant, mas do período entre Kant e Hegel para a atualidade. Parece-me que a contribuição de Heidegger consiste precisamente em ter mostrado a impossibilidade de continuar trabalhando em termos de motivos, formas e paradigmas do pensamento filosófico estabelecidos nesse período. Ele faz isso apontando não o que nele se ganhou, mas *o que nele se perdeu*: o mundo *pré*-objetivo, perda atribuída por Heidegger precisamente ao êxito do objetivismo de Kant e não reparada pelos idealistas. Essa perda faz com que o pensamento filosófico atual não possa mais se orientar nessa tradição.

As principais razões para Heidegger dizer isso foram expostas anteriormente. Eis algumas outras. Num seminário sobre a conferência "Tempo e ser", realizado em Todtnauberg, em 1962, Heidegger resume a sua diferença com Hegel em dois pontos, que correspondem exatamente a dois aspectos da perda mencionada. Em primeiro lugar, para Hegel, a tese pré-socrática, enunciada por Parmênides, de identidade do ser e do pensar (*to gar auto noein te kai einai*) significa a equiparação dos dois.[18] Ou seja, em Hegel, ser significa, se não no início do autodesenvolvimento do

17. Id., ibid., p. 19.

18. Martin Heidegger, *Zur Sache des Denkens*. Tübingen: Niemeyer, 1969, p. 53 [ed. bras. p. 289].

Absoluto, então no final desse desenvolvimento, a saber, ser pensado, conceitualizado, representado e, dessa forma, objetificado. Para Heidegger, pelo contrário, trata-se da copertença do ser e do pensar no mesmo e a partir do mesmo, conforme se lê em seu famoso artigo "Identidade e diferença". O pensar, insiste Heidegger, é uma distinção do homem, e o homem, como ente pensante, está aberto ao ser, relacionado com o ser e correspondendo ao ser. "O homem é, propriamente dito, esta relação de correspondência e existe apenas como esta". Tal correspondência realiza-se não como relação conceitual-dialética – objetificação representacional do ser –, mas como uma constelação do ser e do homem decorrente do salto deste para a origem da essência da identidade.[19] Como designação desse acontecer, Heidegger usa ainda a palavra *Ereignis*, intraduzível, tal como outras palavras fundantes do pensamento, Logos ou Tao. Uma proposta de tradução apenas facilitadora seria: acontecimento apropriativo, "inteiração".

Em segundo lugar, em Hegel, o lugar do vir-a-si-mesmo do Absoluto é o homem. Dessa forma, observa Heidegger, fica suprimida a finitude do homem. Para Heidegger, pelo contrário, "trata-se de tornar visível justamente a finitude, na verdade, não apenas a do homem, mas daquilo que dá o ser ao homem, do próprio *Ereignis*.[20]

19. *Identität und Differenz*. Pffulingen: Neske, 1957, pp. 22 e 32.
20. Martin Heidegger, *Zur Sache des Denkens*, p. 53 [ed. bras. p. 290]. Segundo a avaliação heideggeriana, a tentativa de Marx de submeter a lógica de Hegel às condições materiais da vida histórica representa uma versão laicizada e secularizada do infinitismo teológico judaico-protestante. Em termos kantianos, um quiliasmo vazio de conteúdo, mas assim mesmo – ou melhor, por isso

c) REAÇÃO MANÍACO-DEPRESSIVA DIANTE DO FINITISMO E DA OBJETIFICAÇÃO

A reação maníaco-depressiva iniciou-se muito cedo, sobretudo nos meios artísticos. As manifestações de poetas alemães permitem apreciar, talvez melhor que quaisquer outras, o impacto do criticismo kantiano sobre a alma alemã. Kleist, Heine e Nietzsche, entre tantos outros, dão uma boa medida da *catástrofe* espiritual que representou a crítica kantiana da teologia racional, do cristianismo e do judaísmo.

Kleist fez um registro comovente do seu abalo pela leitura de Kant, numa carta a Wilhelmine, na qual escreve:

> Há pouco travei conhecimento com a filosofia kantiana, e agora tenho de comunicar-te um pensamento tirado dela, pois não posso temer que ele te abalará tão profunda, tão dolorosamente quanto a mim. Não podemos decidir se aquilo que denominamos verdade é verdadeiramente verdade ou se apenas nos parece assim. Se este último for o caso, então a verdade que juntamos aqui não é mais nada depois da morte, e todo esforço para adquirir um bem que nos siga até mesmo no túmulo é vão. Se a ponta desse pensamento não atinge teu coração, não sorrias de um outro que se sente profundamente ferido por ele, em seu íntimo mais

mesmo – muito perigoso, como ficou claro para alguns já no final do século XIX (os teóricos da social-democracia alemã, em particular Eduard Bernstein) e para a maioria de observadores, no século XX. De fato, os comissários bolcheviques criando *gulags* encarregaram-se de ilustrar os perigos desse tipo de infinitismo.

> sagrado. Meu único, meu supremo alvo foi a pique, e não tenho mais nenhum.[21]

É comumente admitido que o problema do sentido da vida humana no mundo pós-kantiano tem desempenhado um papel importante no suicídio "metafísico" de Kleist.

Anos depois, o jovem Nietzsche dirá, na segunda *Consideração extemporânea*, que o "desespero pela verdade" kleistiano é um *perigo* que "acompanha todo pensador que toma seu caminho a partir da filosofia kantiana, suposto que seja um homem vigoroso e inteiro no sofrer e desejar, e não apenas uma sacolejante máquina de pensar e de calcular". O efeito popular de Kant é, diz Nietzsche, um ceticismo e um relativismo corrosivos e demolidores, o efeito profundo é "aquele abalo e desespero de toda verdade" vivido por Kleist e poucos outros espíritos "mais ativos e mais nobres, que nunca aguentam permanecer na dúvida". É sabido o papel que esse desespero desempenhou na tentativa de Nietzsche de tirar a dúvida sobre o sentido da vida humana recorrendo à vontade de poder.

Um outro testemunho precioso do mesmo desespero foi dado por Heine, espírito que incontestavelmente se encontrava entre os "mais ativos e mais nobres" da época. A sua *História da religião e filosofia na Alemanha*, escrita em 1834 para o público francês, é no essencial uma longa e dolorosa lamentação sobre o poder negador do criticismo kantiano remediada pelo recurso maníaco à revolução. A cultura alemã começa, diz Heine, pelo cristianismo. No ano da morte de Lessing (1781), principal iluminista alemão,

21. Citado segundo Nietzsche 1999, p. 290.

inspirado na Bíblia e não no pensamento romano, surge, diz Heine, a *Crítica da razão pura*, livro que inicia uma revolução espiritual na Alemanha muito mais profunda que a revolução que estava em curso na França, na mesma época. Ali caía a monarquia, pedra angular da ordem social; na Alemanha morria o deísmo, a pedra de toque do regime antigo do espírito. Honestamente, exclama Heine, vocês franceses são muito brandos e moderados perante nós, alemães! Vocês mataram o vosso rei, o nosso Kant matou o nosso Deus! É honra demais para Robespierre ser comparado ao filósofo de Königsberg: o ditador praticou terror contra os homens, mas recuou perante o deicídio.

Que esperanças restaram a Heine depois da morte de Yahvé? As da revolução. Não da revolução *à la* francesa, meramente material, e sim da revolução alemã que irá romper com todo o passado, revolução que realizará, na prática, o reino do espírito ansiado pelos primeiros cristãos e pelos gnósticos. Heine entende que um povo metódico como o alemão não poderia proceder de outra maneira a não ser começar pela Reforma religiosa, passar pela filosofia crítica para iniciar, depois do acabamento desta, a revolução radical. Essa revolução terá várias formas: a kantiana, a fichtiana e a schellinguiana. Chegarão os kantianos, prevê Heine, que não vão mostrar nenhuma piedade para com esse mundo de aparências e que vão revirar, sem comiseração, o solo da vida europeia. Chegarão em cena os fichtianos armados, indomáveis no seu fanatismo voluntarista, por viverem no espírito e não na carne, assim como faziam os primeiros cristãos, ainda levados pelas esperanças não somente apocalípticas, mas também especificamente gnósticas. Entretanto, os mais temíveis serão, acrescenta Heine, os schellinguianos, por se identificarem com o princípio mesmo da destruição, com os poderes originários da natureza, por invocarem as forças demoníacas do antigo panteísmo germânico – temíveis sobretudo porque, como os antigos germânicos, lutarão não para destruir ou para vencer, mas apenas para lutar.[22]

Essa transposição feita por Heine, judeu paganizado à maneira de Goethe, da crítica filosófica para o terror prático é verdadeiramente profética. Reconhece-se nela claramente as duas principais linhas do terrorismo político do século XX: a marxista, que esposa um voluntarismo baseado em ideais morais do cristianismo primitivo ressuscitados pela Reforma, e a nazista, que se vale de forças germânicas antigas, despertadas pela filosofia alemã.

Pouca distância separa Heine de Nietzsche. Ambos reconheceram a ruína do suprassensível em geral e o seu caráter ficcional, o de Deus inclusive. Nenhum deles, contudo, conseguiu se separar de suas raízes religiosas, razão pela qual ambos reinventaram o ficcionalismo infinistista: um, o da revolução; o outro, o do mítico. Assim como o terrorismo inebriante de Heine, a vontade do poder dionisíaca de Nietzsche é também uma criação ficcional a serviço da defesa maníaca contra a depressão pós-kantiana. Um ficcionalismo introduzido como retórica do desespero diante do

22. Um discussão mais detalhada do livro de Heine *História da religião e filosofia na Alemanha* encontra-se em Zeljko Loparic, *Heidegger réu: ensaio sobre a periculosidade da filosofia*. Campinas: Papirus, 1990.

fato da finitude, mais precisamente, diante do sem-sentido objetivo do mundo e da vida objetificados.[23]

D) ACEITAÇÃO SIMPÁTICA E CONFORMADA

Certos pensadores neokantianos (Lange, Vaihinger), positivistas (Mach) e neopositivistas (Carnap) são representantes dessa vertente da herança kantiana. Para o importante filósofo neokantiano Hans Vaihinger, o pensamento humano seria uma "função orgânica" de caráter ficcional.[24] Próximo do perspectivismo vitalista de Nietzsche, do fenomenalismo biológico de Mach e do pragmatismo utilitarista de Peirce, Vaihinger sustenta que a psique humana é uma "força de formação orgânica" produtora de órgãos em conformidade com os fins biológicos do organismo humano, os quais incluem a adaptação às circunstâncias físicas externas e a autopreservação. "Tais órgãos, que a psique constrói para si em resposta adaptativa a excitações externas, são, por exemplo, as formas de intuição e de pensamento, bem como certos conceitos e outras formações lógicas".[25] Portanto, "o pensamento lógico é uma função orgânica da psique".[26] Ora, as funções orgânicas são estritamente análogas às mecânicas. A psique pode e deve ser tratada como uma *máquina*, cuja finalidade natural é

23. Jacob Taubes, *Gnosis und Politik*. Munique: Fink, 1984. Nessa obra, o autor assinala a existência do seguinte ciclo na história das formas da consciência religiosa: revolução (exaltação), apocalipse (agressividade), gnose (depressão profunda).

24. Hans Vaihinger, *Die Philosophie des Als Ob*, 10.a ed. Hamburgo: Meiner, 1927, p. 12.

25. Id., ibid., p. 3.

26. Id., ibid., p. 3.

"executar movimentos que preservam a vida do organismo com o menor uso de força".[27] A teoria lógica das ficções não é, portanto, outra coisa senão "uma mecânica explicitada do pensamento" ou uma "tecnologia do pensamento".[28]

O caráter distintivo de todos os produtos do pensamento humano é o de serem ficções, isto é, "representações conscientemente falsas",[29] cuja expressão linguística é a fórmula "como se".[30] A finalidade das ficções não é, portanto, servir de reproduções ou réplicas do mundo real (como pensam o senso comum e os epistemólogos tradicionais), mas a de poder serem usadas como instrumentos eficazes para a nossa orientação no mundo.[31] "Nos domínios teórico, prático e religioso, nós chegamos ao correto com base e com a ajuda do falso",[32] "operando com representações conscientemente falsas, mas úteis".[33] A verdade é tão somente "um erro conforme a fins".[34]

Tendo renunciado à tarefa de espelhar a "realidade objetiva" na consciência e, portanto, desistido do conceito de verdade – mais ainda, tendo substituído o próprio conceito de objeto de conhecimento pelo de conteúdo sensorial –, Vaihinger elogia Mach por ter reduzido "todo ser e todo acontecer a elementos

27. Id., ibid., p. 178.
28. Id., ibid., p. 180.
29. Id., ibid., p. XXIV.
30. Id., ibid., p. XXV, cf. p. 155.
31. Id., ibid., pp. 18 e 22.
32. Id., ibid., p. XXIV.
33. Id., ibid., p. XXV.
34. Id., ibid., p. 192.

sensoriais como o último dado para nós" –,[35] o instrumentalismo biologizante de Vaihinger propõe um conceito de saber livre de qualquer compromisso metafísico ou ontológico, aplicável sem distinção a todos os fenômenos, tanto psíquicos quanto físicos, almejando tão somente fabricar artifícios. Trata-se de conceitos, operações e, em geral, meios auxiliares para "calcular" os dados sensoriais de modo a poder "executar os impulsos da nossa vontade conforme a fins, segundo diretivas de construtos lógicos".[36] O conhecimento humano é (diz Vaihinger recordando Mach) "uma elaboração econômica do material sensorial, a serviço da vida".[37] Vaihinger resume a sua posição teórica na fórmula "positivismo idealista". *Positivismo*, porque "repousa única e exclusivamente sobre o dado, sobre os conteúdos empíricos sensoriais" e nega do modo mais explícito possível todo e qualquer outro tipo de objetidade, eliminando dessa forma a distinção entre as ciências naturais e humanas. *Idealismo*, porque recorre a ideias ficcionais reconhecidamente falsas.[38] Essa posição, que exclui toda metafísica (teoria do suprassensível) e mesmo toda ontologia (teoria do ente como ente no seu todo), contenta-se em não ser mais do que uma "filosofia do como se".

Ainda segundo Vaihinger, o ficcionalismo é uma constante na história do pensamento ocidental, aparecendo com particular força na obra de Kant. Este não é um metafísico realista – nem

35. Id., ibid., p. XXVI.
36. Id., ibid., p. 5.
37. Id., ibid., p. XXVI.
38. Id., ibid., p. XXXII.

na lógica, nem na física, nem na ética.[39] Para o "Kant radical" de Vaihinger, pensar significa também se orientar, isto é, resolver problemas de relevância vital, e não tentar representar fielmente as coisas elas mesmas. Assim, por exemplo, "o espaço, o tempo e, em particular, as categorias são tipos de representações auxiliares, das quais se serve o 'ânimo' para elaborar sistematicamente o material sensorial; mesmo sendo subjetivas e, por isso, não verdadeiras, essas representações são necessárias para captar o dado. Nessa medida, é possível considerá-las ficções [...]".[40] As ideias da razão teórica kantiana são também construtos ficcionais, mais precisamente "ficções heurísticas".[41] O conjunto dessas ideias, cuja realidade é apenas "heurístico-prática",[42] não "de existência",[43] constitui uma ferramenta metodológica preciosa, e mesmo indispensável, na condução da pesquisa empírica.[44]

O mesmo *status* ficcional possuem as ideias práticas em geral (morais, jurídicas, religiosas etc.). "A liberdade é uma ideia, a autonomia é uma ideia, a lei ética geral é uma ideia – e as ideias são 'meras ideias'; a moral inteira repousa, portanto, sobre ficções".[45] A própria fórmula da lei moral é "uma nova e especial ficção".[46] Entre as ficções religiosas de Kant, Vaihinger destaca a do es-

39. Id., ibid., p. 613.
40. Id., ibid., p. 619.
41. Id., ibid., p. 619.
42. Id., ibid., p. 628.
43. Id., ibid., p. 658.
44. Id., ibid., p. 621, passim.
45. Id., ibid., p. 649.
46. Id., ibid., p. 650.

tado originário de inocência, do qual parte a história moral de humanidade,[47] bem como a do diabo e do inferno, do filho de Deus, do reino de Deus na Terra e, por fim, a ficção do próprio Deus. Em apoio, Vaihinger cita, entre vários outros, o seguinte trecho de Kant: "A proposição: 'Deus existe' não significa a fé na existência de uma substância [...], mas é apenas um axioma da razão prática de se impor a si mesma como princípio das ações".[48]

A RETOMADA HEIDEGGERIANA DO TEMA DA FINITUDE: DA ONTOLOGIA DA FINITUDE DO EXISTIR HUMANO À ESPERA DE UM OUTRO COMEÇO

Em Heidegger (baseando-se, sobretudo, na primeira fase do seu pensamento), não se tratará mais, como em Kant, de finitude da razão e do agir humano, mas da finitude do existir humano como tal. O existir humano tem a estrutura do ser-o-aí (*das Dasein*). Existindo, o homem é o aí no qual podem tornar-se presentes todas as coisas, inclusive ele mesmo como ente concreto. Ser-o-aí significa, portanto, ser a abertura – e, nesse sentido, o fundamento da presença. A presença assim fundamentada, isto é, possibilitada, tem o sentido de manifestação. O aí se concretiza de diferentes formas. Heidegger deu destaque a uma delas: o conjunto de significações que caracterizam o aí como mundo cotidiano dos adultos sadios, vivendo na cultura ocidental. O ente intramundano que se manifesta no mundo (no aí) não tem o sentido de ser de um objeto kantiano. Ele é caracterizado pela serventia para um usuário que

47. Id., ibid., p. 657.
48. Id., ibid., p. 727.

se ocupa dele preocupado com o seu estar no mundo e com o de outros seres humanos. O ente mundano que é o outro homem não existe no sentido de ser um agente, mas como um existente, que tem que ser o aí, como um acontecente.

O aí possibilitador da presença como manifestação desses diferentes sentidos do ser e dos entes tem a estrutura do projeto de sentido, o qual, por sua vez, repousa sobre o tempo do existir humano. O existir humano ocupa estaticamente as três dimensões de um tempo que lhe é próprio: o tempo originário. Por ser simultaneamente o passado, que não é mais, e o futuro, que não é ainda, o ser-o-aí carece de consistência de algo meramente presente. Além disso, o tempo originário é finito, pois contém em si seus dois extremos: o início e o fim, o nascimento e a morte. Tal como o tempo originário, o ser-o-aí humano e, em particular, o projetar de sentido é também limitado, finito. Mas ele é finito sob um outro aspecto ainda: o ser-o-aí não tem fundamento, nem no tempo nem fora do tempo. A condição de ser-o-aí é imposta ao homem como um lance (*Geworfenheit*). Dessa condição ele se esquiva. Na maioria das vezes caindo no mundo, entendendo-se pelas condições que prevalecem no mundo; ou então, encobrindo a infinitude do tempo originário pelo conceito de infinitude ou de eternidade, o que permite pensar em entes eternos ou temporalmente infinitos.

O que livra o homem dessa queda ou encobrimento é a disposição afetiva fundamental de angústia, mediante a qual ele "é trazido diante do seu ser como aí". Na angústia, o ser-o-aí e o projetar são revelados como peso, carga. O fato de que o homem é e tem que ser o aí é uma imposição que não admite explicação racional. "Sendo, o *Dasein* é lançado, mas *não* levado por si mesmo para o seu aí".[49] Ser, para o ente com a estrutura do ser-o-aí, significa existir como fundamento infundado do seu poder ser. Em termos de Heidegger, é um fundamento nulo (*nichtig*). Não se trata de uma privação, mas de um não que pertence ao sentido existencial-ontológico do ser-lançado.

Como se realiza esse fundamento lançado? Não em operações cognitivas, representacionais, mas "unicamente projetando-se em possibilidades [de ser no mundo] nas quais já está lançado. O si-mesmo, que como tal tem que colocar o fundamento de si mesmo, nunca dele se pode apoderar, embora, ao existir, tenha que assumir ser fundamento"[50]. Contudo, "o projeto não é determinado pela nulidade apenas enquanto sempre lançado, ele é essencialmente nulo como projeto"[51]. O projetar pertence ao ser livre do *Dasein* e a liberdade existe "somente na escolha de uma possibilidade, ou seja, como suportar não ter escolhido e não poder escolher outras"[52].

Esses são alguns elementos da ontologia fundamental de *Ser e tempo*, pela qual Heidegger desobjetifica o ente que nos é acessível originariamente e finitiza o seu modo de estar presente. Pelo primeiro movimento, Heidegger desconstrói o representacionalismo de Kant; pelo segundo, ele ultrapassa o fundacionalismo idealista (platonismo).

49. Martin Heidegger, *Sein und Zeit*. Tübingen: Niemeyer, 1927, p. 284.

50. Id., ibid., p. 284.

51. Id., ibid., p. 285.

52. Id., ibid., p. 285.

Com base no finitismo originário não objetificante (não representacional) da analítica existencial, Heidegger, seguindo Kant, procede à destruição de elementos centrais da filosofia ocidental. Na ontologia, deixa de ser pensável a relação entre o criador onipotente e a criatura. A filosofia é "fundamentalmente ateísta", diz o jovem Heidegger,[53] com certeza dialogando com outros jovens alemães de épocas anteriores, mencionados anteriormente, todos religiosos de uma forma ou de outra.[54]

Na teoria do conhecimento, fica decisivo o fato de que a pesquisa científica e os seus resultados repousam sobre projetos que são sempre em última instância infundados e não suscetíveis de serem fundados, além de serem nulos em si mesmos. O papel epistemológico da metafísica é contribuir para a constituição de uma lógica produtiva, isto é, caracterizar *a priori* o domínio de objetos a serem investigados no quadro desse programa de pesquisa. A visão de essência husserliana é preservada, mas apenas como resposta à pergunta: o que é o ente? – a qual, por sua vez, faz necessariamente parte de todo e qualquer pro-

53. Martin Heidegger, "Phänomenologische Interpretation zu Aristoteles. (Anzeige der hermeneurischen Situation)". *Dilthey-Jahrbuch*, v. 6, 1989, p. 246.

54. Como se sabe, Heidegger voltou a falar em divindade, em Deus e em deuses, no registro de Hölderlin. Esse fato fez Sloterdijk chamar Heidegger de criptocatólico (2001). Na medida em que Heidegger se afastou de Hölderlin e considerou outras linguagens para dizer o que há e o que poderá haver – por exemplo, a da poesia zen japonesa e dos relatos taoistas, esse diagnóstico se torna questionável, e a tese do ateísmo fundamental do pensamento filosófico preserva o seu interesse.

grama de pesquisa. Não a título de *fundamentum inconcussum* cartesiano, mas como guia incontornável.[55]

O mesmo vale, *mutatis mutandis*, para a ética. A responsabilidade lançada para com o aí implica na responsabilidade também lançada para com o ser dos outros no aí. O exercício dessa responsabilidade repousa sempre sobre projetos em possibilidades nulas, em virtude dos quais eu passo a existir como possibilitador do ser no mundo dos outros – tanto pela preocupação com a liberdade deles, como pela solicitude (*Fürsorge*) para com os modos de ser ônticos –, sem, contudo, jamais poder deixar de ser o fundamento da falta no *Dasein* de outros. Uma vez feitos, esses projetos envolvidos em possibilidades herdadas implicam

55. Ao derivar os sucessivos projetos de pesquisa científicos da metafísica, Heidegger cometeu o engano de pensar que a metafísica, produzida por filósofos e resultado do autodesocultamento do ser na sua acontecência, dita as regras à pesquisa científica, quer esta o saiba ou não. Na realidade, essas regras se originam da própria atividade de pesquisa, que também produz a sua própria metafísica, independente e, muitas vezes, incompatível com a dos filósofos. Foi só no fim da vida que Heidegger reconheceu que a ciência contemporânea dispensa o trabalho de filósofos e produz seus próprios sistemas de categorias, "aos quais é atribuída apenas uma função cibernética, mas recusado qualquer sentido ontológico" (Martin Heidegger, *Zur Sache des Denkens*, p. 65; cf. Zeljk Loparic, "A metafísica e o processo de objetificação"). Entenda-se: os sistemas de categorias são propostos não em resposta à pergunta-guia da metafísica: o que é o ente?, mas como quadro no qual uma comunidade científica se compromete a desenvolver suas pesquisas factuais (ir resolvendo problemas abertos da sua área). Ao fazer esse reconhecimento, Heidegger se aproxima significativamente das concepções da ciência defendidas por Thomas Kuhn e Werner Heisenberg.

responsabilidades derivadas, que caracterizam a moralidade no sentido da filosofia tradicional e do sentido comum.[56]

Em todos os casos, o tema da finitude reaparece como negação do fundacionismo, não apenas do dogmático, pré-kantiano, como também do kantiano, transcendental, semântico.[57] Esse tema é onipresente na obra de Heidegger. O segundo Heidegger escreveu várias obras diretamente relacionadas a esse ponto, entre elas *Der Satz vom Grund* (1957). Nesse texto, Heidegger pretende mostrar a origem metafísica do princípio do fundamento: *Nihil est sine ratione*, o qual desempenha papel decisivo na tecnicização do mundo, isto é, objetificação extrema de tudo o que há, para lhe opor uma postura – melhor, um salto numa região sem o *porquê*. Um convite para esse salto pelo qual se ultrapassaria o princípio do fundamento vem dos seguintes versos do poeta místico Angelus Sylesius:

> A rosa é sem o porquê; ela floresce enquanto floresce.
>
> Ela não presta atenção a si, não pergunta se alguém a vê.[58]

Um outro é feito por Goethe, na coletânea de ditados de 1815 e citado por Heidegger:

56. Id., ibid., p. 286.
57. Sobre o sentido desse termo, cf. Zeljko Loparic, *A semântica transcendental de Kant*, 3.a ed. Campinas: Editora do CLE, 2005.
58. *Die Ros ist ohne warum; sie blühet, weil sie blühet, / Sie acht nicht über selbst, fragt nicht, ob man sie siehet.*

> Como? Quando? E Onde? – Os deuses permanecem mudos.
> Detenha-se no Enquanto e não pergunte Por quê? [59]

Um terceiro vem do fragmento 52 de Heráclito:

> O tempo [*aion*] é criança brincando, jogando [com pedrinhas]; da criança o reinado.

Heidegger comenta: "Por que brinca a grande criança do brincar do mundo avistada por Heráclito no *aion*? Ele brinca, enquanto [*weil*] brinca. O "Enquanto" afunda no brincar. O brincar é sem "Porquê". Brinca-se enquanto se brinca. Só resta o brincar: o mais alto e o mais profundo".[60]

59. *Wie? Wann? und Wo? – Die Götter bleiben stumm! / Du halte dich ans Weil und frage nicht Warum?*
60. Martin Heidegger, *Der Satz vom Grund*. Pfullingen: Neske, 1957.

HANNAH ARENDT E A "BANALIDADE DO MAL"

JORGE GRESPAN

Nascida em 1906, em Hannover, Hannah Arendt estudou nas universidades de Marburg e Freiburg, e em 1928 obteve o doutorado em filosofia pela Universidade de Heidelberg, sob orientação de Karl Jaspers, com a tese "O conceito de amor em Agostinho". Interrogada pela polícia nazista em 1933, ela consegue escapar para a França nesse mesmo ano, e depois para os Estados Unidos, em 1941. Neste país trabalhou em vários órgãos e associações judaicas e a partir da década de 1950 passa a lecionar em várias universidades, até fixar-se como professora da New School, em Nova York. Seu primeiro grande livro, *Origens do totalitarismo*, foi publicado em 1951, e nele a filósofa inicia uma profunda reflexão política a partir dos principais acontecimentos do século XX. Em 1958 ela lança *A condição humana*, estendendo a reflexão para os fundamentos existenciais da ética e do poder, num contato crítico com as filosofias de Jaspers e Heidegger. Enviada a Israel para acompanhar como jornalista o julgamento de Adolf Eichmann em 1961, escreve a seguir *Eichmann em Jerusalém*, cujo tema aparece justamente no subtítulo: "a banalidade do mal", ou seja, a forma pela qual o mal pode se tornar um assunto apenas administrativo nas estruturas da burocracia que domina o fazer político moderno. Nesse ponto de sua obra, Arendt sente a necessidade da própria "volta a Kant", isto é, de uma retomada da ética do filósofo de Königsberg a partir do conceito de "mal absoluto", tarefa em que se empenha desde meados da década de 1960 até sua morte, em 1975.

A obra de todo grande autor, ou autora, como Hannah Arendt, comporta sutilezas e ambiguidades que a colocam por vezes além de si mesma. O tema da "banalidade do mal" é desses que propiciam reconsiderar todo um pensamento a partir do ponto de vista que o força a se ultrapassar e a se apresentar de modo insuspeitado. Com livros importantes já publicados e um projeto intelectual delineado, Hannah Arendt teve a oportunidade de ir a Jerusalém para acompanhar o julgamento de Eichmann, fato que acabaria servindo como balanço de parte decisiva da história do século XX. Suas observações, juntamente com artigos para a revista norte-americana *The New Yorker*, reunidos em livro dois anos depois, renderam-lhe reflexões e inflexões na trajetória de pensamento. Ela interpretou muito do que via no julgamento em função do quadro de conceitos que vinha desenvolvendo desde *Origens do totalitarismo*, mas havia ali também algo de novo, inquietante, que colocava a categoria do "mal" em outro patamar.

OS PERCURSOS E OS PRIMEIROS PROBLEMAS

Ainda estudante em Marburg, Hannah Arendt envolveu-se numa relação amorosa com o filósofo Martin Heidegger, que teria em seguida importância decisiva no cenário intelectual de seu país e na própria formação dela, ao publicar o livro *Ser e tempo*, em 1927. Depois do doutorado, contudo, Hannah Arendt se afastou temporariamente do mundo acadêmico, trabalhando em organizações judaicas até ser presa e interrogada pela Gestapo em 1933, em Berlim. Ela emigra então para a França, e, com a invasão alemã, decide ir para Nova York, onde reside desde 1941 até sua morte em 1975.

É nessa cidade, ainda em plena Segunda Guerra Mundial, que ela começa a escrever o seu primeiro grande livro, *Origens do totalitarismo*, publicado em 1951. Dividido em três partes - Antissemitismo, Imperialismo e Totalitarismo - o livro pretende explicar o fenômeno totalitário, abordado especialmente na terceira parte, como desdobramento histórico de condições inauguradas pelos dois fenômenos anteriores, do antissemitismo e do imperialismo europeu. A extensa pesquisa documental e a argumentação convincente do texto tornaram-no logo reconhecido e proporcionaram à autora convites para ministrar cursos em universidades americanas, reintegrando-a ao ambiente acadêmico.

Nesse período, ela ousa então publicar mais do que um simples estudo de história e teoria política, preparando uma reflexão próxima da filosofia chamada "existencial", de seus mestres Jaspers e Heidegger. Lançado em 1958, o livro *A condição humana* procura fixar o lugar da ação política na existência do homem, desde a Antiguidade grega até hoje, confrontando essa ação com a atividade do trabalho e da obra, e propondo uma crítica da modernidade.

Baseada nas reflexões mais amplas de *A condição humana*, Hannah Arendt prepara logo em seguida aulas e textos que comporão alguns outros importantes livros, como *Sobre a revolução* e *Entre passado e futuro*. É em meio a essas tarefas que surge, em 1961, a oportunidade de ir a Jerusalém, onde Adolf Eichmann, capturado em Buenos Aires pelo serviço secreto de Israel, seria levado a julgamento por crimes de guerra. Oficial superior da SS, ele foi o responsável pelo sistema de transporte dos judeus desterrados de várias partes da Europa ocupada pelos nazistas para os campos de extermínio. A grande questão em julgamento era justamente a dos limites de sua responsabilidade, isto é, até que ponto ele apenas cumpria ordens superiores.

Hannah Arendt tinha enfim diante de si um dos representantes ilustres do totalitarismo. Ela naturalmente o via sob a ótica de seus estudos anteriores. Recapitulemos.

O conceito de totalitarismo para ela é distinto do comumente usado pelos cientistas políticos. Apesar de concordarem que esse é um fenômeno novo, típico do século XX, a teoria política tradicional considera que o Estado forte e a ideologia ortodoxa pretendem a repressão dos desvios e a imobilização da sociedade, adequando--a à realização de uma finalidade. Mas isso, para Hannah Arendt, caracteriza melhor uma mera ditadura moderna. O totalitarismo propriamente dito se definiria não pela tentativa de imobilizar a sociedade, e sim pelo movimento, pelo dinamismo que destrói, construindo assim um novo mundo social. Entretanto, o Estado totalitário imagina o movimento que desencadeia como simples execução de um movimento mais amplo da natureza ou da história, ambas marcadas por leis inexoráveis que ele deve cumprir sem levar em conta outras finalidades. Concebendo a natureza ou a história como processos que implicam a morte para criar a vida, destruição criadora, o totalitarismo crê apenas imitar e seguir tal impulso destruidor, assassino, superior a qualquer critério utilitarista de bem-estar.

Enquanto as ditaduras comuns se orientariam por tais critérios, reprimindo seus opositores em nome deles, o totalitarismo só pode se realizar plenamente depois da etapa repressiva. Por isso, Hannah Arendt não considera que a União Soviética, por exemplo, tenha sido propriamente totalitária antes de Stálin; e mesmo o nazismo teria adotado um totalitarismo pleno apenas a partir de 1939.[1] Somente depois da ditadura repressiva é que se implantaria o "terror total" da destruição criadora, em meio à qual o homem aparece, no máximo, como instrumento. Ele passa a ser algo "supérfluo", cabalmente inscrito em totalidades maiores como a raça ou a classe social.

Na verdade, porém, a sociedade dos sistemas totalitários não é a de classes, e sim a de uma massa desenraizada e inorgânica. Aqui aparece a tese de Hannah Arendt de que o imperialismo teria preparado o caminho para o totalitarismo, ao afetar não apenas as regiões colonizadas, mas também a sociedade e as instituições dos países imperiais. Nestes, o poder estatal era reforçado e exercido, inclusive, para dentro, como se fosse uma colonização interna. Por outro lado, a competição entre os impérios levou ao desemprego, à inflação e à guerra, destruindo a antiga sociedade e desenraizando a população: ela perdia assim o seu sistema de referências culturais, de algo que permanecesse em meio ao turbilhão das mudanças, e sua única experiência era a da superfluidade. Surgia nesse momento um grupo perigoso de "supérfluos", a "ralé", oriunda do

1. "*It was not until the outbreak of the war, on September 1, 1939, that the Nazi regime became openly totalitarian and openly criminal*", in *Eichmann in Jerusalem*. Nova York: Penguin, 1994, p. 69.

submundo criminoso e violento, também produto do imperialismo dentro da Europa. Quando o seu conjunto de antigas tradições foi arrasado, a civilização foi facilmente substituída pela barbárie de uma torrente de incessante destruição, legitimada pela promessa de criar um novo mundo, conforme a inexorabilidade de leis naturais ou históricas.

O conceito de "mundo" neste ponto é crucial. Ele vem da filosofia heideggeriana, sendo desenvolvido por Hannah Arendt em *A condição humana*. "Mundo" é o sistema de referências que o homem constrói em torno de si, atribuindo sentido a coisas e a outras pessoas em função do que faz, ou seja, da atividade pela qual fabrica objetos duráveis, relativamente permanentes. Esse mundo, com sua divisão de trabalho e suas classes sociais, é para Hannah Arendt justamente o que o imperialismo fez desaparecer, ao criar as massas de pessoas sem vínculos estáveis. Despojada de um sistema de referências culturais, a massa não tem em que se apoiar, com o que interagir, dialogar.

Mas o pensamento se define justamente como

> diálogo íntimo de alguém que fala consigo [...] e embora esse diálogo careça de qualquer manifestação externa e mesmo requeira um cessar mais ou menos completo de todas as outras atividades, ele constitui em si mesmo um estado altamente ativo.[2]

2. Hannah Arendt, *The human condition*. 2.ª ed. Chicago: Chicago University Press, 1998, p. 291.

Assim, a perda do "mundo" com que dialogar implica a perda da capacidade de pensar. Esta é mais uma forma do "terror total", cuja expressão evidente está nos campos de concentração: neles, a primeira coisa a ser destruída era o "mundo" que os presos tinham em comum, de modo que eles não pudessem se relacionar aos outros e nem a si, parando de pensar, de refletir, de decidir e de agir. O totalitarismo desse terror desarma, substituindo a própria convicção com que também procura seduzir a massa.[3]

A condição humana complementará esse raciocínio, explicando como o processo de perda da capacidade social de pensar é mais antigo ainda, datando de transformações observáveis nas atitudes ocidentais em relação à vida. Desde o fim da Idade Média, a atitude "contemplativa", filosófica e religiosa, deixou gradativamente de ter importância e o que se chamava de "vida ativa" tomou o seu lugar no centro da realidade social. Mas a "atividade" agora dignificada também não é a da política, como fora na Antiguidade clássica, e sim a do trabalho que fabrica e utiliza instrumentos. Ele cria o "mundo" de referências, composto pelos objetos sem os quais não se pode produzir, medir, calcular. A modernidade começa com a proeminência do chamado *homo faber* inclusive no novo padrão do conhecimento, pois este é impossível sem o uso de instrumentos como o telescópio, o relógio, o microscópio etc.

O problema apontado por Hannah Arendt é que esse saber depende do fazer – só é possível considerar algo como rigorosamente

3. "[...] *they did not need to refute opposing arguments and consistently preferred methods which ended in death rather than persuasion, which spelled terror rather than conviction*", in *Origins of totalitarianism*. Nova York: Harcourt, 1994, p. 312.

conhecido quando se consegue reproduzir ou imitar processos naturais em experiências que utilizam instrumentos de precisão.

> De fato, dentre as características proeminentes da era moderna desde seus começos até o nosso tempo, encontramos as atitudes típicas do Homo Faber: sua instrumentalização do mundo, sua confiança nas ferramentas e na produtividade do fabricante de objetos artificiais; sua crença no âmbito todo-abrangente da categoria de meios e fins, sua convicção de que todos os assuntos podem ser resolvidos pelo princípio da utilidade e toda a motivação humana a ele reduzida.[4]

Ao mesmo tempo que a manipulação constitui o saber, este serve à manipulação. A instrumentalização de tudo e de todos se legitima, portanto, pela associação a um conhecimento que imita os processos automáticos da natureza e da sociedade. A própria manipulação aparece, assim, como um automatismo e como dedução a partir de leis inexoráveis. Isso ocorre também com a manipulação das massas no totalitarismo.

Aqui, a política aparecerá como experimento científico, mimetizando o automatismo da natureza em sua lógica implacável e removendo de seus executores toda a responsabilidade. Surgem então homens como Eichmann, que pareciam autômatos realizando um processo maior, e que nisso aplicavam um saber técnico, frio, dedutivo. Por conseguinte, seus possíveis escrúpulos morais poderiam ser amortecidos ou neutralizados pela cons-

4. Hannah Arendt, *The Human Condition*; p. 117.

ciência de agir dentro de uma ordem superior, reproduzida pela burocracia com todo cálculo e medida.

Por outro lado, no novo "mundo" da ciência moderna e seus instrumentos de precisão, o pensamento como diálogo consigo mesmo se torna progressivamente desnecessário. As referências são estabelecidas por objetos fabricados, não pela ação política, não por valores conscientemente compartilhados que formam um sentido comum – um *common sense* na expressão inglesa empregada por Arendt para indicar também o bom senso. Desde Descartes, diz ela, o bom senso passou a ser concebido como uma

> faculdade interna, sem nenhuma relação com o mundo. Este sentido era agora chamado de "comum" meramente porque ocorria de ele ser comum a todos. O que os homens têm agora em comum não é o mundo, mas a estrutura de suas mentes, e isso eles não podem ter em comum, estritamente falando.[5]

O que não existe mais é justamente o "mundo" como algo externo, compartilhado, constituído pela ação recíproca de homens organicamente articulados em classes sociais e grupos políticos. Há somente indivíduos, para os quais o "comum" se refere a uma faculdade que todos têm naturalmente, isoladamente. No século XX a situação piora: há somente a massa amorfa, sem "mundo" nem interioridade.

Eram essas conclusões que Hannah Arendt havia alcançado em seus estudos das décadas de 1940 e 1950. Elas apontavam para

5. Id., ibid., p. 283.

uma "perda do mundo" paralela à perda da política, começando na modernidade, mas aprofundada pelo totalitarismo. Foi nesse ponto que ela encontrou Eichmann.

O CASO EICHMANN

A primeira grande surpresa diante daquele homem era a de que ele não passava de uma pessoa comum, aliás, bem medíocre. Ele não tinha sido tão importante como gostavam de afirmar seus acusadores, que pretendiam sintetizar em sua figura todas as atrocidades do Terceiro Reich; mas também não "tão pequeno como a defesa gostaria que ele fosse".[6] Essa posição quase intermediária na hierarquia do Estado fazia dele um objeto especialmente significativo aos olhos de Hannah Arendt, instigador de novas reflexões políticas.

Eichmann também não era um monstro, um genocida sádico. Ao contrário, dizia nunca ter querido ver a morte de nenhuma das pessoas que enviara aos campos de extermínio ou aos pelotões de fuzilamento em massa formados pela SS na Europa Oriental. Mais importante do que um traço pessoal, porém, tratava-se aqui de um ponto de vista profissional: por sua posição na burocracia, ele pôde até afastar funcionários nos quais observara algum prazer em executar a sua tarefa, demonstrando qualquer sinal de sadismo; e confessava a admiração pelos superiores que manifestavam apenas zelo administrativo e impessoalidade. Avaliado por psicólogos em Israel, relata Hannah Arendt, ele foi considerado um indivíduo

6. Id., *Eichmann in Jerusalem*, p. 58.

> normal – "mais normal, de qualquer modo, do que eu sou depois de tê-lo examinado", dizia-se que um deles teria exclamado, enquanto outro teria achado que sua aparência psicológica, sua atitude para com sua esposa e filhos, pai e mãe, irmãos, irmãs e amigos era "não apenas normal, mas até desejável".[7]

Eichmann sequer nutria qualquer ódio pelos judeus. Ele contava ter sido ajudado na juventude por uma família judia influente, por cuja cultura então se interessara a ponto de aprender alguma coisa de hebraico e de ter lido o livro em que Theodor Herzl propusera o sionismo. Foram tais conhecimentos, inclusive, que o qualificaram a conquistar a posição de especialista na questão judaica, já como membro do partido nazista e funcionário da SS desde 1932. E à medida que a "questão" foi ficando importante, também ele ascendeu na hierarquia, até chegar ao posto de tenente-coronel e receber encargos consideráveis, na época em que a "solução" ainda era a de simplesmente expulsar os judeus do Reich. Nesse ponto, ele alegava ter procurado inclusive ajudar grupos de judeus a emigrar para a Palestina ocupada pelos britânicos, tendo feito por isso bons contatos com sionistas de lá, que chegaram a convidá-lo a ir à região. E ele foi, visitou Haifa e escalou o Monte Carmelo; até que, informadas de sua presença, as autoridades inglesas o expulsaram.

O que significava toda essa história, habilmente reproduzida por Hannah Arendt? Tratava-se de uma simples mentira para se

7. Id., ibid., p. 26.

salvar da condenação à morte? Mas o que significaria, nessas condições, mentir? A resposta introduz uma fina análise do caso.

Evidentemente, ninguém acreditou em Eichmann. Mas o ponto é, por quê? Arendt responde que os juízes

> eram bons e cônscios demais dos próprios fundamentos da sua profissão, para admitir que uma pessoa mediana, "normal", nem fraca de espírito, nem fanatizada, nem cínica, pudesse ser perfeitamente incapaz de distinguir o certo do errado. Eles preferiram concluir de mentiras ocasionais que ele era um mentiroso – e perderam de vista o maior desafio moral e até legal do caso.

E continua:

> Seu caso repousava no suposto de que o réu, como todas "pessoas normais", devia ter sido consciente da natureza criminosa dos seus atos, e Eichmann de fato era normal, na medida em que não era "exceção dentro do regime nazista". Porém, sob as condições do Terceiro Reich apenas "exceções" poderiam reagir "normalmente". A simples verdade do assunto criava um dilema para os juízes que eles não podiam resolver e nem eludir.[8]

Com essas palavras acaba uma espécie de introdução ao segundo capítulo do livro, no qual se traça um perfil "do acusado". Uma questão crucial é proposta, e a biografia de Eichmann associada à história do Terceiro Reich tentará elucidá-la.

8. Id., ibid., pp. 26-27.

A própria questão, contudo, é do maior interesse e importância. Os juízes "bons e cônscios", eles mesmos "normais", só podiam conceber que uma pessoa "normal" faltaria com a verdade para não assumir a responsabilidade de crimes de que ela teria perfeita consciência. Só que, nesse caso, não se trata simplesmente da capacidade de distinguir a verdade da mentira, "o certo do errado"; o problema moral é um "desafio", de compreensão muito mais complexa. Em primeiro lugar, não se está numa situação "normal" em que um indivíduo é posto autonomamente diante de um dilema de julgamento: o texto declara que "sob as condições do Terceiro Reich apenas 'exceções' poderiam reagir 'normalmente'", o que acaba por inverter o sentido da "normalidade". Ou seja, as pessoas de fato normais reagiriam a tais condições de modo excepcional, não as aceitando. Mas o Terceiro Reich instituiu uma "normalidade" de outro tipo, em que a exceção moral se fazia regra, "norma", incorporando e cooptando indivíduos dispostos a aceitá-la.

Isso quer dizer, então, que esses indivíduos estão desculpados? Que a defesa de Eichmann acertava ao apresentá-lo como um simples funcionário público, "um cidadão cumpridor da lei"?[9] Seria esse um bom exemplo do automatismo burocrático, realizando impessoalmente um processo maior, técnico, amoral? Nesse ponto, as categorias mobilizadas por *Origens do totalitarismo* e *A condição humana* já não parecem ser suficientes para dar conta do problema.

De fato, nem se pode dizer que se estava lidando com massas sociais amorfas, com uma "ralé" sem valores culturais estáveis,

9. Id., ibid., p. 24.

desenraizada e homogênea. Eichmann parecia ser um "típico membro da baixa classe média [...] Mas isso era enganoso; ele era antes o filho '*declassé*' (desclassificado) de uma sólida família de classe média", tendo "caído de *status* social".[10] A tradicional análise de que o nazismo cresceu em meio a classes médias conservadoras e massificadas não encontra apoio no caso de Eichmann, que aponta numa direção mais pessoal. Mas também não se trata de enxergá-lo como uma exceção. Sem dúvida, Hannah Arendt o caracteriza pelos qualificativos de mentiroso, gabola, "desclassificado", medíocre, carreirista (lastimava ter alcançado apenas o posto de tenente-coronel), ambicioso, encarnando bem o tipo de pessoa que subiu na vida dentro do regime nazista e que o levou à ascensão. Mas tudo isso não é uma condenação moral e pessoal. É a descrição do novo indivíduo "normal", da nova "norma" social.

Quando o texto citado na nota 8 diz que "a simples verdade do assunto criava um dilema para os juízes que eles não podiam resolver e nem eludir", o problema passa a ser: qual é "a simples verdade" que o nazismo emblematicamente instituiu? Dentro desta "verdade" é que se devem enquadrar as "mentiras" de Eichmann. É a incompreensão dela que coloca os juízes num "dilema" para eles insolúvel e também incontornável. E é, no entanto, esta "verdade" que o seu julgamento deveria descobrir e esclarecer.

Mas o processo todo foi desde o início mal enfocado e mal-entendido pelos próprios organizadores. Corajosamente, Hannah Arendt critica o governo de Israel por querer teatralizar o julgamento, fazendo dele um uso político mesquinho. Apesar

10. Id., ibid., pp. 31-32.

da dignidade dos juízes, a cobertura da imprensa internacional e as declarações do governo de fato visavam a um "show" – a transmissão ao vivo para uma rádio americana chegava a ser interrompida para o comercial do patrocinador! Mais ainda, o livro revela que havia um acordo financeiro entre o governo de Ben-Gurion e o da Alemanha Ocidental, que renovaria o pagamento de gordas indenizações se a culpa se concentrasse em Eichmann, deixando de fora outras figuras que poderiam ser incriminadas e que tinham sido incorporadas no escalão médio da nova burocracia alemã.[11] Esse jogo de interesses impedia que a "verdade" aparecesse: o fato de que o "mal" estava generalizado e banalizado.

Pelo relato e pelas explicações de *Eichmann em Jerusalém* depreende-se que talvez não fosse só no totalitarismo que o "mal" tenha se convertido em norma. O acusado de fato mentia, mas mentir era a nova norma, a nova forma de dizer a "verdade", o novo padrão de "normalidade" dentro do tipo atual de sociedade e de Estado. Não tanto o indivíduo dentro de uma massa, de uma "ralé" homogênea e embrutecida, e sim o "desclassificado" em que os laços orgânicos com a sociedade se inverteram – este fornece a matéria-prima da nova ordem.

Eichmann talvez exagerasse, mas não "mentia" no sentido moral tradicional do termo, quando afirmava respeitar os sionistas, que pelo menos visavam superar a condição de apátrida do judeu. Não "mentia" quando lembrava de ter ajudado com muito prazer os judeus que queriam emigrar, com o que ele associava alguma

11. Id., ibid., pp. 13-14.

velha simpatia (e benefício pecuniário próprio) aos interesses de seu partido e de seu governo. Ele negociava com o sistema a que servia e do qual se servia. Longe de simples autômatos, meras peças inconscientes de uma engrenagem, tal como caracterizado em *Origens do totalitarismo*, homens como Eichmann se definem no quadro de inversão das normas promovido pelo sistema.

E tais homens não podiam ser apenas os que atuavam no aparelho estatal. O sistema inoculava a loucura de sua inversão de valores e parâmetros a toda a sociedade. Hannah Arendt esclarece que

> o programa de extermínio nas fábricas de gás do Leste se desenvolveu a partir do programa de eutanásia de Hitler, e é deplorável que o julgamento de Eichmann, tão preocupado com a "verdade histórica", não tenha prestado atenção a esta conexão factual.[12]

Fato que seria mais uma limitação dos juízes, decorrente de sua cegueira para com o tipo de "verdade" que devia realmente ser descoberta. E o texto prossegue, citando um decreto de 1939, conforme o qual

> àquelas "pessoas doentes incuráveis deveria ser concedida uma morte misericordiosa" [...] o decreto foi imediatamente executado para com os doentes mentais e entre dezembro de 1939 e agosto de 1941 cinquenta mil alemães foram mortos com gás monóxi-

12. Id., ibid., p. 107.

> do de carbono em instituições onde as câmaras de morte eram disfarçadas exatamente como foram mais tarde em Auschwitz.[13]

A saúde física e mental era imprescindível, ainda mais na circunstância da guerra, que justificava a intolerância em relação à "doença" em geral.

Além disso, também surgia com o conflito o conceito de "morte misericordiosa", a ser concedida aos "doentes" e feridos. O relato avança, mencionando "as equipes de eutanásia operando no leste para 'ajudar os feridos no gelo e na neve' [...] matando soldados feridos";[14] soldados alemães, bem entendido. E essa "misericórdia" seria por fim generalizada a toda a nação: no verão de 1944 uma agente do partido foi à Baviera com a missão de falar aos camponeses e

> sem perder muito tempo com "armas milagrosas" e vitória, ela encarou francamente a perspectiva de derrota, sobre a qual nenhum bom alemão deveria se preocupar, pois o Führer "em sua grande bondade, preparou para todo o povo alemão uma morte suave pelo gás, no caso de a guerra ter um final infeliz" [...] E o que aconteceu? Estes camponeses bávaros pelo menos a puseram no lago local para esfriar a prontidão entusiástica dela para a morte? Não fizeram nada disso. Eles foram para casa, apertando-se as mãos.[15]

13. Id., ibid., p. 108.
14. Id., ibid., p. 109.
15. Id., ibid., p. 110.

Estas impressionantes citações de Hannah Arendt reconstroem a escalada do "terror total" pela qual a morte ia penetrando no cotidiano da sociedade. De forma de exclusão das pessoas indesejáveis em razão de sua "inferioridade" racial ou "doença", ela passa a uma forma quase que de inclusão, distribuindo-se generosamente por todos. Mais uma vez, invertem-se os padrões, as definições de "normalidade" e exceção. A "doença", tão execrada, na verdade é a regra de funcionamento do sistema. A morte não é mais um "mal", e sim um sinal de "misericórdia", objeto de decretos que prometiam estendê-la a todos, transformando-se em norma. A banalização do "mal" quer dizer: o "mal" não se coloca fora do sistema, nem este do "mal".

A BANALIDADE DO MAL

Ao que parece, a expressão "banalidade do mal" foi sugerida a Hannah Arendt por seu marido, Heinrich Blücher; ou estaria presente já numa carta de Jaspers a ela nos anos 1940. De qualquer modo, em outra carta, dos anos 1960, o mesmo Jaspers disse gostar do termo, pois ele não significa que o mal em si seja banal, mas que especificamente o mal nazista seria banal. Aqui se percebe, porém, uma tendência a reduzir a abrangência da "banalidade".

De fato, após publicar *Eichmann em Jerusalém*, Hannah Arendt voltou a Kant, orientada pelo conceito de "mal absoluto" presente em sua filosofia moral. Chegou a ver editados dois dos três livros que tinha planejado escrever inspirada pela pista kantiana. Devido a isso, porém, acabou não dando mais muita atenção ao problema da relação entre o "mal" e o sistema social moderno como sistema, justamente onde ocorreria a sua banalização. Não só como mal moral, mas como resultado da inversão de valores pelo sistema é que ele se determina em sua banalidade. E não só no nazismo esse resultado seria visível, embora certamente ele tenha sido seu caso limite.

Ficou apontada, mesmo assim, uma direção de pensamento possível e fértil, pela qual a "banalidade" implica não existir uma dicotomia entre o "mal" e o sistema, entre o lado voluntário e consciente da ação e o seu lado involuntário e inconsciente. A violência, nesse sentido, não é algo historicamente anterior ao sistema, que prescindiria dela, apresentando-a como um resíduo necessário apenas excepcionalmente, como violência pura e simples, distinta dele. Mas a violência do sistema não exime de responsabilidade os seus executores, não pode abrir mão de sua consciência e vontade. A análise exemplar e implacável do caso de Eichmann chega a evidenciar tudo isso. E se depois dela a autora recuou para uma perspectiva moral e humanista, também permitiu vislumbrar o outro caminho. Como todo grande autor, estimulou continuadores a superá-la.

WALTER BENJAMIN: ESTÉTICA E EXPERIÊNCIA HISTÓRICA

JEANNE-MARIE GAGNEBIN

Em 1990, para o cinquentenário da morte de Walter Benjamin, o Instituto Goethe de São Paulo organizou um grande colóquio sobre esse autor, intitulado "7 perguntas a Walter Benjamin". Esse evento é lembrado hoje não só como um marco na recepção de Walter Benjamin no Brasil, para retomar um conceito que orienta o livro de Gunter Pressler, *Benjamin, Brasil*,[1] mas também como um momento privilegiado de discussão igualitária e bem-humorada entre estudiosos da Alemanha e do Brasil. Metonímia feliz da renovação de uma tradição antiga, talvez um pouco cansada, como a tradição da filologia europeia, graças às perguntas cheias de vida e de humor, às vezes até de certa impertinência, de habitantes resolutos de uma metrópole do Terceiro Mundo, como um dos organizadores, o professor Willi Bolle, sempre ressaltava. O simpósio *perguntava* a Benjamin sobre modernidade, cidades, cotidiano, fim da história, mercadorias e obras de arte, na esperança de que o pensamento inquieto e inconcluso desse marxista não ortodoxo pudesse ajudar a encontrar novos caminhos na selva das grandes cidades globalizadas. Tal esperança

1. Gunter Karl Pressler, *Benjamin, Brasil*. São Paulo: Annablume, 2006.

não tinha a ver somente com o sucesso crescente, no Brasil, do pensamento de Benjamin, que começava a ser traduzido e estudado de maneira mais sistemática. Essa esperança também era fruto de uma conjuntura política e histórica muito específica marcada, em 1989, pela derrubada do muro de Berlim e pelas primeiras eleições livres para presidente no Brasil, após a ditadura.

Ora, como estamos hoje? Essa questão é necessária porque ninguém como Benjamin insistiu tanto no *presente do historiador* quando escreve sobre determinado assunto. Isto é, não podemos simplesmente falar sem mais sobre a problemática da "estética e da experiência histórica" em Benjamin. Devemos refletir a respeito de nosso interesse *de hoje*, nesse autor, sobre as questões presentes que orientam nossa leitura. Portanto, devemos refletir sobre o que poderíamos perguntar *hoje* a Benjamin ou, eventualmente, se não teríamos mais nada a perguntar, porque essa relação viva e impertinente dos anos 1990 se transformou numa relação de erudição e de respeito. O volume de publicações sobre Walter Benjamin aumentou consideravelmente, tanto na academia quanto em citações esparsas em revistas e jornais. Um certo patamar de pesquisa foi atingido em dissertações e teses sobre o autor. O *Stand der Forschung* (estado da pesquisa) melhorou. Na teoria literária, nos estudos de literatura alemã, na sociologia, na história e na filosofia jovens pesquisadores continuam a se debruçar sobre a obra de Walter Benjamin, em particular sobre os textos de juventude, nem sempre traduzidos. Acompanham assim a tendência internacional da filologia e da filosofia. Walter Benjamin se tornou um clássico, mesmo que os filósofos ainda torçam um pouco o nariz diante de sua falta de sistematicidade.

Na atual conjuntura político-histórica, o que perguntaríamos para Benjamin? Será que ainda temos realmente algo a lhe perguntar? A repetição desta pergunta é necessária diante da seguinte constatação: se hoje há mais saber rigoroso sobre o autor, em compensação há muito menos esperança no ar. Talvez por isso, Benjamin tenha se tornado sobretudo um objeto de comentários, ensaios e teses, não é mais esse sujeito vivo, esquisito e fascinante, a quem perguntávamos algo de maneira ingênua e direta.

O presente artigo tratará de uma questão que provém, ao mesmo tempo, dessa lassidão político-histórica que estamos vivendo e dessa abundância de trabalhos sobre Benjamin. Em tal clima de saturação cabe retomar uma questão muito presente nos escritos desses pensadores de esquerda dos anos 1930 e 1940 na Europa, em particular na Alemanha, como, por exemplo, em Bloch, claro, mas também em Brecht, Lukács, Marcuse e mesmo Adorno. De maneira polêmica, pode-se perguntar: como não transformar Benjamin em mais uma mercadoria cultural, aliás uma mercadoria especialmente "glamourosa"? Como não fazer de seus livros novos fetiches de um certo liberalismo de esquerda? Como não transformar sua obra cintilante e sua vida trágica em mais um "bem cultural" (*Kulturgut*), expressão cujo acento bancário e mercadológico ele sempre realçou? Em termos mais gerais, trata-se de saber se e como seria possível uma relação com a cultura que não consista em mera acumulação, em "monstruosa coleção de mercadorias", como Marx descrevia nossa sociedade atual no primeiro volume de *O capital*. Que essas mercadorias sejam produtos de beleza, vários tipos de cerveja ou, então, discos de música erudita ou de MPB, ou mesmo belos livros de Walter

Benjamin, isso não muda fundamentalmente nada no seu estatuto de mercadorias. E não garante, em particular, aquilo que pode ser mais uma etiqueta perigosa destinada a aumentar seu preço, aquilo que é tido como a "atualidade" de um pensador ou de uma obra.

Defendo, portanto, outra possibilidade de relação com a cultura, uma relação muito mais vital, feita ao mesmo tempo de polêmica e gratuidade, uma relação que se baseia na esperança, comum a todos esses pensadores, em particular a Walter Benjamin, de que as obras da cultura humana possam ser não só produtos de sucesso e de venda, mas também, e em especial, sinais extemporâneos (*unzeitgemäss*), diria Nietzsche, e, por isso, antecipatórios, diria Bloch, de outra vida e outro tempo. Para tentar pensar melhor essa outra relação com a cultura, essa relação claramente política e subversiva, proponho retomar alguns conceitos-chave da reflexão de Walter Benjamin que percebeu, com acuidade ímpar, que a problemática da transformação dos produtos culturais em mercadorias significava também uma transformação da relação do presente com os usos e desusos do passado, notadamente daquilo que o passado lhe legara como obra de cultura.

Nessa sua reflexão crítica, Walter Benjamin desenvolveu alguns conceitos-chave, expostos a seguir. São os conceitos de presentificação, atualidade e apologia; os de "herança" cultural tanto nos debates da esquerda da época como na discussão com o historicismo; os de tradição e transmissão; enfim, os de decadência e progresso.

PRESENTIFICAÇÃO, ATUALIDADE, APOLOGIA

Já num pequeno texto crítico de 1931, intitulado "História literária e ciência da literatura",[2] Benjamin polemiza contra a "hidra da estética escolar com suas sete cabeças: criatividade, empatia, intemporalidade, recriação, vivência compartilhada, ilusão e gozo artístico",[3] e contra o "falso universalismo do método da história cultural".[4] Esse conceito "museal de cultura", como se a cultura se exaurisse numa infinita coleção de tesouros do passado, apaga a "tensão" entre "presente e passado",[5] portanto a distância e a descontinuidade entre eles. Contra essa imagem de uma acumulação contínua de bens culturais, Benjamin reivindica uma dupla historicidade: filológica primeiro, isto é, na esteira dos irmãos Grimm, "nunca considerar os teores materiais (*Sachgehalte*) independentemente das palavras que os exprimem",[6]

2. Walter Benjamin, "Literaturgeschichte und Literaturwissenschaft". *Gesammelte Schriften*, v. III, Frankfurt am Main: Suhrkamp, 1974, pp. 284-90. A partir de agora citadas como GS e o volume correspondente.

3. Id., ibid., p. 286. "*In diesem Sumpfe ist die Hydra der Schulästhetik mit ihrem sieben Köpfen: Schöpfertum, Einfühlung, Zeitentbundenheit, Nachschöpfung, Miterleben, Illusion und Kunstgenuss zu Hause*" [a partir de agora, todas as citações são traduzidas por Jeanne-Marie Gagnebin, quando não explicitado de outra maneira].

4. Id., ibid., p. 285: "*Was sich hier vorbereitet, ist der falsche Universalismus der kulturhistorischen Methode*".

5. Id., ibid., p. 288.

6. Id., ibid., p. 289: "*die Sachgehalte nie ausserhalb des Wortes zu fassen*". A distinção entre "*Sachgehalt*" e "*Wahrheitsgehalt*", assim como a defesa do método filológico, remetem ao texto de juventude de Walter Benjamin sobre *As afinidades eletivas* de Goethe.

não postular sentimentos, valores, princípios, em suma, conteúdos eternos, mas sempre diferenciar historicamente como algo determinado se diz e como depois, *ao ser dito de outra maneira*, esse "algo" não é mais o mesmo. Em segundo lugar, uma historicidade mais epistemológica, uma historicidade da enunciação, isto é, uma reflexão sobre o lugar e o tempo do historiador presente e sobre sua relação com o tempo e o lugar do seu "objeto": "Não se trata, pois, de apresentar as obras literárias no contexto do seu tempo, mas de dar a ver no tempo no qual nasceram, o tempo que as conhece – isto é, o nosso".[7]

Essa última formulação sobre a necessária reflexão a respeito da historicidade do conhecimento, da historicidade do momento presente daquele que se põe a pesquisar e conhecer um momento determinado do passado, vai voltar muitas vezes nas observações posteriores de Benjamin, em particular no caderno N do livro das *Passagens*, nas suas anotações sobre a "imagem dialética" e sobre o "agora de cognoscibilidade".[8] Benjamin não recusa uma contextualização mais ampla do tempo no qual as obras são inseridas; mas essa contextualização, comum tanto ao método do historicismo clássico (que tenta saber tudo da época na qual nasce uma obra ou se produz um determinado acontecimento) como ao método marxista trivial (que comprende a

7. Id., ibid., p. 290: "*Denn es handelt sich ja nicht darum, die Werke des Schrifttums im Zusammenhang ihrer Zeit darzustellen, sondern in der Zeit, da sie entstanden, die Zeit, die sie erkennt – das ist die unsere – zur Darstellung zu bringen.*"
8. Walter Benjamin, *Passagens*. Willi Bolle e Olgária Matos (orgs.), Belo Horizonte: Editora UFMG; São Paulo: Imprensa Oficial, 2006.

produção de uma obra ou de um acontecimento a partir de suas determinações temporais) não é suficiente para entender aquilo que ele chama de "índice histórico"[9] das imagens e das obras. Deve ser construído um segundo contexto histórico, menos uma descrição tranquila e erudita de uma certa época e muito mais uma confrontação entre presente e passado, um questionamento não tanto sobre "aquilo que o passado teria ainda a nos dizer" (será que realmente sempre tem algo a nos dizer?), mas muito mais sobre o porquê do interesse do presente por eventos específicos do passado; esse interesse que pode até consistir na configuração de uma estratégia de fuga socialmente valorizada (erudição, objetividade do pesquisador acadêmico) bem longe dos conflitos atuais.

Benjamin distingue dois conceitos de "atualidade" no decorrer de sua reflexão, em particular na sua última reflexão sobre a possibilidade de uma escrita crítica e revolucionária da história. O primeiro conceito, o de *Vergegenwärtigung* ou, literalmente, de "presentificação", é aquele mais raso de atualidade, usado quando, por exemplo, tentamos demonstrar aos alunos que vale a pena, sim, ler Platão, porque ainda haveria coisas "atuais" nesse velho pensador. Trata-se de uma concepção rasa porque parte de uma imagem acrítica do presente para procurar no passado algo que se assemelhe, mesmo de longe, às preocupações desse presente insosso. Por isso, não raro figuras e valores muito vagos e amplos são encontrados e exibidos como "ainda ou sempre atuais" apesar de sua roupagem caduca. Em vez de ressaltar as *diferenças* entre

9. Id., ibid.

passado e presente, diferenças essas que permitiriam colocar em questão o narcisismo epistemológico do presente, esses valores altos sempre atuais são designados como valores eternos que fortalecem as certezas da cultura dominante. A "presentificação" obedece a uma concepção de cultura como "inventário", diz com força Benjamin: "O inventário do butim que os vencedores pegaram dos seus adversários vencidos e que expõem à vista não pode ser considerado senão de maneira crítica pelo historiador materialista. Esse inventário é chamado de cultura".[10] A cultura como "inventário" , inventário de "bens culturais" justamente, garante o valor intemporal das obras que a tradição dominante erige como canônicas, mas, ao mesmo tempo e de forma paradoxal, as declara como espólio de um morto, esse passado embalsamado e engavetado. O atual é sinônimo de intemporal.

Esse tipo de atualização/presentificação aparenta-se, segundo Benjamin, ao discurso histórico edificante e apologético que confirma a continuidade da dominação. Antes de Michel Foucault e dos historiadores da descontinuidade, Benjamin denuncia as construções historiográficas habituais que, sob a aparência da coerência, cuidam de apagar as dúvidas possíveis na transmissão da história e mesmo de silenciar os abismos irredutíveis do acontecido. Essa operação "tapa-buraco" não é necessariamente intencional; como tampouco é privilégio só

10. Id., *Gesammelte Schriften*. Frankfurt am Main: Suhrkamp, 1974, p. 1248. "*Das Inventar der Beute, das sie (die Herrschenden) von den Geschlagenen zur Schau stellen, wird vom historischen Materialisten nicht anders als kritisch betrachter werden. Dieses Inventar wird Kultur genannt.*"

da história dita burguesa, mas pode caracterizar também uma historiografia dita de esquerda. Assim as pirâmides do Egito preparariam os templos gregos e os monumentos da República romana, esses, por sua vez, prefigurando os edifícios oficiais do Estado democrático moderno; assim também os mortos da Comuna de Paris encontrariam sua redenção e vingança na vitória do proletariado russo que deveria servir de modelo a outras revoluções ditas socialistas. Dessa maneira, a narração da história cumpre uma função precisa: encobrir os "momentos revolucionários do curso da história", isto é, os momentos nos quais a história poderia ter sido outra e não poderia mais caber numa narrativa lisa e coerente. "Escapam" assim, escreve Benjamin, "os lugares nos quais a transmissão se interrompe e, com isso, suas asperezas e suas arestas que oferecem uma escora àquele que quer ir além dela."[11]

Em oposição à concepção achatada e trivial de "atualidade" como presentificação, isto é, como repetição de um valor eterno do passado no presente, concepção apologética e repetitiva, Benjamin forja um conceito intensivo de atualidade (*Aktualität*) que retoma a outra vertente semântica da palavra, ou vir a ser ato (*Akt*) de uma potência. Essa atualidade plena designa muito mais a ressurgência intempestiva de um elemento enco-

11. Id., ibid., p. 592: "*Die Würdigung oder Apologie ist bestrebt, die revolutionären Momente des Geschichtsverlaufes zu überdecken. Ihr liegt die Herstellung einer Kontinuität am Herzen. Sie legt nur auf diejenigen Elemente des Werkes wert, die schon in seine Nachwirkung eingegangen sind. Ihr entgehen die Stellen, an denen die Überlieferung abbricht und damit ihre Schroffen und Zacken, die dem einen Halt bieten, der über sie hinausgelangen will.*"

berto, esquecido dirá Proust, recalcado dirá Freud, do passado no presente. O que também pressupõe que o presente esteja apto, disponível para acolher esse ressurgir, reinterpretar a si mesmo e reinterpretar a narrativa de sua história à luz súbita e inabitual desse emergir. Se essa concepção lembra as reflexões do narrador de *Em busca do tempo perdido* e do fundador da psicanálise, é porque Proust e Freud são, para Benjamin, dois grandes modelos de uma outra relação com a memória: a temporalidade do passado não se reduz mais ao espaço indiferente de uma anterioridade que precede o presente na linha monótona da cronologia; ao contrário, momentos esquecidos do passado e momentos imprevisíveis do presente, justamente porque são separados, portanto *distantes*, interpelam-se mutuamente numa imagem mnêmica que cria uma nova intensidade temporal. Em oposição à representação de uma linearidade contínua e ininterrupta do tempo histórico, representação cuja relevância ideológica para a manutenção do existente realçamos, essa concepção disruptiva e intensiva de "atualidade" põe em questão a narração dominante da história, isto é, a compreensão de um passado cujo sentido pode revelar-se outro, e a autocompreensão de um presente que poderia ser diferente.

Ecoam aqui certamente as vituperações de Nietzsche contra a ciência acomodada de seus colegas filólogos da Basileia, e sua reivindicação de uma produtiva e provocativa "não conformidade ao tempo" (*Unzeitgemässheit*). Suas famosas declarações no fim do prefácio à *Segunda consideração extemporânea* ilustram a situação: "...pois não sei qual sentido a filologia clássica poderia ter hoje, afora o de exercer uma influência intempestiva/extemporânea/não conforme ao tempo (*unzeitgemäss*), isto é, agir contra o tempo, portanto sobre o tempo e, esperemos, em prol de um tempo por vir".[12]

O gesto provocativo de Nietzsche consiste em reivindicar um anacronismo fecundo como instrumento de trabalho sobre as evidências do tempo presente. Podemos observar aqui que a categoria do anacronismo será retomada por vários historiadores contemporâneos, nesse sentido de provocação preciosa.[13] O texto de Nietzsche, citado várias vezes por Benjamin, notadamente na epígrafe da tese XII "Sobre o conceito de história", é uma primeira crítica filosófica contundente aos pressupostos e aos ideais do historicismo, essa escola historiográfica alemã caracterizada por sua erudição infinita e cansativa. Cansativa porque o ideal de "história universal" do historicismo é regido por um impulso acrítico de acumulação, como se a humanidade devesse se lembrar de tudo e tudo armazenar: tarefa que encontra na sua própria impossibilidade a razão de sua perpetuação. Essa concepção acumulativa da história reforça uma concepção da cultura como *posse*, posse e exibição de todos os assim chamados "tesouros" do passado, silenciando várias perguntas essenciais. Qual foi o "custo" (não só econômico, mas social) desse tesouro?

12. Friedrich Nietzsche, *Zweite Unzeitgemässe Betrachtung*, Kritische Studienausgabe, v. 1, p. 247: "*... denn ich wüsste nicht, was die classische Philologie in unserer Zeit für einen Sinn hätte, wenn nicht den, in ihr unzeitgemäss – das heisst gegen die Zeit und dadurch auf die Zeit und hoffentlich zu Gunsten einer kommenden Zeit – zu wirken.*"

13. Por exemplo, Georges Didi-Huberman, "L'anachronisme fabrique l'histoire: sur l'inactualité de Carl Einstein", *Études Germaniques*, jan./mar., 1998.

Como nos foi transmitido? Quem decidiu por sua conservação e pela não conservação de outros produtos culturais? Enfim, em prol de que "tempo por vir" devemos cuidar dessa obra?

Tentarei resumir agora o que seria a verdadeira "atualidade" de uma obra ou de um acontecimento do passado, segundo Benjamin. Na trilha de Nietzsche, Freud e Proust, isto é, de três pensadores que têm outra relação com o tempo e a memória, uma relação que não se esgota nem na cronologia linear nem na posse de bens, o atual não confirma as certezas do hoje, mas, pelo contrário, as faz desmoronar por uma ressurgência intensiva e repentina que muda a narrativa que tecemos da história, portanto a compreensão que temos do passado e do presente, e também das possibilidades de futuro. O "atual", nesse sentido enfático, entra em choque, em confronto positivo com a imagem tácita do presente e da história, instaurando a possibilidade de outro porvir.

HERANÇA, TRADIÇÃO, TRANSMISSÃO

Essas reflexões críticas sobre o conceito de "atualidade" revelam outro grupo polêmico de categorias, o de herança (*Erbe*), tradição (*Tradition*) e transmissão (*Überlieferung*). Pode parecer, até agora, que a discussão do conceito de atualidade por Benjamin era antes de mais nada uma confrontação com a filosofia tradicional da história e da cultura, aquilo que ele chama de historiografia burguesa e que ele detecta em particular na escola alemã do historicismo. Sem dúvida, esse aspecto é essencial. Mas ele não pode nos fazer esquecer outro interlocutor, tão importante quanto: o debate da esquerda contemporânea de Walter Benjamin sobre a significação da cultura burguesa para os movimentos socialistas e/ou comunistas.

Esse debate se cristaliza em redor de uma palavra-chave: *Erbe* (herança), palavra que volta no sinônimo usado por Ernst Bloch no título do seu livro de 1934, *Erbschaft dieser Zeit* (A herança deste tempo), cujo "idealismo" Georg Lukács deverá, mais tarde, criticar. A questão da "herança" volta de maneira mais virulenta ainda no famoso debate sobre o expressionismo (a palavra está no título da coletânea de comentários e de documentos que Carlos Eduardo Jordão Machado publicou no Brasil em 1996),[14] em particular na confrontação entre Lukács, que defende a retomada da grande herança clássica, daquilo que ele chama de realismo crítico em oposição às vanguardas (nomes emblemáticos: Goethe e Thomas Mann contra Gottfried Benn e também Kafka) e entre Bertolt Brecht, que, como diz numa formulação famosa, prefere estabelecer uma ligação, um laço, "não com o bom antigo, mas com o novo ruim,"[15] isto é, partir não de um ideal do passado mas da realidade presente.

Num pequeno diálogo imaginário de 1938, intitulado *Die Kunst zu erben* ("A arte de herdar" numa tradução livre)[16], Ernst Bloch e Hanns Eisler respondem aos juízos aniquiladores de

14. Carlos Eduardo Jordão Machado, *Um capítulo da história da modernidade estética: debate sobre o expressionismo*. São Paulo: Editora da Unesp, 1996.
15. "*Es wird nicht angeknüpft an das gute Alte, sondern an das schlechte Neue*", Bertolt Brecht, "Die Essays von Georg Lukács", in *Marxismus und Literatur*, ed. por Fritz J. Raddatz, Hamburgo: Rohwolt, 1974, v. II, p. 88.
16. Carlos Eduardo Jordão Machado (p. 233) prefere traduzir "a arte e sua herança", o que parece prestar à confusão.

Lukács sobre as obras de arte modernas e contemporâneas como expressões "da podridão da sociedade capitalista decadente"[17] e colocam a questão de fundo sobre a herança cultural, a saber, como um movimento socialista pode ou não se aproveitar das obras do passado, como "os grandes artistas e pensadores são chamados a testemunhar em favor da nossa causa."[18] A última frase do panfleto cabe ao "amigo da arte", personagem de Ernst Bloch, e vale a pena ser citada integralmente:

> Sem uma contemporaneidade viva e dialeticamente desperta, o passado cultural também cristaliza, transformando-se num grande armazém de mercadoria cultural onde se vão buscar receitas abstratas. Decisiva é, ainda e sempre, a relação recíproca entre a análise crítica do presente e, por meio dela, a possibilidade de uma apropriação produtiva da herança do passado.[19]

Essa sentença de Ernst Bloch soa, por assim dizer, quase benjaminianamente, porque reafirma de maneira enérgica a necessidade de uma relação viva entre a "análise crítica do presente" e a "possibilidade de uma reapropriação... do passado". Em várias cartas, notadamente a Gershom Scholem, o próprio Benjamin suspeita que Ernst Bloch se apropriou das melhores ideias publicadas em *A herança deste tempo*; tanto que as relações entre ambos os pensadores esfriam a partir de então. Agora, o que nos interessa aqui

17. Id., ibid.
18. Id., ibid.
19. Tradução de Carlos Eduardo Jordão Machado, op. cit., p. 238.

é ressaltar uma vertente mais radical no pensamento de Benjamin. Com efeito, mesmo que Bloch fale do perigo de tornar o passado cultural semelhante a um "grande armazém de mercadoria cultural", ele não desenvolve essa crítica da relação muitas vezes reificada e reificante que a esquerda mantém com a cultura. Ora, em 1937, Benjamin publica um ensaio, encomendado por Adorno e Horkheimer para a *Revista de Pesquisa Social*, sobre Eduard Fuchs, historiador e colecionador próximo da social democracia alemã, na época também exilado em Paris. Sem entrar nos detalhes desse longo texto, infelizmente ainda não traduzido para o português, dois pontos merecem destaque: primeiro, o ensaio antecipa muitas das afirmações mais contundentes das teses "Sobre o conceito de história", escritas três anos mais tarde e último texto redigido por Benjamin antes de sua morte. Em particular, a famosa afirmação da tese VII, segundo a qual os documentos da cultura também são documentos da barbárie e devem sua origem não só aos grandes gênios, mas também à "corveia sem nome dos seus contemporâneos", se encontra pela primeira vez no ensaio sobre Fuchs. Segundo ponto a ser observado: mais que as "teses", o ensaio se atém detalhadamente à concepção da cultura do "materialismo histórico" ortodoxo como uma acumulação de "bens", cuja posse bem entendida deveria ajudar na luta do proletariado ou na "nossa causa", como dizia Bloch.

Essa tese é defendida por Lukács para justificar a predominância do romance clássico, emblema do realismo crítico burguês, em detrimento das tentativas deficientes (segundo Lukács) das vanguardas contemporâneas, incapazes de oferecer uma visão totalizante e crítica do mundo, portanto fadadas ao desespero. À sua maneira, então, Benjamin participa desse debate sobre o valor da "herança", mas desloca seus termos de uma maneira radical, porque questiona a própria concepção de "herança" como uma relação de proprietário com seus bens de família, a citada imagem da cultura como inventário, pressupondo uma naturalidade das relações de posse e de propriedade característica da burguesia triunfante. Em outros termos: não se trata de saber quais bens culturais vão ser escolhidos para pertencer à herança útil ao socialismo, mas, muito mais fundamentalmente, de questionar essa relação tranquila de posse e propriedade dos bens culturais.

A reflexão crítica de Benjamin não se baseia num vago anarquismo que deseja destruir a propriedade privada. Ela tem raízes mais fundas. Em 1934, quando seus companheiros de esquerda discutiam sobre herança e apropriação, Benjamin publicava seu grande ensaio sobre Kafka. A lembrança dessa coincidência é importante porque se há alguém na literatura que tematizou o fim da sucessão tranquila de proprietários patriarcais a herdeiros filiais, foi Franz Kafka. Para além da problemática edípica, sem dúvida presente em seus textos, Kafka tematiza um mal-estar contemporâneo amplo e socialmente essencial, a dificuldade de transmitir a tradição, a impossibilidade de poder ainda dar conselhos, de poder transmitir valores e sabedoria de uma geração para a seguinte, como se passava um anel de geração em geração, segundo a bela metáfora de Benjamin.[20] "A obra de

20. No texto "Experiência e Pobreza" *Obras escolhidas*, vol. I. São Paulo: Brasiliense, 1987, 3ª ed., p. 144.

Kafka", diz ainda Benjamin, representa "uma doença da tradição,"[21] mas essa doença é coletiva, mesmo que muitas vezes disfarçada sob apelos bem intencionados a valores éticos ou, mercadologicamente, sob a ênfase dos livros de "autoajuda" (nome, aliás, instigante, já que ninguém pode mais ajudar a ninguém).

As razões dessa doença não jazem na má vontade privada dos indivíduos, mas num desenvolvimento do capitalismo que se caracteriza por uma aceleração ímpar da técnica, agora promovida à racionalidade dominante (o que acarreta a impossibilidade de elaboração tranquila dessas mudanças pelas pessoas comuns) e por um isolamento crescente dos indivíduos no seio de uma multidão anônima e apressada. Essas transformações, objeto de estudo de vários pensadores sociais desde o fim do século XIX, a começar por Georg Simmel e Max Weber, não contradizem necessariamente uma análise marxista em termos de luta de classes, mas obrigam a uma diferenciação muito mais fina, em particular a uma relativização, mais do que isso, a um questionamento radical de uma filosofia da história otimista que pressupõe a marcha necessária da humanidade em direção a um futuro glorioso, uma sociedade sem exploração. A experiência da Primeira Guerra revelou o lado sombrio e ameaçador da doutrina iluminista do progresso – que alguns (não todos) marxistas insistem em manter como fundamento inabalável da história universal: a saber, que o progresso dito técnico, nas condições do capitalismo e do imperialismo triunfantes, termine por destruir seus inventores desprevenidos.

21. Carta a Gerschom Scholem, em 12 de junho de 1938.

Na crítica de Walter Benjamin à ideologia de esquerda do progresso, sob sua forma social-democrata ou da vertente do comunismo da Terceira Internacional, a falta de reflexão crítica sobre as potencialidades e os perigos da técnica, bem como a falta de reflexão crítica sobre a produção e a transmissão daquilo que uma sociedade chama de cultura desaguam, ambas, numa apreensão perigosamente ingênua tanto das assim chamadas "façanhas" da técnica quanto dos assim chamados "bens culturais": em ambos os casos esquece-se de sua estrutura de mercadorias, isto é, de objetos produzidos não para a emancipação do homem, mas para sua exploração e a produção de mais-valia. O que não quer dizer, como demonstrado a seguir, que as obras de arte devam ser reduzidas única e exaustivamente a isso. Assim, no ensaio sobre Eduard Fuchs, Benjamin denuncia o positivismo latente da social-democracia do século XIX, positivismo que a condena a uma "recepção infeliz da técnica", não conseguindo enxergar que "nessa sociedade, a técnica somente serve à produção de mercadorias,"[22] erro fatal de avaliação que levou tantos pensadores socialistas a confundir o progresso da indústria com o progresso *tout court*. E, duas páginas depois, Benjamin detecta a mesma incapacidade, tão comum na esquerda de sua época, em conceber a cultura como um "inventário que a humanidade constituiu para si até hoje,"[23] um acúmulo de "bens culturais" nos quais o militante socialista somente deveria escolher aque-

22. Walter Benjamin, "Eduard Fuchs, der Sammler und der Historiker" in *Gesammelte Schriften*. Frankfurt am Main: Suhrkamp, 1974, p. 471.
23. Id., p. 476.

les que servem ou não à sua luta, como se separa os objetos que se quer conservar como herança daqueles que podem ser jogados fora no espólio de um morto. Ora, diz Benjamin, essa concepção padece da mesma cegueira desastrosa que consiste em tomar os produtos da atividade humana como "coisas" imutáveis e definitivas, em reificá-las, gesto que transforma o materialismo em metáfísica barata. A esse materialismo trivial, Benjamin opõe a atitude de desconstrução do verdadeiro "materialismo histórico", como continua a chamá-lo.

> Se, para o materialismo histórico, o conceito de cultura é um conceito problemático, sua decomposição em um conjunto de bens que seriam para a humanidade objeto de propriedade, essa é uma representação que ele não pode assumir. A seus olhos, a obra do passado não é acabada. Ele não pode considerar nenhuma obra, em nenhuma parte, como cabendo para uma época enquanto disponível sem mais. Como um conjunto de formações consideradas independentemente, senão do processo de produção, do qual nasceram, mas no entanto do processo, no qual elas perduram, o conceito de cultura tem um aspecto fetichista. A cultura aparece aí reificada. Sua história não seria nada afora a sedimentação formada por coisas memoráveis que se acumularam na consciência dos homens sem nenhuma experiência autêntica, isto é, política.[24]

24. Id., p. 477: "*Ist der Begriff der Kultur für den historischen Materialismus ein problematischer, so ist ihr Zerfall in Güter, die der Menschheit ein Objekt des Besitzes würden, ihm eine unvorstellbare Vorstellung. Da Werk der Vergangenheit ist ihm nicht abgeschlossen. Keiner Epoche sieht er es dinghaft, handlich in den*

Essas afirmações de Benjamin suscitam várias observações que nos encaminham à conclusão.

Em primeiro lugar, Benjamin denuncia uma concepção, comum tanto ao historicismo quanto a uma certa historiografia de esquerda, da cultura como um conjunto de bens armazenados nos aposentos da memória humana universal. Que a história burguesa chame a esse conjunto de "tradição" (*Tradition*) e a história de esquerda de "herança" (*Erbe*), como o anotava Ernst Bloch,[25] não muda fundamentalmente nada na visão de proprietário que contabiliza os bens culturais de que dispõe, como se contabiliza seus investimentos bancários ou, no caso da esquerda, seus instrumentos de luta. Em ambos os casos, as obras culturais são consideradas objetos definidos e imutáveis, cuja posse pode servir a objetivos diferentes, certamente, mas sempre como coisas acabadas a serviço do proprietário. Os usos podem ser diferentes, a estrutura de uso e de propriedade é a mesma.

Em segundo lugar, acrescenta Benjamin, se o pensamento de esquerda permanece preso a essa concepção reificante e fetichista da cultura, reproduzindo em sua reflexão cultural o fetichismo da mercadoria que denuncia em sua crítica da economia capitalista, é porque continua preso a uma concepção subs-

Schoss fallen, und an keinem Teil. Als ein Inbegriff von Gebilden, die unabhängig, wenn nicht von dem Produktionsprozess, in dem sie entstanden, so doch von dem, in welchem sie überdauern, betrachtet werden, trägt der Begriff der Kultur ihm einen fetischistischen Zug. Sie erscheint verdinglicht. Ihre Geschichte wäre nichts als der Bodensatz, den durch keinerlei echte, d.i. politische Erfahrung im Bewusstsein der Menschen aufgestöberten Denkwürdigkeiten gebildet haben."

25. No pequeno diálogo "A arte de herdar", in C. E. Jordão Machado, op. cit., p. 234.

tancialista, disfarçada de materialista, tanto do tempo histórico quanto das obras. Contenta-se em analisar o processo de *produção* das obras, isto é, sua inserção em determinado contexto temporal que permite esclarecer boa parte de sua especificidade. Mas se esquece de outro "índice histórico" que, como foi apontado no início deste artigo, caracteriza o confronto entre tempo presente e tempo passado, entre a obra e sua *transmissão*.

Benjamin introduz aqui um conceito-chave, o de *Überlieferung*, palavra que também pode ser traduzida como "tradição", mas que sugere-se restituir de maneira mais literal como "transmissão", ressaltando assim o processo histórico concreto, material, de desistências, perseverança, lutas e violência que transporta ou não, leva ou não, transmite ou não um acontecimento ou uma obra do passado até nosso presente. Benjamin retoma a reflexão crítica do romantismo alemão de Iena (ao qual tinha consagrado sua tese de doutorado), esse grande momento do idealismo especulativo, para solapar as trivialidades do materialismo vulgar. Fazem parte de uma obra de arte segundo Schlegel, não só sua feitura em determinado momento temporal, mas também sua recepção, suas críticas, traduções, adaptações porque não se pode separar, senão de maneira abstrata, a obra "em si" de sua vida "para nós". Traduzindo em termos mais materialistas, Benjamin afirma que nenhuma obra nos chega de maneira neutra como se a "tradição" histórica fosse um mero depósito de produtos prontos, que esperam imóveis nas gavetas empilhadas do tempo.

A obra é transmitida até nosso presente, ou então deixada de lado, negligenciada, recusada ou esquecida num processo nem sempre consciente – porém isso pouco importa – de formação e aceitação de uma tradição histórica, processo nada tranquilo de lutas histórico-políticas que levam, por exemplo, à formação de um cânone e à exclusão de vários autores ou várias obras dessa tradição canônica. E essa transmissão faz parte da história da obra que não é, portanto, uma coisa finita e morta, mas que – tal um organismo vivo, diriam os românticos de Iena – cresce e se transforma ou perece e encolhe, podendo até desaparecer da memória dos homens. Assim, uma análise histórico-materialista não pode se contentar com a análise do processo de produção da obra, mas deve igualmente considerar como tal obra ou tal acontecimento foi interpretado e retomado e como nos chegou por meio dessa interpretação, e não de maneira imediata e direta. Assim, uma análise histórico-materialista não pode se contentar em separar o joio do trigo, os autores ditos progressistas dos ditos reacionários, pois esses rótulos também foram afixados por sujeitos históricos nada imparciais. "É, pois, uma ilusão do marxismo vulgar, querer determinar a função social seja de um produto material, seja de um produto espiritual, fazendo abstração das circunstâncias e dos portadores de sua transmissão,"[26] declara Benjamin em suas anotações aos ensaios sobre Baudelaire, poeta tido até então como um representante reacionário do esteticismo da corrente da arte pela arte.

26. Walter Benjamin. *Gesammelte Schriften*. Frankfurt am Main: Suhrkamp, 1974, p. 1161. "*Denn es ist eine vulgärmarxistische Illusion, die gesellschaftliche Funktion sei es eienes materiellen Produkts, sei es eines geistigen unter Absehung von den Umständen und den Trägern seiner Überlieferung bestimmen zu können.*"

Para concluir, é interessante retomar uma pequena frase do ensaio sobre Eduard Fuchs. Escreve Benjamin: "A seus olhos [isto é, aos olhos do verdadeiro materialismo histórico] a obra do passado não é acabada", ou, em alemão: "*Das Werk der Vergangenheit ist ihm nicht abgeschlossen*". É possível interpretar essa frase de duas maneiras, a um só tempo diferentes e complementares: primeiro, as obras de arte que pertencem ao passado não se encerram em si mesmas, mas continuam a agir e viver na sua recepção e transmissão, como já afirmaram os românticos; e, em segundo lugar, lendo um genitivo subjetivo, o passado continua agindo, operando, no presente, ele não é um tempo definitivamente morto mas continua vivo, mesmo que encoberto, no presente. Essa frase caracteriza uma relação com o passado e as obras de arte que não é uma relação de posse e de acumulação, mas uma relação viva, ancorada em certa ética da transmissão. Cabe ao presente, em particular ao historiador de hoje, ficar atento àquilo que jaz nos acontecimentos e nas obras do passado como promessa ou protesto, como "confiança, como coragem, como humor, como astúcia, como tenacidade" enumera Benjamin na quarta tese "Sobre o conceito de história", como sinal ou balbucio de um outro porvir. Nesse sentido preciso, o historiador materialista de Benjamin desconstrói a imagem engessada da tradição e procura nas interferências do tempo, do passado e do presente, o sopro de outra história possível. O fragmento das *Passagens*, citado a seguir, serviu de mote a este artigo.

> Em toda obra de arte autêntica existe um lugar onde aquele que a penetra sente uma aragem como a brisa fresca de um amanhecer. Daí resulta que a arte, muitas vezes considerada refratária a

qualquer relação com o progresso, pode servir à sua verdadeira definição. O progresso não se situa na continuidade do tempo e sim em suas interferências, onde algo verdadeiramente novo se faz sentir pela primeira vez, com a sobriedade do amanhecer.[27]

27. "*In jedem wahren Kunstwerk gibgt es die Stelle, an der es den, der sich dareinversetzt, kühl wie der Wind einer kommenden Frühe anweht. Daraus ergibt sich, dass die Kunst, die man oft als refraktär gegen jede Beziehung zum Fortschritt ansah, dessen echter Bestimmung dienen kann. Fortschritt ist nicht in der Kontinuität des Zeitverlaufs sondern in seinen Interferenzen zu Hause: dort wo ein wahrhaft Neues zum ersten Mal mit der Nüchternheit der Frühe sich fühlbar macht.*" id., ibid., p. 593. [Trad. bras. Irene Aron, *Passagens*, Belo Horizonte: Editora UFMG, 2006, p. 516].

THEODOR ADORNO: A UNIDADE DE UMA EXPERIÊNCIA FILOSÓFICA PLURAL

VLADIMIR SAFATLE

Adorno tinha o hábito de anotar alguns de seus sonhos. Este é um deles, datado de 24 de janeiro de 1956.

> Ao final de um dia de esperança brutal e de profunda depressão: eu estava ao ar livre, sob um céu de escuridão indescritível e furiosamente carregado. Ele portava a expressão de uma catástrofe iminente. De repente, uma luz, como um relâmpago, aparece em um ponto e desaparece rapidamente abaixo ou acima das nuvens. Digo: é a tempestade, e alguém me confirma. Segue um longo barulho indescritível, mais próximo de uma explosão do que de um trovão; não acontece nada mais do que isso. Pergunto: é tudo? e isto também me foi confirmado. Ainda sob grande emoção, mas ao mesmo tempo tranquilizado, acordo. Estávamos no meio da noite. Retomei tranquilamente meu sono.[1]

À sua maneira, o sonho descreve algo de fundamental na experiência intelectual deste que é, sem dúvida, um dos filósofos mais

1. Protocolo do sonho de 24 de janeiro de 1956. Theodor Adorno, *Traumprotokolle*. Frankfurt am Main: Suhrkamp, 2005, pp. 66-67.

importantes do século XX. Gilles Deleuze tinha o hábito de afirmar que o verdadeiro pensamento era sempre solidário de um acontecimento que nos força a pensar, algo que tem a força de nos retirar do solo seguro do senso comum a fim de nos levar à confrontação com o que não se submete aos esquemas-categorias que colonizam nossa linguagem ordinária. Não seria difícil mostrar que essa concepção do pensar como resposta ao choque do acontecimento está na raiz da experiência intelectual adorniana.

Nesse sonho, há um choque, que aqui não deixa de se servir da figura romântica da potência colossal da natureza, força monumental capaz de colocar o pensar diante do que produz certa violência contra o poder esquematizador da imaginação. A contemplação da tempestade furiosa, portadora de escuridão indescritível e de um barulho longo, aterrador e sem forma, é uma figura privilegiada que encontramos quando Kant fala do sublime dinâmico da natureza. Força sublime que, ao ser contemplada de um ponto seguro, nos faz descobrir uma "potência de resistência" (*Vermögen zu widerstehen*) capaz de elevar as forças da alma (*Seelenstärke*) para além da onipotência aparente da natureza (*scheinbaren Allgewalt der Natur*).[2]

"Pergunto: é tudo?", diz Adorno; um pouco como quem diz: então posso me colocar diante de tal força sem me destruir?! Não deixa de ser desprovido de interesse lembrar aqui desta passagem da *Odisseia*, tão cara a Adorno, na qual Ulisses pede a seus marinheiros que o atem ao mastro de seu navio para que ele possa ouvir o canto das sereias sem com isso deixar-se afogar

2. Immanuel Kant, *Kritik der Urteilskraft*. Hamburgo: Felix Meiner, 2006, p. 28.

em busca da beleza. Como se o verdadeiro pensar fosse isto: uma aproximação arriscada com o que parece ter a força de nos destruir, de destruir uma certa imagem do que o homem é:

> As aventuras de que Ulisses sai vitorioso são todas elas perigosas seduções que desviam o eu da trajetória de sua lógica. Ele cede sempre a cada nova sedução, experimenta-a como um aprendiz incorrigível e até mesmo, às vezes, impelido por uma tola curiosidade, assim como um ator experimenta insaciavelmente os seus papéis. "Mas onde há perigo, cresce também a salvação": o saber em que consiste sua identidade e que lhe possibilita sobreviver tira sua substância da experiência de tudo aquilo que é múltiplo, que desvia, que dissolve, e o sobrevivente sábio é ao mesmo tempo aquele que se expõe mais audaciosamente à ameaça da morte, na qual se torna duro e forte para a vida.[3]

Digamos pois que vale para Adorno aquilo que ele mesmo escreveu sobre Ulisses: a verdadeira experiência (e que não poderia deixar de dizer respeito também a toda experiência *filosófica* verdadeira) é aquela do sobrevivente, desse que se expõe mais audaciosamente a alguma forma de ameaça. Experiência daquele que "ainda sob grande emoção, mas ao mesmo tempo tranquilizado" pode retomar seu sono porque sabe que este não será mais fundado sob o esforço obsessivo em tentar calar um saber a respeito do qual nos seria insuportável assumir.

3. Theodor Adorno & Max Horkheimer, *Dialética do esclarecimento*. Rio de Janeiro: Jorge Zahar, 1991, p. 56.

O SUJEITO COMO NOME DA QUESTÃO

Essas colocações iniciais podem ser úteis para balizar uma discussão sobre o sentido do que poderíamos chamar de "experiência intelectual" ou, mais propriamente, de "experiência filosófica" (*philosophischer Erfahrung*): termo que será objeto maior da introdução à *Dialética negativa*, talvez o livro mais importante de Adorno, juntamente com a *Teoria estética*. Para começar, uma experiência filosófica é a modulação incessante e rigorosa de uma única questão desdobrada em todas as suas consequências. Façamos nossa a afirmação de Deleuze: "Na verdade, uma teoria filosófica é uma questão desenvolvida e nada mais que isso: por ela mesma, nela mesma, ela consiste não em resolver um problema, mas em desenvolver *até o fim* as implicações necessárias de uma questão formulada".[4] Ou seja, cada filosofia é animada por uma forma *de questão capaz de gerar tanto uma série determinada de problemas* com uma dimensão de pressupostos tacitamente implícitos e não problematizados que fornece o campo de enunciação de uma problemática filosófica. Por trás de seus inumeráveis desenvolvimentos e escritos, um filósofo – no fim das contas – sempre trabalha uma só questão.

Essa questão, por sua vez, pode ser avaliada boa ou má, o que indica que é passível de qualificação. Podemos fornecer uma proposição provisória ao afirmar que uma questão filosófica será boa ou má quando mensurada ao conteúdo de verdade do acontecimento que a gera. Toda questão filosófica é necessariamente vinculada a um acontecimento histórico, ela é a

4. Gilles Deleuze, *Empirisme et subjectivité*, 6.ª ed. Paris: PUF, 1998, p. 118.

ressonância filosófica de um acontecimento. Assim, a filosofia cartesiana é solidária do impacto filosófico da física moderna. A filosofia hegeliana, por sua vez, pode ser vista como fruto das aspirações emancipadoras da Revolução Francesa. Mas e a filosofia adorniana? Qual é a questão e qual o acontecimento que geram tal filosofia?

Antes de responder a tais perguntas, vale a pena lembrar como o problema da unidade da experiência filosófica adorniana guarda dificuldades suplementares. Pois poucos foram os filósofos do século XX que se aplicaram de maneira tão sistemática em embaralhar os limites da filosofia como disciplina universitária. Uma rápida passada de olhos por seus *Gesammelte Schriften* [*Escritos reunidos*] indica uma configuração extremamente peculiar. De vinte volumes, oito tratam de estética musical, dois de crítica cultural e literatura, dois estritamente de sociologia. Esta aparente dispersão de interesse já foi objeto de várias tentativas de privilegiar certos momentos da experiência intelectual adorniana afirmando, por exemplo, que os textos filosóficos têm predominância em relação aos textos musicais, que a guinada sociológica teria permitido à Teoria Crítica instalar-se em um "para além da filosofia", entre outras interpretações inumeráveis.

De minha parte, gostaria de partilhar um postulado fundamental de leitura: uma verdadeira experiência filosófica é radicalmente una na multiplicidade de suas vozes. Nesse sentido, é absolutamente incorreto ler um filósofo da mesma maneira que um açougueiro olha para um boi, ou seja, pensando inicialmente em como separar as partes e quebrar as juntas. Devemos lê-lo respeitando a necessidade de todos os seus momentos, perguntando-se pelas articulações internas entre textos que parecem pertencer a áreas tão diversas entre si quanto podem ser, no caso de Adorno, a pesquisa social empírica, a estética musical, a reflexão sobre a tradição filosófica, a crítica literária, o estudo das mídias e a sociologia das ideias.

Isso nos coloca diante de uma questão de método da mais alta importância. Pois é possível que Adorno nos mostre como há certas questões em filosofia que só podem ser abordadas de maneira adequada a partir do momento em que somos capazes de forçar a sistematicidade do discurso filosófico, ou do momento em que obrigamos tal discurso a deparar-se continuamente com seus limites e misturar-se àquilo que lhe era aparentemente estranho. Essa atitude pode impedir a filosofia de se transformar naquilo que um dia Foucault chamou de "perpétua reduplicação de si mesma, em um comentário infinito de seus próprios textos e sem relação a exterioridade alguma."[5] Comentário infinito que nos levaria necessariamente à simples textualização de práticas discursivas. É dessa forma que devemos compreender afirmações maiores, como:

> Plenitude material e concreção dos problemas é algo que a filosofia só pode alcançar a partir do estado contemporâneo das ciências particulares. Por sua vez, a filosofia não poderia elevar-se acima das ciências particulares para tomar delas os resultados como algo pronto e meditar sobre eles a uma distância mais

5. Michel Foucault, *Dits et écrits*. Paris: Galimard Quarto, 1984, p. 1152.

> segura. Os problemas filosóficos se encontram continuamente e, em certo sentido, indissoluvelmente encerrados nas questões mais determinadas das ciências particulares.[6]

Tal atitude, por sua vez, ao confrontar filosofia e "ciências particulares" empíricas, é capaz de nos indicar que talvez existam objetos que só podem ser apreendidos na interseção entre práticas e elaborações conceituais absolutamente autônomas e com causalidades próprias. Os momentos mais importantes da história contemporânea da filosofia estão prenhes de tais estratégias. Por exemplo, quando Marx pensa o problema da produção da aparência, ele só pode pensá-lo ao construir um ponto de cruzamento entre a análise do processo de determinação social do valor das mercadorias no capitalismo e a reflexão lógica sobre a dialética entre essência e aparência a partir de Hegel. Essas duas séries de saberes são autônomas e irredutíveis, uma não depende nem é a "aplicação" da outra (o problema da determinação social do valor é da ordem da economia política e sua causalidade é economicamente determinada). Mas tais séries devem se cruzar para que determinado objeto possa ser apreendido. E elas devem se cruzar *no interior do texto filosófico*. Só a elaboração conceitual sobre a dialética essência/aparência ou só a análise econômica do problema do valor da forma-mercadoria não seriam capazes de apreender o "acontecimento" que está em jogo no pensamento de Marx.

6. Theodor Adorno, "Die Aktualität der Philosophie", in *Gesammelte Schriften I*, Digitale Bibliotheke, Band 97, 2000, p. 334.

O mesmo vale para Adorno. Ao iniciar sua vida como professor universitário, o jovem pensador proferiu, em 1931, uma aula magna que não deixava de começar de maneira sintomática:

> Quem escolhe atualmente por ofício o trabalho filosófico deve renunciar desde o começo a ilusão que inicialmente animava os projetos filosóficos: a de que seria possível apreender (*ergreifen*) a totalidade da realidade (*Wirklichen*) por meio da força do pensamento.[7]

Essa consciência, historicamente enraizada, do descompasso entre exigências de sistematicidade do pensamento e uma realidade que parece resistir à possibilidade de se deixar formalizar como totalidade é o motor que levará Adorno a constituir a configuração de sua própria experiência intelectual. Coloca-se, assim, a questão: o que deve ser uma filosofia que duvida da possibilidade de apreender a totalidade da realidade por meio da força do pensamento com seus esquemas categoriais de estruturação do campo da experiência? O que deve ser essa filosofia a não ser um movimento incessante de confrontação com a autonomia dispersiva dos campos empíricos e autônomos do saber e de retorno a si a partir do impacto de tal experiência? Uma filosofia que mede a todo momento a distância entre tais campos empíricos e o caráter constituinte da elaboração conceitual. Essa medida vai ao poucos configurando a sistematicidade do próprio texto filosófico, seja por meio da interferência constante de elaborações vindas das ciências empíricas na economia textual da reflexão filosófica, seja

7. Id., ibid., p. 325.

pela necessidade cada vez mais premente de se adotar no texto um estilo fragmentário, elíptico, como se girasse em torno de algo que só pode ser exposto por meio de suas resistências (daí o privilégio adorniano à forma ensaio e ao uso de aforismas). Um texto cujas categorias centrais serão forjadas exatamente para dar conta, para construir o nome próprio da resistência, às totalizações apressadas do pensamento, do que se oferece como real.

Nesse ponto, talvez já se possa dar uma resposta provisória ao problema relativo à questão central que baliza a experiência filosófica de Theodor Adorno. Pois este forneceu um nome para esse movimento no interior do qual o caráter constituinte da elaboração conceitual confronta-se com uma resistência que vem da reflexão empírica e tem o estatuto de algo real que afeta o pensamento: *sujeito*. Podemos mesmo dizer que, *do início até o fim, a filosofia adorniana não será outra coisa que uma complexa teoria do sujeito* que procura desdobrar suas consequências nos campos da reflexão sobre a teoria do conhecimento, a estética, a moral e a teoria social. Ou melhor, uma teoria do sujeito que só pode se configurar por meio das passagens da filosofia em direção a campos empíricos do saber. Não seria difícil mostrar que, nesse ponto, Adorno acaba por mostrar sua profunda solidariedade com a tradição dialética inaugurada por Hegel, já que sua filosofia também é, à sua forma, uma longa elaboração a respeito da reconstrução possível da categoria de sujeito. Uma construção que também exige a dispersão conceitual do fazer filosófico.

No entanto, uma colocação dessa natureza pode parecer estranha. Pois à pergunta sobre o que é o sujeito, a resposta oferecida, em geral, é: sujeito é uma entidade substancial, ou seja, idêntica a si mesma e capaz de autodeterminar sua própria essência. Na modernidade, sujeito tende a se confundir com termos como "consciência", já que tendemos a atribuir ao sujeito as mesmas determinações da consciência, a saber, a autonomia potencial das ações e condutas que leva à imputabilidade da pessoa jurídica, a unidade coerente das representações e da personalidade, a capacidade reflexiva do pensar, entre outros. Ou seja, autonomia, imputabilidade, reflexividade, unidade e identidade nos aparecem normalmente como atributos básicos de toda e qualquer noção de sujeito.

No entanto, o pensamento de Adorno esforça-se de maneira sistemática para repensar todas essas categorias, no intuito de elaborar uma noção de sujeito na qual a identidade dê lugar à não identidade e à clivagem, na qual a reflexividade abra espaço ao reconhecimento da racionalidade do que não é imediatamente conceito. Na verdade, trata-se de constituir um conceito de sujeito capaz de servir de fundamento para a crítica à noção hegemônica de subjetividade. Projeto que Adorno enunciou ao afirmar querer "com a força do sujeito, quebrar a ilusão (*Trug*) da subjetividade constitutiva."[8] Para tanto, ele precisará operar recursos massivos a campos empíricos do saber como a psicanálise e a sociologia.

É preciso notar ainda que a problematização do conceito moderno de sujeito é um dos tópicos mais recorrentes na filosofia do século XX. Tudo se passa como se o pensamento contemporâneo tomasse consciência de que as expectativas emancipatórias da razão – as quais prometiam ao homem sair de sua minoridade

8. Theodor Adorno, *Negative Dialektik*. Frankfurt am Main: Suhrkamp, 1975, p. 10.

e, como dizia Descartes, ser "senhor da natureza" – haviam produzido o inverso daquilo que era seu conceito. Uma inversão da emancipação em dominação de si que não deixava de estar ligada ao destino do conceito que serve de fundamento à racionalidade moderna: sujeito. Pois não foram poucos aqueles que insistiram na questão: quanto devemos pagar para que a unidade, a autonomia, a transparência e a identidade do sujeito possam se impor como realidade? O que deve acontecer com a experiência de nós mesmos para que ela possa ser vista como campo que se submete a tais categorias? E o que acontece com a experiência do mundo quando o fundamento da experiência é um sujeito pensado a partir desses atributos? É possível dizer que tais questões são a base de *Dialética do esclarecimento*, um dos livros centrais de Adorno.

De fato, elevar tal experiência de si à condição de problema é algo que necessariamente traz consequências profundas. O modo pelo qual é compreendida a categoria de sujeito não poderia deixar de ter consequências na maneira com que definimos o que é um objeto da experiência, quais as condições para que algo aceda à condição de objeto. Ou seja, trata-se da compreensão de que toda verdadeira crítica da razão tem seu solo na crítica àquilo que serve de fundamento às operações de categorização e de constituição do objeto de experiências que aspiram preencher critérios racionais de validade.

Nesse sentido, é necessário atentar para o fato de boa parte das operações críticas da *Dialética do esclarecimento* visarem demonstrar como o processo de constituição do eu moderno, com suas exigências de autoidentidade imediata e de autodeterminação, significou a submissão de toda experiência possível ao primado da identidade e da abstração. Assim, por exemplo, se Adorno precisa insistir tanto na necessidade do pensamento racional denegar toda força cognitiva da mimese (tema maior do advento da razão moderna no qual se vinculam a degradação do pensar por imagens e a crítica da força cognitiva da semelhança e da analogia), é porque se trata de sustentar: "a identidade do eu *que não pode perder-se na identificação com um outro*, mas [que] toma possessão de si de uma vez por todas como máscara impenetrável."[9] Pois a identidade do eu seria dependente da entificação de um sistema fixo de identidades e diferenças categoriais.

A projeção de tal sistema sobre o mundo é exatamente aquilo que Adorno e Horkheimer chamam de "falsa projeção" ligada à dinâmica do narcisismo *e aos processos de categorização do sujeito cognoscente,*[10] já que, em última instância, a categorização seria uma projeção do princípio de identidade do eu na síntese do diverso da intuição em representações de objetos da experiência. Mesmo a compreensão da cognição como assimilação do objeto por meio de uma rememoração (*Erinnerung*) capaz de internalizar as cisões que a própria consciência teria produzido não escapará dos motivos da crítica frankfurtiana. Nesse momento, vale para Adorno e Horkheimer a afirmação de um filósofo que, em vários momentos, cruzou o caminho dos frankfurtianos ao

9. Theodor Adorno e Max Horkheimer, op. cit., p. 24.
10. Nesse sentido, sigamos a afirmação: "Sempre que as energias intelectuais estão intencionalmente concentradas no mundo exterior [...] tendemos a ignorar o processo subjetivo imanente à esquematização e a colocar o sistema como a coisa mesma. Como o pensamento patológico, o pensamento objetivador contém a arbitrariedade do fim subjetivo que é estranho à coisa", op. cit., p. 180.

fazer uma crítica da razão como modo de dominação técnica do mundo e de si, Martin Heidegger: "nos parece que, em todo lugar, o homem só encontra a si mesmo. Heisenberg teve plena razão ao dizer que, para o homem de hoje, o real (*Wirklichen*) não pode parecer de outra forma."[11]

Assim, toda boa leitura de Adorno deve tentar compreender como ele foi capaz de constituir uma crítica do sujeito moderno que, ao mesmo tempo, colocou-se como afirmação de uma teoria renovada da subjetividade, de uma teoria do sujeito independente das temáticas ligadas à filosofia da consciência.[12]

Por outro lado, trata-se de demonstrar como, no interior da experiência intelectual adorniana, essas temáticas próprias à reflexão sobre o estatuto de um conceito filosófico, como "sujeito", servirão de base para o desenvolvimento de uma complexa crítica social do capitalismo avançado. É esse movimento fundamental entre crítica da razão, crítica do sujeito e crítica social que interessa a Adorno. Como conceitos filosóficos, ao mesmo tempo, fundamentam a crítica social e se configuram a partir dela, ou seja, são gerados pela situação social mas, ao mesmo tempo, fornecem a perspectiva que fundamenta a crítica a essa mesma situação? Como o que nasce no interior de uma situação pode servir de ponto de fuga, como perspectiva que me permite

11. Martin Heidegger, *Essais et conférences*, p. 35.

12. Um belo exemplo desse trabalho nos é fornecido por Peter Dews em "Adorno, pós-estruturalismo e crítica da identidade", in Slavoj Zizek (org.), *Um mapa da ideologia*. Rio de Janeiro: Contraponto, 1996, pp. 51-71; consultar também Vladimir Safatle, "Espelhos sem imagens: mimesis e reconhecimento em Lacan e Adorno". *Trans/form/ação*, n. 28 (2), 2005, pp. 21-47.

criticar esta própria situação? Como se dá esta passagem tensa entre filosofia e teoria do capitalismo? Como é possível, por exemplo, articular a crítica do sujeito como *locus* da identidade imediata e a compreensão de que "a ideologia é a forma originária da ideologia?"[13] Todas essas questões só podem ser respondidas por meio de uma leitura atenta do texto adorniano.

UM ACONTECIMENTO GERADOR

Se a questão que fornece a consistência da filosofia adorniana diz respeito à possibilidade de pensar um sujeito que não seja mais a entificação dos princípios de identidade, unidade e autodeterminação, questão essa que recebe sua forma canônica por meio do imperativo de, com a força do sujeito, quebrar a ilusão da subjetividade constitutiva, então devemos ainda nos perguntar: qual acontecimento gera essa questão? Qual é o acontecimento histórico a respeito do qual a filosofia de Adorno será sempre fiel e a partir do qual ela medirá seu desenvolvimento?

A pergunta é importante, uma vez que costuma ser respondida de maneira equivocada. Não são poucos aqueles que dirão que a filosofia de Adorno é marcada, sobretudo, por Auschwitz, a ponto de estabelecer, como imperativo categórico para a contemporaneidade, "tudo fazer para que Auschwitz nunca mais ocorra". Um dos pensadores mais recentes a insistir nesse ponto foi Alain Badiou, para quem, em Adorno:

13. Theodor Adorno, *Negative Dialektik*, p. 151.

> Trata-se de saber quais são as redes e condições de possibilidade de um pensamento após Auschwitz, ou seja, de um pensamento que, em vista do que foi Auschwitz, não seja um pensamento obsceno, mas antes um pensamento cuja dignidade seria preservada devido à razão de ele ser um pensamento após Auschwitz.[14]

Assim, Auschwitz é o nome de uma certa "catástrofe do pensamento identitário".

De fato, Adorno não cansa de insistir que "nos campos de concentração não era o indivíduo que morria, mas o exemplar", pois a indiferença em relação ao sofrimento presente na transformação do assassinato em operação industrial e desafetada seria o resultado direto de um modo de pensar, de uma forma de vida que perdeu toda capacidade de se deixar tocar pela irredutibilidade singular do sensível. Por isso, uma afirmação como:

> O que os sádicos diziam às suas vítimas nos campos de concentração: – *Amanhã, você partirá por esta chaminé como fumaça em direção ao céu*; indica esta indiferença em relação à vida de cada singular (*Einzelnen*) para a qual a história caminha. Em sua liberdade formal, o singular já é tão intercambiável como sob as botas dos que irão liquidá-lo.[15]

14. Alain Badiou, *De la Dialectique negative par rapport à un certain bilan de Wagner*, mimeo.
15. Theodor Adorno, *Negative Dialektik*, p. 355.

Ou seja, a catástrofe histórica representada por Auschwitz não seria outra coisa que a figura mais bem acabada de uma forma de vida, como a nossa, que seria incapaz de viver com o que não se submete à forma de identidade, com o que rompe com um princípio de unidade cuja maior entificação seria a própria função do eu moderno. Contra isso, teríamos uma filosofia assombrada pelo caráter totalitário do uno, pela exigência de pautar a política pela necessidade de evitar o sofrimento e de sustentar respeito à alteridade (um pouco como se Adorno não passasse de um Lévinas precoce). Posições que, hoje em dia, poderiam ser aceitas sem maiores dificuldades por todos os que compreendem que a função fundamental do pensamento é a tarefa negativa e reativa de simplesmente "evitar a catástrofe". Posição de quem se desespera a respeito da força geradora e revolucionária da práxis.

É verdade que Adorno formulará um critério moral que pode ser enunciado da seguinte forma: o verdadeiro ato moral é aquele capaz de deixar-se guiar pelo afastamento do sofrimento. No entanto, uma proposição desta natureza é temerária por permitir, inicialmente, várias interpretações. É possível compreender esse afastamento do sofrimento como um imperativo utilitarista (nossos atos são guiados pelo cálculo do prazer e pelo afastamento do desprazer) ou ainda como um imperativo ligado a formas de política da vitimização (os sujeitos da ação devem ser vistos inicialmente como vítimas em potencial).

No entanto, é possível outra interpretação, substancialmente diferente, em relação ao pensamento adorniano. A esse respeito, tentemos tirar todas as consequências do fato de que, para Adorno, mesmo o paradigma do campo de concentração não é resultante da irracionalidade de um pretenso mal radical, mas da estrutura paranoica do eu moderno que projeta compulsivamente para fora de si sua própria infelicidade, sua própria impossibilidade de se reconhecer naquilo que não se conforma à imagem de si.[16] Ou seja, ele é, de certa forma, o extremo de uma patologia vinculada à implementação social da metafísica da identidade. O que leva a perguntar sobre a existência, para Adorno, de um acontecimento capaz de levar o eu a se confrontar com o que parece lhe dissolver, um acontecimento gerador de novas formas para o pensar. É nesse ponto que se deve levar às últimas consequências a importância da estética para a constituição do programa filosófico adorniano. Pois *nenhuma filosofia pode ser solidária com um acontecimento meramente negativo (evitar algo, impedir que algo aconteça novamente etc). Toda verdadeira filosofia traz consigo a exigência de pensar a partir de um acontecimento portador de promessas instauradoras.*

De maneira esquemática, pode-se dizer que o verdadeiro acontecimento gerador da filosofia adorniana é o conjunto das possibilidades estéticas abertas pela chamada Segunda Escola de Viena, em especial nas figuras de Alban Berg e de Arnold Schoenberg. Não se deve ter medo de afirmar que toda sua filosofia é a elaboração contínua e rigorosa das potencialidades abertas pelas expec-

16. Lembremos do sentido decisivo de afirmações como: "O antissemitismo baseia-se numa falsa projeção. Ele é o reverso da mimese genuína, profundamente aparentada à mimese que foi recalcada, talvez o traço caracterial patológico em que esta se sedimenta. Só a mimese se torna semelhante ao mundo ambiente, a falsa projeção torna o mundo ambiente semelhante a ela". T. Adorno e M. Horkheimer, op. cit., p. 174.

tativas vanguardistas da estética musical. Mas para entender melhor este ponto, é necessário afinal de contas compreender melhor o que significa, para Adorno, pensar sobre a música, ou ainda, o que a experiência da música nos traz.

Ao escrever seu mais importante livro sobre música, *Filosofia da nova música*, de 1948, Adorno viu-se obrigado a iniciar desculpando-se:

> Pode parecer cínico, depois do que aconteceu na Europa e de tudo o que ainda nos ameaça, dissipar tempo e energia intelectual decifrando problemas esotéricos da técnica moderna de composição.[17]

Essa frase no fundo pode ser traduzida da seguinte maneira: os problemas da racionalidade musical parecem tão autônomos em relação àquelas questões gerais postas pela efetividade ao pensamento filosófico que eles parecem ser desprovidos de relevância real, para além de um pequeno círculo de especialistas. Afinal, por que regras de harmonia, problemas de sintaxe musical e obsolescência de padrões de construção musical interessariam outros que não os músicos?

Para Adorno, a resposta adorniana seria: porque a história das formas musicais é um setor privilegiado, mas quase esquecido, da história da razão. É preciso lembrar desta antiga constatação platônica segundo a qual a música indica fundamentalmente critérios de *organização*, o que explica porque "nunca

17. Theodor Adorno, *Philosophie der neuen Musik*. Frankfurt am Main: Suhrkamp, pp. 10-11.

se abalam os gêneros musicais sem abalar as mais altas leis da cidade."[18] Se os gêneros musicais têm o poder de abalar os alicerces da cidade, é porque as formas musicais se colocam como dispositivos que aspiram fornecer critérios de organização racional daquilo que aparece primeiramente como natureza (o som) e expressão das funções intencionais do sujeito.

Esse ponto merece maior atenção. A forma musical é produzida a partir de decisões sobre os protocolos de identidade e diferença entre elementos (consonância e dissonância), sobre os problemas de partilha entre o que é racional e o que é irracional (som e ruído), sobre o que é necessário e o que é contingente (desenvolvimento e acontecimento). Ela se produz ainda a partir de decisões sobre a relação entre razão e natureza (a música como mimese das leis naturais ou como plano autônomo do que se afirma contra toda ilusão de naturalidade) e sobre os regimes de intuição do espaço e do tempo. É esta gama de dispositivos que nos permite afirmar que a forma musical nasce de uma decisão sobre os critérios válidos de racionalidade. Nesse sentido, desde a juventude, Adorno acreditava que as experiências musicais da Segunda Escola de Viena haviam produzido as condições de possibilidade para pensarmos um conceito renovado de sujeito e de razão. O que o levou a afirmar, de maneira peremptória: "em relação à especificidade que o último Schoenberg foi capaz de realizar como compositor, há algo a ser ganho para o conhecimento filosófico."[19]

18. Platão, *A república*. Lisboa: Fundação Calouste Gulbenkian, 1988, 424c.

19. Theodor Adorno, "Über das gegenwärtige Verhältnis von Philosophie und Musik", in *Gesammelte Schriften XVIII*, Digitale Bibliotheke, pp. 166-167.

SOBRE A RELAÇÃO ENTRE ARTE E FILOSOFIA EM ADORNO

Pode-se desdobrar esta questão espinhosa a respeito da relação entre filosofia e estética em Adorno apresentando uma resposta ao problema do regime de recurso filosófico à arte na experiência intelectual adorniana. É notável que em momento algum tal recurso opere a partir da lógica da exemplificação. Para Adorno, as obras de arte não são um caso exemplar daquilo que a elaboração filosófica seria o conceito.

De maneira esquemática, é possível dizer que há, ao menos, três maneiras de se pensar os modos de indexação entre conceito e caso. O primeiro é o caso como *exemplo* do conceito. Aqui, há uma relação tautológica de subsunção da particularidade do caso à generalidade do conceito, até porque não há nada a apreender do caso que já não esteja no conceito. Segundo uma leitura proposta por Badiou, isso leva a uma visão pedagógica da arte, uma vez que ela não produziria verdades. Antes, ela deveria fornecer o caminho correto para a apreensão de uma verdade que lhe ultrapassa e que encontra seu solo natural na discursividade prosaica do pensamento conceitual.

O segundo é o caso como *ponto de excesso* do conceito. Trata-se da defesa da existência de uma relação de não estruturação do caso pelo conceito, como se houvesse uma irredutibilidade da multiplicidade própria ao caso a toda tentativa de estruturação pelas capacidades generalizadoras do conceito. Uma certa visão romântica da arte como discurso originário, espaço natural da intuição criadora seria o desdobramento orgânico de tal posição.

Por fim, pode-se dizer que o caso é um *modelo* do conceito e, se assim for, fica-se mais próximo do que Adorno tem em vista por meio de seu recurso filosófico às artes. Trata-se de mostrar como o verdadeiro caso é aquele que traz em si modos de organização capazes de reordenar as aspirações sintéticas do conceito.

Essa é uma questão maior, até porque Adorno é claro ao afirmar o primado do modelo em filosofia: "Pensar filosoficamente é como pensar por modelos; a dialética negativa é um conjunto de análises de modelos."[20] Assim, é preciso responder à questão: o que significa afirmar que a confrontação com as obras de arte é o modelo para a reconstituição do pensar filosófico?

Muito haveria a se dizer a respeito dessa questão, mas a título introdutório é preciso insistir em um ponto. Afirmar que a confrontação com as obras de arte é o modelo para a reconstrução do pensar filosófico significa sustentar que *a arte pensa*, que ela é um campo produtor de verdades. Talvez ela não pense exatamente por conceitos e com seus processos de submissão da particularidade do caso à universalidade de representações gerais, mas ela pensa por formalizações. De qualquer maneira, a ideia de *forma* liga ainda a arte a um certo nível de articulações lógicas do conceito. Por outro lado, ela fornece modos de formalizações de objetos que, por não dizer as coisas às claras, tem aspirações cognitivas. A esse respeito, lembre-se como a *Teoria estética* de Adorno não temia afirmar que "a problemática da teoria do conhecimento retorna (*wiederkehren*) imediatamente na estética."[21] Ele vai ainda mais longe, na medida em que afirma que a forma-

20. Id., ibid., p. 39.

21. Theodor Adorno, *Ästhetische Theorie*. Frankfurt am Main: Suhrkamp, 1972, p. 493.

lização estética deve ser compreendida com "correção do conhecimento conceitual", já que a "arte é racionalidade que critica a racionalidade sem dela se esquivar."[22] A crítica da arte em relação ao conceito se legitima porque, para Adorno, a formalização estética é capaz "de absorver na sua necessidade imanente o não idêntico ao conceito"[23] colocando-se assim como dimensão de verdade. Adorno e Horkheimer afirmam ainda que "com o progresso da razão, apenas as obras de arte autênticas conseguiram evitar a simples imitação do que já existe."[24] Um exemplo do gênero de "correção" que a arte pode oferecer: "A grosseria do pensamento é a incapacidade de operar diferenciações no interior da coisa, e a diferenciação é tanto uma categoria estética quanto uma categoria do conhecimento."[25]

Ou seja, contrariamente a uma tendência geral do pensamento estético do século XX, Adorno não cessa de analisar as obras de arte a partir de critérios de verdade e de falsidade, de autenticidade e de inautenticidade, tal como, por sinal, Arnold Schoenberg. Isso permite a Adorno relativizar a tendência de autonomia das esferas sociais de valor e afirmar que a atividade artística oferece coordenadas para pensar a ação moral e as expectativas cognitivas. Contrariamente a Kant, para quem o acordo intersubjetivo sobre o belo não exigiria nenhuma referência à verdade racional

22. Id., ibid., p. 87.
23. Id., ibid., p. 155.
24. Theodor Adorno e Max Horkheimer, op. cit., p. 34.
25. Theodor Adorno, *Ästhetische Theorie*, p. 344.

ou à norma moral, Adorno não cessa de insistir que forças idênticas agem sobre esferas não idênticas.

Nesse sentido, devemos nos perguntar qual era o significado maior da experiência estética da Segunda Escola de Viena para Adorno. Sem entrar em considerações mais técnicas que poderiam ser assunto de outro artigo, é possível dizer que tal significado está necessariamente vinculado à maneira com que, por meio da estética, Adorno encontra as bases para pensar um conceito de sujeito não mais vinculado ao primado da identidade. Isso fica claro em afirmações como:

> A música de Schoenberg quer emancipar-se em seus dois polos: ela libera as pulsões [*Triebhafte*] ameaçadoras, que outras músicas só deixam transparecer quando estes já foram filtrados e harmonicamente falsificados; e tensiona as energias espirituais ao extremo; ao princípio de um Eu que fosse forte o suficiente para não renegar (*verleugnen*) a pulsão [...] Embora sua música canalizasse todas as forças do Eu na objetivação de seus impulsos, ela permaneceu ao mesmo tempo, durante toda a vida de Schoenberg, algo "estranho ao eu".[26]

Esse é um ponto fundamental. Toda forma musical traz a pressuposição de uma figura do sujeito, não apenas como agente do processo composicional vinculado à categoria de expressão, mas também como ouvinte que deve se orientar a partir de modos determinados de audição. Pode-se tomar como exemplo a forma-

26. Id., *Prismas: crítica cultural e sociedade*. São Paulo: Ática, 2001, p. 147.

-sonata, definida como o que tem "um clímax identificável, um ponto de máxima tensão para o qual a primeira parte do trabalho conduz e que é simetricamente resolvido. Trata-se de uma forma fechada, sem a estrutura estática de uma forma ternária; ela tem uma finalização dinâmica análoga ao desdobramento do drama oitocentista, no qual tudo é resolvido, os detalhes estão ligados e a obra é redonda."[27] A identificação de clímax e tensões exige funções intencionais como a memória narrativa (que organiza o desenvolvimento em "drama"), a atenção orientada por um *telos*, além da compreensibilidade de princípios de diferenciação e de identidade partilhados tanto pelo compositor quanto pelo ouvinte.

A ideia de resolução exige, por sua vez, um Eu capaz de orientar processos de síntese e de determinar o sentido de totalidades funcionais; ou seja, um Eu como unidade sintética de representações. Mas uma música que não se organiza como uma sonata; que modifica noções estruturais como resolução, hierarquia, tensão-distensão, antecedente-consequente, consonância-dissonância, que constrói de outra maneira sua totalidade funcional, traz necessariamente a promessa de uma nova figura do sujeito, que não é simplesmente o sujeito dos julgamentos estéticos.

Esse regime de recurso filosófico à arte será uma constante na experiência intelectual de Adorno. Para ele, a arte não é utilizada como álibi para o abandono do conceito em prol de alguma espécie de imanência com domínios pré-conceituais da intuição, de afinidade pré-reflexiva entre sujeito e natureza ou de hipóstase do inefável, do arcaico e do originário. Ao contrário, tal re-

27. Charles Rosen, *Sonat forms*. Nova York: Norton, 1988, p. 10.

curso privilegiado quer dizer simplesmente que é preciso sustentar novos modos de *formalização* e *ordenação* que não sejam mais assentados na repressão da experiência de não-identidade. De modo que, em certas situações históricas, encontram sua primeira manifestação na arte para depois desdobrarem-se em outras esferas da vida social.

Foi esta a aposta que animou a experiência intelectual de Adorno: *pensar a partir das promessas de uma nova ordem trazida pelo setor mais avançado da produção artística de seu tempo*. Esse foi o solo positivo de sua dialética negativa. Aposta que só foi possível porque Adorno assumiu, desde o início, a necessidade de *parar de ver, na arte, a simples indicação de uma estética e assumi-la como setor privilegiado da história da razão*, ou seja, parar de ver, no recurso filosófico à arte, apenas a tentativa de constituir uma estética inflacionada de vocabulário filosófico. É preciso derivar todas as consequências do fato de uma certa experiência estética, com seus protocolos de formalização, fornecer a Adorno o modelo de reorientação das categorias da dialética, em especial a categoria de sujeito. Este trabalho exige um cuidado que sempre marcou a experiência intelectual adorniana: o cuidado de não separar o que deve ser pensado em conjunto.

ERNST BLOCH E "O SONHO DE UMA COISA"

CARLOS EDUARDO JORDÃO MACHADO

INTRODUÇÃO

Antes de trazer à tona alguns aspectos da obra de Ernst Bloch, seria interessante fazer algumas considerações sobre a recepção de seu trabalho no Brasil. Ao longo dos anos 1960, o pensamento de esquerda brasileiro sofre uma profunda renovação. Nessa época, são publicadas as obras de Georg Lukács, Antonio Gramsci, Karl Korsch, Jean-Paul Sartre, Henri Lefebvre, Lucien Goldmann, Walter Benjamin, Theodor Adorno, além de alguns escritos de Bloch. Foi só a partir de 1962, quando a editora alemã Suhrkamp iniciou a publicação de sua *Gesamtausgabe*, que a obra de Bloch passou a ser mais conhecida. Logo foi traduzida para o italiano, o francês, o espanhol e outras línguas. Mas a recepção da obra de Ernst Bloch no Brasil é algo ainda a ser feito. Sem dúvida, o pioneiro em divulgar o pensamento do autor de *O espírito da utopia* foi o franco-suíço Pierre Fourter, com seu livro *A dialética da esperança* (Paz e Terra, 1969). O artigo intitulado "O homem como possibilidade" e traduzido por Emmanuel Carneiro Leão foi publicado na revista *Tempo Brasileiro*, em fevereiro de 1966. Em 1973, a mesma editora publica *Thomas Münzer, teólogo da revolução*, que, apesar dos problemas de tradução, era até há pouco tempo sua única obra disponível em português. Ernst Bloch vai encontrar leitores também entre os adeptos da Teologia da Libertação, até a guinada carismática da Igreja Católica, de caráter abertamente fundamentalista-conservador. A renovação de referenciais se amplia nos anos 1970 com a publicação das obras de Michael Löwy sobre os filósofos Lukács, Benjamin e Bloch. Salvo engano, até 1980 o pensamento de Bloch permanecia estranho aos nossos meios acadêmicos, quando Paulo Eduardo Arantes publica seu magistral ensaio "Os homens supérfluos", usando o conceito de "não-contemporaneidade" (*Ungleichzeitigkeit*) para explicar o descaminho da história da sociedade alemã no entreguerras. Arantes também incentivou outras pesquisas focando a obra de Ernst Bloch. Fora alguns poucos artigos publicados no final dos anos 1990, foi só entre 2005 e 2006, com a publicação de *O princípio esperança*, que a barreira de silêncio que se criou em torno do filósofo do expressionismo foi quebrada. Não podemos deixar de chamar atenção também para o texto muito original de Bloch, que nem sempre facilita a compreensão do leitor mais ligeiro, além de exigir trabalho hercúleo da parte do tradutor. É preciso ter esperança para que esse amigo de Georg Lukács, de Walter Benjamin e de Siegfried Kracauer passe a fazer parte dos trabalhos dos jovens pesquisadores preocupados com a renovação do pensamento crítico e dialético no Brasil e alhures.

1. CONSIDERAÇÕES BIOGRÁFICAS

Wagner lamenta a seu mestre, no início do *Fausto* de Goethe: "Meu Deus! É longa a arte. E é tão breve nossa vida!". Decerto a frase não poderia ser aplicada a Ernst Bloch, que nasceu em

Ludwigshafen em 1885 e faleceu em Tübingen em 1977, aos 92 anos de idade, deixando uma obra monumental. Foi aluno de Georg Simmel, como Georg Lukács e Siegfried Kracauer, dos quais se tornou grande amigo. Sobre Lukács, Bloch dizia que ambos chegaram a ter uma espécie de "parque nacional protegido das diferenças de opinião" (*Naturschutzpark der Meinungsverschiedenheiten*) à época em que o primeiro publicou a *Teoria do romance* (1920) e *História e consciência de classe* (1923) e Bloch, a primeira edição de *O espírito da utopia* (1918) e *Thomas Münzer, teólogo da revolução* (1919), durante a República de Weimar, além de *A herança deste tempo*, publicada no exílio em 1935. A obra *O espírito da utopia*[1] retrata, de modo muito original, uma estética, uma ética e uma filosofia da história. O autor foi um dos primeiros a tirar consequências estético-filosóficas do movimento expressionista e das vanguardas históricas na pintura, na arquitetura e na música. No livro *A herança deste tempo*, há um balanço dos "anos dourados" da República de Weimar e uma análise profundamente original do nacional-socialismo com o conceito de "não contemporaneidade".[2] Durante o exílio, Bloch publica em

1. Ver Carlos Eduardo Jordão Machado, "Uma filosofia expressionista: sobre o espírito da utopia de Ernst Bloch", in Isabel Maria Loureiro e Ricardo Musse (org.), *Capítulos do marxismo ocidental*. São Paulo: Editora Unesp, 1998, pp. 35-58.

2. Ver o capítulo dedicado à obra *A herança deste tempo*, in C. E. J. Machado, *Debate sobre o expressionismo, Um capítulo da história da modernidade estética*. São Paulo: Editora Unesp, 1998. Parte do capítulo foi traduzida para o espanhol, ver M. Vedda (org.), *Ernst Bloch. Tendencias y latencias de un pensamiento*. Buenos Aires: Herramienta, 2007, pp. 55-72.

1948, *El pensamiento de Hegel*, um dos melhores compêndios sobre o pensador alemão. De volta à Alemanha, aposta na construção do socialismo na antiga República Democrática Alemã, como Bertolt Brecht, Hans Eisler e outros; expectativa que se frustra em 1961, com a construção do muro de Berlim. Na ocasião, Bloch se encontrava por acaso na República Federal, onde se tornou professor de filosofia na Universidade de Tübingen, permanecendo lá até sua morte. Em 1959, publica sua obra máxima, *O princípio esperança*, e nas décadas seguintes são publicados, sempre pela editora Suhrkamp, diversos volumes, como os ensaios de literatura e filosofia, *Experimentum Mundi*, seus estudos sobre a história do materialismo, e *Ateísmo no cristianismo*. Bloch torna-se, assim, uma figura de proa do que Merleau-Ponty denominou "marxismo ocidental". A seguir, analisaremos dois momentos significativos de sua vasta produção intelectual.

2. O PENSAR FABULANTE E OUTRAS NARRATIVAS – *SPUREN* (VESTÍGIOS)

Em 1930 é publicado o livro *Spuren* [Vestígios], uma coleção de pequenas narrativas ou uma "narrativa de narrativas",[3] definição dada pelo próprio Bloch. *Spuren* é um conglomerado de contos de fadas, fábulas, lendas, provérbios, conversas e citações das mais variadas procedências. Aliado a uma especulação incomum, os escritos buscam captar os elementos anticapitalistas e utópicos presentes no universo pré-moderno, não contemporâneo, capaz de lançar luz na "obscuridade do instante vivido" e de sugerir res-

3. Ernst Bloch. *Marxismo e utopia*. Roma: Riuniti, 1984, p. 83.

postas à "figura da questão inconstruível" – usando as expressões de *O espírito da utopia*. São fábulas germânicas, *Märchen* (contos de fadas) dos irmãos Grimm a Ludwig Tieck, *Kalendergeschichten* (histórias de calendário) de Johann Peter Hebel, romances de folhetim (*Kolportage*), romances policiais, lendas chassídicas do Leste Europeu, contos russos e chineses, histórias das *Mil e uma noites* e da *Odisseia*, de Homero, além da literatura surrealista, como Walter Benjamin. Em suma, a obra é uma "montagem mediata" – conforme a terminologia de *A herança deste tempo*. Sem forçar a mão, posso afirmar que se trata de uma das obras-primas da forma ensaio da chamada República de Weimar.

O livro é dividido em quatro partes: *lugar*, *destino*, *existência* e *coisas*. Na introdução, Bloch deixa claro seu propósito: "Resumindo, é bom também pensar fabulando" [*fabelnd zu denken*].[4] O caso possui um em-si, que só é apreendido por meio de seus vestígios, pequenos testemunhos secundários, peças minúsculas, formando uma *micrologia* particular. As historietas não são apenas narradas, são contadas as horas em que suas notas foram soadas e como elas entraram pelas orelhas, nos deixando a pergunta: "para onde elas foram?".[5] Uma nota, uma advertência já presente nos pequenos acontecimentos como exemplos e pistas, indicando um mais e um menos que só podem ser percebidos por meio dessas histórias. É um "dejeto" [*Abfall*] de coisas passadas, em lugares diferentes, que não pode ser esquecido – e, em se tratando de dejetos, acrescenta Bloch, "há hoje uma abundância

4. Id., *Spuren*. Frankfurt am Main: Suhrkamp, 1985, p. 16.
5. Id., ibid., p. 16.

deles".[6] Trata-se de ler vestígios, e as diferentes seções do livro se entrecruzam na transversalidade dessas pistas. Ao encontrá-las, somos tomados por um choque.

Salta aos olhos a proximidade com os propósitos de Walter Benjamin em *Rua de mão única* (*Einbahnstrasse*), de 1926 – tirar proveito dos "dejetos" da história para decifrar o presente, o trabalho micrológico e o uso da montagem (mediata), citações, conversas e, sobretudo, o pensar "surrealista", o choque. Esses são procedimentos experimentais de texto e de modos de análise que estão também presentes na "literatura sociológica"[7] de Kracauer daqueles anos, sobretudo na obra *Os empregados* (*Die Angestellten*) de 1930. Mas a peculiaridade de Bloch reside no seu *pensar fabulante*. O que significa isto?

Na seção "Cair no agora" (*Fall ins Jetzt*), Bloch narra uma historieta judaica do Leste Europeu. Seu final soa como uma piada (*Witz*) e mostra que "o poço (*Grube*) é nosso agora".[8] Nessa história, um grupo de judeus conversa, numa sinagoga de uma pequena cidade, quando começa uma espécie de jogo: cada um deveria se expressar sobre o que desejaria caso aparecesse um anjo. O primeiro, que era o rabino, disse que ficaria contente se ele lhe aliviasse a sua tosse; o segundo falou, "eu gostaria de que minha filha se casasse", e o terceiro, interrompendo, retrucou, "eu não gostaria de ter uma filha, mas um filho para cuidar de meu negócio". Por último, o

6. Id., ibid., p. 17.

7. Siegfried Kracauer, "Reisen, nüchtern", in *Schriften* 5-3. Frankfurt am Main: Suhrkamp, 1990, p. 88.

8. Ernst Bloch, *Spuren*, p. 98.

rabino se voltou para um mendigo que estava sentado num banco da sinagoga desde o dia anterior e lhe perguntou: "Que pedido faria, meu caro?". O mendigo lhe respondeu que gostaria de ser um grande rei, governante de um vasto país e que, em cada cidade, tivesse um palácio revestido de ônix, sândalo e mármore, onde se sentaria no trono e seria temido pelos seus inimigos e amado pelo povo como o rei Salomão. Mas que, infelizmente, acrescentou – mudando a forma condicional do subjuntivo para o presente do indicativo – "na guerra não tenho a sorte de Salomão".[9] E continuou sua fala, "meus inimigos se sublevam, meu exército é derrotado, queimando as cidades e os bosques e escuto nas ruas a algazarra do povo a clamar pelo meu sangue e eu deixo tudo de lado até mesmo minha camisa e vim pela estrada afora, passando pelos bosques e pradarias, vendo o meu país em chamas, caminho durante dez dias, até chegar num lugar em que ninguém me conhece, fui salvo", e conclui: "*desde ontem à noite me encontro aqui*".[10] Todos ficaram estupefatos com a narrativa do mendigo. O rabino lhe perguntou, "o que adiantaria todo aquele poder e riqueza se ele logo perderia tudo". O mendigo lhe respondeu que ficaria muito contente se tivesse pelo menos uma camisa. Todos riram e lhe presentearam com uma camisa. Bloch comenta: "este curioso agora como fim ou o fim do agora no trecho: 'desde ontem à noite me encontro aqui', esta ruptura do ser aqui ao sair do sonho. Por meio de uma transição árdua comunicada linguisticamente, na qual o mendigo começa contando a partir da forma desiderativa, passa do presente

9. Id., ibid., p. 98.
10. Id., ibid., p. 99 (grifo do autor).

histórico subitamente ao presente efetivo. O ouvinte é tomado por um estremecimento ao aterrissar lá onde ele se encontra; nenhum filho para assumir o negócio".[11] Destaca-se, nesse trecho, a sutileza da mudança de tempo verbal, que é justamente a capacidade de ler um vestígio que se manifesta na estranha forma do que é narrado que retorna ao presente real – uma "queda no agora".

Como é o "reverso das coisas"? Esse é o tema de outra seção do livro. A questão poderia ser formulada por Berkeley, mas para o homem atual representaria uma condição primitiva, ingênua. As coisas são exatamente como se apresentam diante de nossos olhos? De que modo a sensação se torna uma propriedade das coisas? A rosa é vermelha e, no entanto, é rosa. Para o realismo ingênuo de uma criança, a proposição é quase um mistério. O que fazem as coisas em nossa ausência, quando lhes damos as costas? Nesse ponto, Bloch recorre a um conto de fadas, a um trecho de *Simbá, o marujo* e o tema de seu infortúnio, demarcando a face revertida das coisas e a sua vida "irracional", além do seu uso habitual: Simbá e outros tripulantes sofrem um naufrágio e se refugiam em uma pequena ilha repleta de árvores frutíferas, mel, coqueiros, pássaros, caça abundante e com uma fonte de água potável no centro da mata. Mas, quando à noitinha os sobreviventes acendem uma fogueira para assar a caça, o chão começa a tremer e as árvores a cair em pedaços: "a ilha era o lombo de um gigantesco monstro marinho (*Kraken*)".[12]

11. Id., ibid., p. 99.

12. Id., ibid., p. 174. Bloch volta a se referir a esse episódio "Eldorado e Éden, as utopias geográficas" in *O princípio esperança*. trad. Nélio Schneider (v. 1 e v. 3)

A sutileza do gosto e a sensibilidade para o detalhe são ilustradas por meio de uma antiga lenda chinesa que, na verdade, trata-se de uma micrologia: "comer minuciosamente azeitonas" (pp. 170-71). Na velha Nankin, um grupo de jovens escritores se reunia duas vezes por ano, oportunidade em que cada um saboreava calmamente três azeitonas. Depois, eles escolhiam mais azeitonas que eram alinhavadas em um pequeno tordo (*Krammetsvogel*). O tordo era colocado dentro de uma perdiz, esta dentro de um pato, este dentro de um ganso, o ganso dentro de um peru, o peru dentro de um leitão, este dentro de um carneiro, o carneiro dentro de uma vitela e esta finalmente dentro de um boi. Todo esse conjunto espetacular era cozido lenta e cuidadosamente. Depois se abria o boi, retirava-se a vitela, o carneiro, o leitão, o peru, o ganso, o pato, a perdiz e cada um espetava duas azeitonas do tordo. Enquanto saboreavam em silêncio as azeitonas, um deles, que mastigava lentamente a iguaria, olhando para o teto, diz, quebrando o silêncio: "Mal posso supor que eu esteja errado, me parece que o peru junto não estava inteiramente fresco".[13] Apesar de ele ter quebrado o silêncio que acompanhava a refeição, foi elogiado por todos por seu paladar apurado. Bloch ressalta a questão da sutileza implícita nessa história chinesa "micrológica" que destaca o mais importante das muitas coisas importantes que existem no mundo. Não se trata apenas de comer azeitonas, mas de fazer isso minuciosamente.

o Werner Fuchs (v. 2). Rio de Janeiro: Contraponto/Eduerj, 2005/2006, v. 2, p. 316, ver a parte seguinte deste ensaio.

13. Id., ibid., p. 170.

Poderíamos enumerar muitas outras narrativas desse conjunto com temas como "separação",[14] "reclusão" (*Verborgenheit*)",[15] e "sedução",[16] todos de inspiração kierkegaardiana ou mesmo aquelas em que Bloch, como se fosse um alquimista, retoma, no "Tema da magia branca", a lenda de Fausto. O importante é delimitar a peculiaridade da "montagem mediata" nos textos de Bloch do período, seu "pensar fabulante", diferenciando-o não só da "montagem literária" de Benjamin, dotada de um "materialismo particular", mas também da "literatura sociológica" de *Os empregados*, de Kracauer. Todos se inspiram, como no surrealismo, na literatura de folhetim, no romance de "Kolportage", aquela literatura que designa, em geral, o comércio ambulante de livros. Inspiram-se também em uma forma específica de literatura, comum entre os séculos XVI e XIX e publicada em livros de pequeno formato que eram vendidos por ambulantes e vagabundos. Uma literatura de caráter utilitário: livros de devoção, de magia, de educação, de orientação higiênica, além dos almanaques. A literatura de "Kolportage" tornou-se um importante repertório da cultura popular, assegurando a transmissão de lendas de cavalaria, de mitos, de provérbios etc.[17] Em Bloch, o "Kolportage" serve como fonte das narrativas; em Benjamin, o recurso mostra o caráter descontínuo do mundo; em Kracauer,

14. Id., ibid., p. 72.
15. Id., ibid., p. 121.
16. Id., ibid., p. 179.
17. Para compreender melhor a importância do Kolportage como fonte do "pensar fabulante" de Bloch, ver a sugestiva apresentação de Laura Boella à edição italiana dos *Spuren*: E. Bloch, *Tracce*. Milão, 1989, pp. I-XLVI.

apresenta-se como forma de articular uma análise que é, ao mesmo tempo, uma realidade em construção.[18]

***

Em um ensaio chamado "Bilder des Déjà vu" (ou "Imagens do já visto"),[19] Bloch relata uma conversa curiosa, regada a gim em um bar à beira-mar, que teve com Walter Benjamin, na ilha de Capri. Falaram, durante toda a madrugada, do conto de Ludwig Tieck intitulado *Der Blonde Eckbert* (O louro Eckbert),[20] cuja síntese é:

Em algum lugar da Alemanha, viviam em um sítio Eckbert e sua esposa, Berta. Levavam uma vida calma e pacata, com poucos amigos e sem filhos. Tudo era muito tranquilo e eram quase felizes. Um vizinho chamado Philipp Walter, que na verdade morava na Francônia e estava na região selecionando ervas e pedras, era um dos poucos amigos do casal. Numa noite de outono, Walter foi jantar no sítio e, por causa do mau tempo, foi convidado a pernoitar. Era quase meia-noite, quando Berta resolveu contar sua história para o hóspede.

18. Faço uma comparação entre a *Einbahnstrasse* [Rua de mão única] (1926), de Benjamin, esse livro de Bloch e *Die Angestellten* [Os empregados] (1930), de Siegfried Kracauer em "A crítica (materialista) do mundo (descontínuo) das coisas – micrologias", *Cadernos CEDEM*, ano 1, n. 1, dez. 2007, pp. 37-48; publicado também in M. Vedda (org.), Aproximaciones a Walter Benjamin, v. 2. *Cuadernos Herramienta*, Buenos Aires, n. 4, 2007, pp. 25-31.
19. Ernst Bloch, "Bilder des Déjà vu", in *Literarische Aufsätze*. Frankfurt am Main: Suhrkamp, 1965, pp. 232-42.
20. Ludwig Tieck, *Märchen*. Frankfurt am Main: Insel, 1988, pp. 9-30.

Ela morava em uma cidadela e seu pai era um pobre pastor. Levavam uma vida humilde e Berta era muito maltratada, diziam-lhe que era incapaz de fazer algo direito e que não aprendia nada. O pai sempre se irritava com ela. Aos oito anos de idade, Berta decide fugir de casa. Vagou, sem destino, por dias a fio e, morta de cansaço, de fome, de sede e cheia de temores, viu-se diante de uma choupana, onde morava uma senhora com um cachorro e um pássaro maravilhoso. Ela foi hospitaleira, e pediu que Berta ficasse por lá para ajudá-la a cuidar do cão e do pássaro na sua ausência, pois viajava periodicamente. O pássaro cantava sempre uma canção, que dizia: "Ah! A solidão do bosque, como me alegra encontrar contigo, Ah! A solidão do bosque...". Além disso, todos os dias, ele botava uma pérola que a senhora armazenava num pequeno porta-joias. Após um longo período de ausência da mulher, Berta prendeu o cachorrinho no galpão, pegou o pássaro, o porta-joias e fugiu. No caminho, o pássaro começou a cantar sem parar: "Ah! A solidão do bosque! Você vai se arrepender um dia...". Berta impressionou-se e estrangulou-o e, depois de muito vagar, estabeleceu-se em uma vila onde conheceu seu futuro esposo, Eckbert. Depois de alguns anos, casaram-se e instalaram-se no sítio onde moram.

O hóspede ouviu, impassível, a narrativa de Berta, e depois comentou calmamente: "Oh! Minha cara senhora, eu posso imaginar como esse pássaro era fantástico e como a senhora cuidava do pequeno cão" – pronunciando o seu nome – "STROHMIAN!". Berta ficou tão perturbada com o fato de aquele estranho saber o nome do cachorro que adoeceu e morreu.

Um dia Eckbert saiu para caçar com um amigo – Walter – ocasião em que é tomado por um estranho sentimento de ódio, como se seu amigo fosse responsável pela morte de Berta. Eckbert mata Walter e, por um tempo, isola-se. Ao conhecer outro vizinho, Hugo, ocorre uma situação parecida: Eckbert enxerga no rosto do novo amigo a face de Walter. Ficou desesperado, fugiu ao ouvir o latido do cão e o canto do pássaro: "Ah! A solidão do bosque, como me alegra, não tenho sofrimento algum...". Em seu desespero, deparou com a velha, que lhe perguntou: "Trouxe-me meu cão, meu pássaro e minhas pérolas?". Eckbert percebeu que Walter, Hugo e a anciã eram a mesma pessoa. "Deus do céu!", exclamou, "que vida tenho levado, que solidão!". Ela revelou: "Berta era sua irmã!". Eckbert, ao saber que vivia incestuosamente com sua querida Berta, desmaiou. Ao despertar, a velha lhe contou que Berta era filha do primeiro casamento de seu pai e fora criada por outra família. Eckbert enlouqueceu subitamente e começou a ouvir o cão latir e o pássaro a cantar novamente.

Para Bloch, o lusco-fusco do conto se encerra com um choque. A frase de Walter ao pronunciar o nome do cachorro, Strohmian, representa o que ele denomina o "Déjà vu des Anderen" (ou "O já visto do outro"). O nome do cão soa como uma palavra criminosa. Tieck, ao dar esse desdobramento ao seu conto, antecipa as narrativas do que se convencionou chamar posteriormente de romance policial.[21] Há no conto um fundo moral e a questão da

21. Eis um tema, o romance policial, caro tanto a Siegfried Kracauer, Walter Benjamin e a Bloch. Ver "Philosophisches Ansicht des Detektivroman", in E. Bloch, *Literarische Aufsätze*, pp. 242-263.

culpa: o roubo do pássaro e das joias, o assassinato do amigo e de sua vida afetiva incestuosa. A culpa está na base de um esquecimento duradouro de um "eu-não-sei-o-quê" (*eines beständigen 'Vergessens' von Ichweissnichtwas*).[22] Trata-se de um retorno ao passado, pois a história termina como começa, com o cão a latir e o pássaro a cantar, tem o efeito de um choque que se manifesta corporeamente como se fosse um calafrio, um retorno de algo que já havia sido visto anteriormente – um *déjà vu*.

3. SONHOS DIURNOS E GEOGRAFIA – O PRINCÍPIO ESPERANÇA

Bloch elaborou *O princípio esperança* entre 1938 e 1947, durante seu exílio nos Estados Unidos, e o revisou entre 1953 e 1959, quando ainda vivia na antiga República Democrática Alemã. São quase 1700 páginas, divididas em cinco partes que têm como tema "os sonhos de uma vida melhor", ou como o próprio autor dizia, constituem "uma enciclopédia da esperança". A obra começa com as indagações: "Quem somos? De onde viemos? Para onde vamos? Que esperamos? O que nos espera?". É uma tentativa de levar a filosofia até a esperança, conforme se lê no prefácio, "um lugar do mundo tão habitado como as terras mais cultivadas e tão inexplorado como a Antártida". Conforme ele próprio enfatiza, *O princípio esperança* dialoga com seus trabalhos anteriores. Seu modo de exposição é uma curiosa combinação, segundo Lukács, entre as histórias de calendário de Hebel e a *Fenomenologia* de Hegel.[23]

22. Ernst Bloch, "Bilder des Déjà vu", p. 242.

23. Trata-se de uma entrevista radiofônica realizada em 1967 com Bloch e Lukács, coordenada por Iring Fetscher, "Geladener Hohlraum". Nas palavras

O livro foi traduzido para o português graças ao incansável trabalho de Nélio Schneider (volumes 1 e 3) e Werner Fuchs (volume 2).[24] A publicação dessa obra monumental merece especial atenção, sobretudo pela qualidade da tradução. O texto de Bloch se caracteriza por um modo muito peculiar de exposição, seu pensamento "fabulante", "expressionista", flui como uma torrente de palavras que, conforme Adorno, "aceitando o primado da expressão sobre o significado, não está preocupada com que as palavras esclareçam conceitos nem com que os conceitos encontrem uma morada nas palavras...".[25] Uma filosofia da expressão, capaz de retornar aos objetos concretos e que, conforme o mesmo Adorno em outro ensaio sobre Bloch, "comunica, de maneira não ambígua, aquilo que de maneira unívoca recusa comunicar".[26] Portanto, o trabalho de traduzir seus escritos não é tarefa simples, e o esforço dos tradutores transpõe para o português justamente a quase loquacidade e, ao mesmo tempo, a qualidade literária de seu estilo de pensamento, ainda que seja possível perceber, em certos trechos, algumas imprecisões terminológicas como os conceitos hegelianos de *falsches Bewusstsein* – falsa consciência – que é traduzido por

de Lukács: "Trata-se de um estilo curioso, uma mescla das histórias de calendário de Hebel e a *Fenomenologia* de Hegel", in Ernst Bloch, *Ergänzungsband zur Gesammtausgabe. Tendenz – Latenz – Utopie*. Frankfurt am Main: Suhrkamp, 1978, p. 374.

24. Ernst Bloch, *O princípio esperança*. op. cit.
25. Theodor Adorno, "Blochs Spuren", in *Noten zur Literatur* (II). Frankfurt am Main: Suhrkamp, 1981, p. 244.
26. Id., "Henkel, Krug und frühe Erfahrung", in *Noten zur Literatur* (IV), p. 566.

"má consciência"[27] ou, o contrário, de *wahres Bewusstsein* – consciência verdadeira – que equivocadamente aparece como "boa consciência".[28] Analisaremos, a seguir, dois momentos dessa colossal obra: o "sonho diurno" e a sua "geografia".

O sonho diurno, o sonho desperto – que difere qualitativamente do sonho noturno, de caráter regressivo – perpassa toda a argumentação do livro ao tentar dar resposta à questão inconstruível de nós mesmos, começando com o instante em que nos encontramos ainda dispersos, imersos na "obscuridade do instante vivido" (*das Dunkel des gelebten Augenblickes*), numa penumbra que nos envolve provocando angústia, tédio; afetos indefinidos, desconcentrados, irracionais, pois ainda não temos o que queremos; é o "diariamente sem saber o amanhã" e que aos poucos se esvai ao vislumbrar que a vida poderia ser diferente do que é. A concentração numa meta, "um querer fazer" que transforma a mera imaginação num ideal: "assim deveria ser".[29] Por meio de um processo complexo de mediações se alcança as grandes objetivações, o bem supremo, o *novo* –"a certeza, o mundo inacabado, a pátria", conforme o capítulo conclusivo do livro dedicado a Marx. Um fio da meada que se estende do instante vivido imediato às obras da ciência, da filosofia e da arte. Um processo que considera o desenvolvimento existencial tanto do indivíduo, da infância à maturidade, "o que resta a desejar na velhice", como do gênero, percorrendo diferentes estágios do desenvolvimento

27. Ernst Bloch, *O princípio esperança*, v. 1, p. 153.
28. Id., ibid., v. 1, p. 155.
29. Id., ibid., v. 1, p. 50.

do gênero humano. É possível dizer que Bloch leva às últimas consequências o que Kant denominou na *Crítica do juízo*, de *Einbildungskraft* (força de imaginação), ou seja, determinar concretamente o lugar da *fantasia* na vida dos indivíduos e nas diferentes formações socioculturais, por meio de uma *viagem*: Egito, Grécia, Índia, China, o medievo, as descobertas geográficas; da experiência das revoluções burguesas às vanguardas históricas – um inventário cartográfico das descobertas do que há de "excedente utópico" em cada momento tanto da história do gênero humano como da trajetória individual, não no sentido da mera recordação (*Erinnerung*), como em Hegel, que pensa apenas o que foi, ao não colocar como tarefa da filosofia ir além de Rodes, ou seja, do presente. Trata-se, nas palavras do jovem Marx, do "sonho de uma coisa" (*Traum von einer Sache*).

Ao diferenciar o sonho noturno do sonho diurno, Bloch se apoia na interpretação dos sonhos, de Freud, diferenciando-o de modo radical de seus discípulos, sobretudo Jung. A psicanálise de Freud, como o pensamento de muitos de sua geração, entre eles Adorno, Benjamin e Marcuse, tem um papel importante nas interpretações da subjetividade por ele propostas.

A particularidade de Bloch reside na relevância que o autor dá ao sonho diurno. Como em Freud, o sonho protege o sono. É nessa situação que o eu adulto está enfraquecido e o mundo exterior bloqueado, mas mesmo aí, segundo Bloch,

> O tema 'sonhos de uma vida melhor' inclui parcialmente, com cuidado e significância, também os sonhos noturnos como sonhos desejantes, também eles são uma parcela (ainda que des-

locada e não muito homogênea) no gigantesco campo da consciência utópica".[30]

Na interpretação do sonho, as imagens oníricas compõem a "história criminal" de nós mesmos, daí o impulso noturno do eu para a máscara, encobrindo e disfarçando o conteúdo do sonho: "o sonhador não sabe o que sabe. Para Freud, o conteúdo manifesto do sonho como tal é apenas fantasia ou baile de máscaras e a interpretação torna-se a quarta-feira de cinzas".[31]

Mas para Bloch o sonho diurno não é um prelúdio do noturno, contrariando Freud.[32] Aqui, a transformação do inconsciente em consciente, meta da psicanálise, na qual Bloch se apoia, louvando a teoria de Freud, se diferencia frontalmente. Ao contrário do noturno, o sonho diurno desenha figuras de livre escolha, pode entusiasmar ou delirar, mas também planejar e ponderar:

> o sonho diurno pode proporcionar ideias que não pedem interpretação, e sim elaboração – ele constrói castelos de vento com as plantas já desenhadas e nem sempre meramente fictícias" [...] "Pois até agora, surpreendentemente, a fantasia diurna praticamente não foi destacada em termos psicológicos como uma condição originária, nem como um tipo próprio de realização

30. Id., ibid., v. 1, p. 81.
31. Id., ibid., v. 1, p. 83.
32. Cf. id., ibid., v. 1, p. 88.

de desejos, cheio do *wishful thinking*, o que não exclui a precisão, nem a responsabilidade justamente do *thinking*.[33]

Bloch cita uma passagem das *Vorlesungen* de 1935, em que Freud diz:

> Os produtos mais conhecidos da fantasia são os chamados sonhos diurnos, satisfações imaginárias de desejos ambiciosos, de grandeza, eróticos, que crescem de modo mais exuberante quanto mais a realidade exorta ao cerceamento ou à espera paciente.

Nesse ponto, Bloch lança uma crítica impiedosa ao fundador da psicanálise:

> uma psicanálise que considera todos os sonhos apenas como caminho para o reprimido, e a realidade sendo apenas a da sociedade burguesa e do mundo existente para ela, pode tranquilamente definir os sonhos diurnos como meros prelúdios dos sonhos noturnos.[34]

Enquanto o sonho noturno é de caráter regressivo, muitas vezes arcaico, o diurno é antecipador. Como sublinha Bloch: "O castelo no ar não é um prelúdio do labirinto noturno: antes, são os labirintos noturnos que formam os porões do castelo diurno no ar".[35] Assim, o sonho diurno exige um tratamento específico

33. Id., ibid., v. 1, p. 88.
34. Id., ibid., v. 1, pp. 88-89.
35. Id., ibid., v. 1, p. 89.

e não reducionista. É engajado, responsável e contém o tutano alimentado pela pulsão que o impele para que sua antevisão seja concretizada. O sonho diurno não é mero devaneio fugaz, trivial e ocioso: possui o caráter modelador da arte. Bloch determina quatro características desse tipo de sonho: o livre curso, o ego preservado, a melhoria do mundo e o "ir até o fim".

A primeira reside em que o sonho desperto não é opressivo, é uma viagem que o eu consciente suspende quando quer: "a casa do sonho desperto só é mobiliada com representações autoescolhidas, ao passo que quem dorme nunca sabe o que o espera além do limiar do subconsciente".[36] Nesse ponto, vale lembrar que Bloch era um companheiro de Walter Benjamin nas suas experiências com o haxixe ao longo dos anos 1920, conforme o registro do próprio Benjamin.[37] Assim, a passagem a seguir é, no mínimo, curiosa:

> até as *drogas* que provocam artificialmente os dois gêneros de sonho são distintas, o que significa que... nos estados fantásticos estimulados artificialmente, a fantasia do cérebro adormecido com o obscurecimento do eu difere da fantasia do dia. Mais precisamente: o ópio aparece associado ao sonho noturno; o *haxixe*, ao sonho diurno, flutuando, esvoaçando em liberdade. No transe do haxixe, o ego é pouco alterado: o seu natural aspecto individual e o intelecto não são atingidos.[38]

36. Id., ibid., v. 1, p. 90.
37. Walter Benjamin, *Schriften* IV-1, pp. 409-16.
38. Id., ibid., v. 1, p. 90.

Numa consideração responsável e sem preconceitos, Bloch vê no haxixe, sem deixar de lado a mania de grandeza e a paranoia que acompanham o transe, um certo espírito de leveza silfídico: "o mundo torna-se um concerto ideal para o talentoso sonhador do haxixe".[39] Para que o sonho diurno não se perca em quimeras ou em excessos particulares é necessária a concentração no plano da sabedoria e da experiência, isto é, dar forma a um mundo melhor.[40]

É na terceira característica do sonho diurno, a "melhoria do mundo", que se revela o prelúdio da arte e sua promessa de felicidade:

> A partir do sonho diurno, a arte contém essa natureza utópica, não para tudo dourar levianamente e sim para ter dentro de si também a privação, que com certeza não será superada apenas pela arte... sendo envolvida pela alegria como uma forma vindoura.[41]

Para Bloch, todas as utopias sociais, as grandes obras de arte e científicas (refere-se a Kepler e sua intenção de uma relação perfeita do mundo, na descoberta das leis dos movimentos planetários) estão ambientadas apenas nos sonhos diurnos e não na imersão, no caráter arcaico e pré-lógico do sonho noturno.

> É antes de tudo o interesse revolucionário, com seu conhecimento de como está ruim o mundo e seu reconhecimento do quanto

39. Id., ibid., v. 1, p. 91.
40. Cf. id., ibid., v. 1, p. 93.
41. Id., ibid., v. 1, p. 96.

> ele poderia ser bom como um outro mundo, que necessita do sonho desperto para a melhoria do mundo.[42]

Assim, a fantasia diurna dos artistas serenos tem nos desejos o seu ponto de partida, não é mera digressão. Essa fantasia os acompanha até o fim para chegar ao seu lugar de realização, ou seja, visam um ponto de chegada. Ela tem um alvo:

> O conteúdo do sonho noturno está oculto e dissimulado, enquanto que o conteúdo da fantasia diurna é aberto, fabulante, antecipador e seu aspecto latente se situa adiante. Ele mesmo provém da expansão do si mesmo e do mundo para frente, é um querer-viver-melhor, muitas vezes de fato um querer-saber-melhor".[43]

O sonho diurno não necessita de interpretação, de escavação, de uma investigação de detetive, como o noturno, mas de correção para que possa ir até o fim: momento de sua concretização. Ele pressupõe, decerto, uma disposição de humor, faz parte da hora azul e não da hora escura, exige relaxamento. Mas, como ressalta Bloch, "não busca a sonolência e sim a viagem".[44]

***

42. Id., ibid., v. 1, p. 97.
43. Id., ibid., v. 1, p. 100.
44. Id., ibid., v. 1, p. 107.

É na quarta parte de *O princípio esperança* que encontramos os "Esboços de um mundo melhor (medicina, sistemas sociais, técnica, arquitetura, geografia, perspectivas na arte e sabedoria)". Cabe aqui destacar aspectos de sua "geografia", presentes no capítulo 39 da obra, intitulado "Eldorado e Éden, as utopias geográficas". Bloch começa diferenciando o "inventar" do "descobrir", para caracterizar a esperança geográfica. O primeiro altera os objetos, intervindo neles, enquanto o segundo se limita a encontrar algo que já existe, ou seja, o novo existe apenas para o sujeito que chega a algum lugar até então desconhecido: "descobrir, portanto, parece ser também metodologicamente sinônimo de destapar, retirar a coberta, e debaixo dela encontram-se então os dados para catalogar algo que supostamente existe de forma fixa".[45] Nesse sentido, "a utopia geográfica na realidade parece à primeira vista estar em disparidade total em relação às utopias médicas, sociais e tecnológicas".[46] O que se revela falso, na medida em que "o descobrir definitivamente visa e é capaz de transformar".[47] Não é mera observação, pois altera radicalmente os valores da vida anterior que são transformados com a descoberta. Bloch inicia uma exposição que revela uma erudição bastante incomum: divaga por épocas movidas por diferentes utopias geográficas, desde os gregos, árabes, fenícios, mostrando que toda descoberta pressupõe um impulso inicial de caráter utópico. O exemplo mais importante dessa exposição é Cristóvão Colombo:

45. Id., ibid., v. 2, p. 300.
46. Id., ibid., v. 2, p. 301.
47. Id., ibid., v. 2, p. 301.

> Quando Colombo zarpou para as Índias, tinha em mente até um Éden real. Não causa surpresa, a partir dessa perspectiva, que descobertas trouxeram consigo tanto sonhos como transformações. O alvo, porém, aparece como algo que na realidade já existe. Seu conteúdo: ouro, prata, zinco, âmbar, marfim etc., também seu elemento fabuloso aguardado, a maravilha da terra distante, o qual tudo supera, tão somente precisa ser trazido".[48]

Desse modo, a descoberta geográfica nunca se contrapõe à invenção sem deixar de ser utopia; o elemento utópico perpassa tanto o inventar como o descobrir. Assim, a utopia médica se aproxima da utopia geográfica, ou seja, a utopia da abolição da morte na medicina tem seu correlato na utopia geográfica: encontrar o paraíso terrestre.[49] Colombo estava convicto que chegara às ilhas Hespérides e que atrás da terra da foz do Orinoco estaria oculto o Éden. "Essa é também a razão por que as eras do descobrimento, de Alexandre a Colombo, deram uma contribuição tão homogênea às utopias sociais".[50]

A geografia era o terreno em que tudo era considerado possível: Polifemo; serpentes semelhantes a dragões; monstros marinhos, como cracas do tamanho de uma ilha, numa aventura do marujo Simbá; o vale dos diamantes; Atlântida; florestas mágicas; mulheres sobrenaturais; desfiladeiros e montanhas; o cão do meio-dia com cabeça imóvel; a rocha que capta e imita o som; a ca-

48. Id., ibid., v. 2, p. 302.
49. Id., ibid., v. 2, p. 303.
50. Id., ibid., v. 2, pp. 304-05.

verna do tesouro; o espaço interestelar; a moeda da sorte; um escrito que cai do céu ou chega à praia como destroço; em suma, um mundo de conto de fadas, uma imbricação de Eldorado e Éden:

> a terra sempre vive o seu verão somente na terra distante, ali são cozidos os melhores frutos [...] Por isso não há uma correlação, que transcende o tempo e o espaço, apenas entre Simbá, Ulisses e o suposto expedicionário conde Ernst. Ela também existe entre Ulisses e os contos de fadas acerca do mundo a ser encontrado em grandes geógrafos como Plínio e Pompônio Mela, em enciclopedistas como Isidoro de Sevilha ou Beauvais.[51]

Curiosa é a representação do oceano Atlântico como um mar de lama mergulhado em trevas eternas; a geografia do inferno; a misteriosa ilha em algum lugar do Atlântico, onde estaria uma estátua marcada com a inscrição: *Non plus ultra* (Não vá além daqui). É um universo fantástico e medonho, repleto de perigos mortais, como acrescenta Bloch, "a fábula do perigoso mar atlântico se manteve até Colombo".[52] O mito astral do sol moribundo, o terror diante do Ocidente, o mar de lama e as ilhas Hespérides, segundo Bloch, tornaram-se frutíferos apenas no mundo cristão.

> Porque somente a lenda e a utopia geográfico-cristãs acreditavam saber acerca do paraíso terrestre *por que ele era mantido impenetrável*, e a impenetrabilidade era enfatizada em termos

51. Id., ibid., v. 2, p. 305.
52. Id., ibid., v. 2, p. 310.

geográficos. Explicita-se agora uma função: *o Éden está atrás de um cinturão de terror, o cinturão pleno de terror o contorna.*[53]

Clemente de Alexandria foi o primeiro a associar as algas, a lama e as trevas à entrada proibida no paraíso terrestre imaginado no hemisfério Sul, ideia acolhida pelos pais da Igreja; foi quando se introduziu uma relação dialética no mar sombrio.[54]

Na sequência, Bloch reconstrói o imaginário cristão-medieval acerca do procurado paraíso terrestre, até a lenda da expedição marítima de são Brandão, do reino do sacerdote João e das diferentes hipóteses de localização do paraíso na América e na Índia, como o seu contemporâneo brasileiro, Sérgio Buarque de Holanda. Foi no mesmo ano de publicação de *O princípio esperança* (1959), que a José Olympio editou a tese *Visão do paraíso: os motivos edênicos no descobrimento e colonização do Brasil*, de Sérgio Buarque com um rigor historiográfico e uma erudição só comparáveis aos do filósofo de que tratamos. Embora conhecesse a língua alemã, não se sabe se Sérgio tomou contato com o trabalho de Bloch. Mas a obra-prima de Sérgio permaneceu desconhecida de Bloch, pois este não lia português. Eis um tema que poderia resultar numa futura e produtiva análise comparada. Nesse sentido, certamente, vale a pena ter esperança!

53. Id., ibid., v. 2, pp. 310-11 (grifo do autor).

54. Id., ibid., v. 2, p. 311.

HERBERT MARCUSE, CRÍTICO DO CAPITALISMO TARDIO: REIFICAÇÃO E UNIDIMENSIONALIDADE

ISABEL LOUREIRO

Não será possível viver sem essa estúpida, exaustiva e interminável labuta – viver com menos esbanjamentos, menos plásticos e menos aparelhos mas com mais tempo e mais liberdade?[1]

RECEPÇÃO DE HERBERT MARCUSE NO BRASIL

A recepção brasileira de Herbert Marcuse nas décadas de 1960 e 1970 é repleta de equívocos. Pelo menos é o que pensa um dos mais importantes intelectuais brasileiros da atualidade quando lembra que a esquerda uspiana daquela época (leia-se os teóricos da dependência), embora marxista, era "impermeável à negatividade da Teoria Crítica",[2] vista por ela como "uma remota lamentação metafísica diante das antinomias da modernidade".[3]

Para esses intelectuais, tratava-se de desenvolver o país e o capitalismo era bem-vindo. Por isso mesmo, a entrada de Marcuse no Brasil não se deu pela porta da academia – a USP torcia o nariz para a filosofia *pop* de Marcuse –,[4] mas a partir do su-

1. Herbert Marcuse, *Contrarrevolução e revolta*. Rio de Janeiro: Zahar, 1981, p. 31.
2. Paulo Arantes, "Recordações da recepção brasileira de Herbert Marcuse", in *Zero à esquerda*. São Paulo: Conrad, 2004, p. 150.
3. Id., ibid., p. 151.
4. Paulo Arantes, em depoimento à *Folha de S. Paulo* (Caderno Mais!, 10 maio 1998) sobre a rebelião estudantil de maio de 1968, diz: "Era moda aliás nos altos

cesso midiático na França seus estudos surgiram no Brasil, em 1968, na condição de "ideólogo do movimento estudantil".[5] Em seguida, o "leitor de Platão e Hegel, derradeiro filósofo da Razão Objetiva", foi associado à contracultura[6] e visto como "precursor do 'irracionalismo'".[7]

escalões do saber mariantonesco desancar o pobre Marcuse – por falta de rigor, é claro. Grande Recusa não era mesmo conosco".

5. P. Arantes, "Recordações da recepção brasileira de Herbert Marcuse", p. 149. Para uma versão detalhada dessa recepção, ver Jorge Coelho Soares, "A recepção das ideias de Marcuse no Brasil", in *Marcuse – uma trajetória*. Londrina: Eduel, 1999.

6. Sobre a ligação feita no Brasil entre Marcuse e a contracultura, ver Carlos Nelson Coutinho, "Dois momentos brasileiros da Escola de Frankfurt", in *Cultura e sociedade no Brasil*. Ensaios sobre ideias e formas. Belo Horizonte: Oficina de Livros, 1990. Ver também J. C. Soares, *Marcuse no Brasil*. Londrina: Edições Cefil, 1999. Talvez essa recepção desencontrada decorra da má divulgação de sua obra. *Eros e civilização* (1955) e *O homem unidimensional* (1964), livros que tornaram Marcuse conhecido no mundo inteiro, foram publicados no Brasil nos anos 1960 (o último com o título *Ideologia da sociedade industrial*), assim como *O fim da utopia* (1969) e *Marxismo soviético*: uma análise crítica (1969). Mais tarde apareceram *Contrarrevolução e revolta* (1973), *Razão e revolução* (1978), escrito em 1941, e *Ideias para uma Teoria Crítica da sociedade* (1981). Os ensaios dos anos 1930 – que originalmente faziam parte da *Revista de Pesquisa Social* e que mostram, com clareza, a contribuição fundamental de Marcuse à elaboração da Teoria Crítica da sociedade – só foram publicados no fim dos anos 1990 nos dois volumes de *Cultura e sociedade* (1997, 1998). Na série de equívocos que constituiu a recepção de Marcuse no Brasil, é preciso registrar o caso do volume dedicado à Escola de Frankurt da coleção Os Pensadores. O volume reuniu ensaios de Benjamin, Adorno, Horkheimer e Habermas, mas excluiu Marcuse.

7. Paulo Arantes, "Recordações da recepção brasileira de Herbert Marcuse", p. 152. Observe-se que nenhum dos livros de Marcuse publicados no Brasil

O depoimento de Paulo Arantes foi dado em junho de 1998, por ocasião do colóquio em comemoração do centenário de Brecht e Marcuse,[8] pouco antes da reeleição de Fernando Henrique Cardoso para a presidência da República. O país estava mais uma vez mergulhado na síndrome da modernização a todo vapor e na esperança de

> sair do desvio e entrar finalmente nos eixos da normalidade capitalista pautada pelos países centrais. Que deixa assim de ser criticada e vista ela mesma como uma ameaça à sobrevivência da humanidade. [...] Portanto, a Grande Recusa não é mesmo conosco,

nas décadas de 1960/70 tem uma introdução ao seu pensamento. A exceção é a péssima introdução de Vamireh Chacon a um ensaio de Marcuse de 1928 ("Contribuições para uma fenomenologia do materialismo histórico", traduzido por "Contribuições para a compreensão de uma fenomenologia do materialismo histórico", in *Materialismo histórico e existência*. Rio de Janeiro: Tempo Brasileiro, 1968), em que a tradução do próprio Chacon chega a ser ilegível de tão confusa. Só muito mais tarde, já no âmbito de uma recepção "acadêmica" de Marcuse, encontramos uma introdução de Wolfgang Leo Maar ao volume 1 de *Cultura e Sociedade*, mostrando a relação do filósofo com a Teoria Crítica da sociedade. Em 1999, foram publicados *Tecnologia, guerra e fascismo* (São Paulo, Editora Unesp), tradução do inglês de uma coletânea de artigos inéditos da década de 1940, organizada por Douglas Kellner, e uma outra coletânea organizada por mim, com entrevistas, artigos e palestras da década de 1970, *Herbert Marcuse – A grande recusa hoje* (Petrópolis, Vozes). Em 2001, organizei uma pequena coletânea de três ensaios, *Cultura e psicanálise*, publicada pela Paz e Terra.

8. Realizado na Unesp, campus de Marília, e no Instituto Goethe de São Paulo, em junho de 1998.

> salvo no dia em que se descobrir que o futuro já chegou e é isso mesmo que estamos vendo, desintegração social impulsionada pelo programa suicida da economia mundializada. Quando essa experiência inédita se cristalizar de vez, Marcuse será finalmente compreendido na sua verdadeira dimensão.[9]

A pergunta que guiará este artigo é: Qual a verdadeira dimensão do pensamento de Marcuse? Como não é possível falar da obra completa, o artigo limita-se ao Marcuse filósofo político – traço que o distingue dos demais filósofos da Teoria Crítica – que pensa a política não como atividade de profissionais especializados em disputa pelo poder de Estado, mas como participação ativa dos indivíduos nos assuntos que lhes dizem respeito. Só assim seria possível uma democracia real, criada por indivíduos autônomos, conscientes das possibilidades de uma vida verdadeiramente humana.

9. Paulo Arantes, "Recordações da recepção brasileira de Herbert Marcuse", p. 153. É só a partir de fins da década de 1990 que é possível dizer que Marcuse teve finalmente uma recepção à altura e encontrou seu espaço na universidade brasileira. Desde então, várias dissertações de mestrado foram defendidas (Robespierre de Oliveira, *Razão e felicidade na filosofia de Marcuse* (1936-38), Ufscar, 1996; Angela Maria Rodrigues, *A sociedade emancipada em Herbert Marcuse*, Unesp, 2000; Marília Melo Pisani, *Marcuse e Freud: uma interpretação polêmica* – um estudo de *Eros e Civilização*, Ufscar, 2002; Stefan Fornos Klein, *Sobre a dominação e a emancipação na teoria crítica de Herbert Marcuse*, USP, 2006) e teses de doutorado (Robespierre de Oliveira, *O papel da filosofia na Teoria Crítica de Herbert Marcuse*, USP, 2001; Marília Mello Pisani, *Técnica, ciência e neutralidade no pensamento de Herbert Marcuse*, Ufscar, 2008).

TRAJETÓRIA INTELECTUAL

Primeiro filho de uma família abastada de judeus convertidos, Herbert Marcuse teve uma infância e uma adolescência convencionais, segundo o padrão das elites na Alemanha imperial, ou seja, partilhou de formação humanista, mas nada politizada. De acordo com inúmeras entrevistas que concedeu ao longo de sua vida, a derrota da revolução alemã foi a razão que o empurrou para a esquerda. Numa dessas entrevistas (1977), à pergunta de como se tinha politizado, respondeu: "Tem a ver com a minha vivência direta da revolução alemã de 1918. Naquela época podia-se tocar com as mãos o que estava acontecendo. Participei na última concentração de massas em que Rosa Luxemburgo falou; eu estava em Berlim quando Karl Liebknecht e Rosa Luxemburgo foram assassinados. Já em 1919 era claro para mim que a revolução estava perdida".[10]

Em novembro de 1918, o jovem Herbert foi eleito representante no conselho de soldados de Berlim-Reinickendorf, e saiu quando antigos oficiais do exército imperial começaram também a ser eleitos. Em 1919, abandonou o Partido Social-Democrata – sua primeira e única filiação partidária –, por considerar as lideranças responsáveis pelo assassinato de Rosa Luxemburgo e Karl Liebknecht. Essa breve experiência conselhista o acompanhou até o fim da vida, servindo de exemplo à noção de democracia radical. Nos anos 1970, quando instado a explicar de maneira

10. Herbert Marcuse, *Gespräche mit Herbert Marcuse*. Frankfurt am Main: Suhrkamp, 1978, p. 98.

concreta a ideia de democracia radical, sempre mencionava a experiência dos conselhos.

Com a derrota da revolução alemã

> parecia que não havia nada com que nos pudéssemos identificar. [...] Que acontece depois do fracasso da revolução? Uma pergunta que para nós era absolutamente decisiva. Certamente continuava-se a ensinar filosofia; a cena acadêmica era dominada pelo neokantismo, o neo-hegelianismo e, de repente, apareceu *Ser e tempo* como uma filosofia realmente concreta [...] [que] parecia ter a ver conosco.[11]

Em 1928, vai para Freiburg estudar com Heidegger, e até o começo da década de 1930 publica uma série de artigos na revista da social-democracia alemã – *Die Gesellschaft*, dirigida por R. Hilferding – e em revistas acadêmicas. Buscava, a partir de uma perspectiva fenomenológica, revitalizar a teoria marxista, petrificada nas interpretações deterministas, economicistas e sociologizantes correntes nos partidos de esquerda.

Nesse momento de sua vida intelectual, Marcuse faz uma tentativa malsucedida, porém interessante, de unir fenomenologia e marxismo,[12] com o objetivo de embasar filosoficamente uma

11. Id., ibid., p. 10.

12. Neste ponto, Marcuse antecipou o empreendimento posterior de Sartre. Ver H. Marcuse, *Gespräche mit Herbert Marcuse*, p.22. Sobre a tentativa de unir fenomenologia e marxismo, ver Isabel Loureiro, "Filosofia e revolução no jovem Marcuse". *Contemporaneidade e Educação – A atualidade da Escola*

"teoria da revolução".[13] O jovem filósofo procurava, do ponto de vista teórico, esconjurar a derrota da revolução alemã, cuja responsabilidade, para o filósofo, cabia em parte à política reformista do SPD.[14]

Além disso, como discípulo de Heidegger, Marcuse pensava ser possível combinar existencialismo e marxismo na medida em que ambas as filosofias insistiam na necessidade da "análise concreta da existência humana real, dos seres humanos e de seu mundo".[15] Num artigo de 1929, retomando a análise de Lukács sobre a reificação, explica que a "crise do capitalismo é uma crise da existência, a qual se encontra efetivamente abalada nos seus fundamentos".[16]

Embora na década de 1930, já nos Estados Unidos, Marcuse tenha se afastado de Heidegger,[17] é plausível dizer que a influência do existencialismo permaneceu na sua filosofia, num traço

de Frankfurt. Rio de Janeiro: Instituto de Estudos da Cultura e Educação Continuada, v. 0, 1996, p. 75-89.

13. Herbert Marcuse, "Beiträge zu einer Phänomenologie des Historischen Materialismus" [1928]. *Schriften* 1. Frankfurt am Main: Suhrkamp, 1978, p. 367.

14. "[...] vivenciei a derrota em Berlim, em parte foi traição, em parte repressão" (Franz Stark (org.), *Revolution oder Reform – Herbert Marcuse und Karl Popper. Eine Konfrontation*. Munique: Kösel Verlag, 1971.).

15. Frederick A. Olafson, "Heidegger's politics: an interview with Herbert Marcuse". *Graduate Faculty Philosophy Journal*, Nova York: n. 1, v. 6, 1977, p. 29.

16. Herbert Marcuse, "Über konkrete Philosophie" [1929], in *Schriften* 1. Frankfurt am Main: Suhrkamp, 1978, p. 395.

17. Isabel Loureiro (org.), "Herbert Marcuse e Martin Heidegger – correspondência", in *Herbert Marcuse – a grande recusa hoje*. Petrópolis: Vozes, 1999, pp. 41-46.

"individualista" que lhe é próprio e que aparece, por exemplo, num artigo de 1938,[18] quando escreve: "A felicidade universal, separada da felicidade dos indivíduos, é uma ideia sem sentido". Nessa época, Marcuse publica uma série de ensaios na *Revista de Pesquisa Social*. Entre os vários temas que aborda em sua contribuição à Teoria Crítica da sociedade, Marcuse ataca a filosofia de Heidegger e sua adesão ao nazismo;[19] critica a cultura burguesa, encerrada nos valores do espírito, a que opõe a "reintegração da cultura no processo material da vida";[20] defende a "prática transformadora" visando criar uma "organização racional da sociedade"[21] etc. Esses ensaios, considerados dentre os "mais significativos da Teoria Crítica",[22] mereceriam uma análise à parte, mas isso foge ao escopo deste artigo.

De 1942 a 1951, por razões econômicas, Marcuse foi obrigado a trabalhar para dois órgãos do governo norte-americano: Office of War Information e Office of Strategic Services (de maio de 1943 a

18. Herbert Marcuse, "Para a crítica do hedonismo" [1938], in *Cultura e sociedade*. São Paulo: Paz e Terra, v. 1, 1997.
19. Id., "O combate ao liberalismo na concepção totalitária do Estado" [1934], in *Cultura e sociedade*. São Paulo: Paz e Terra, v. 1, 1997.
20. Id., "Sobre o caráter afirmativo da cultura" [1937], in *Cultura e sociedade*. São Paulo: Paz e Terra, v. 1, 1997, p. 128.
21. Id., "Zum Begriff des Wesens" [1936], in *Schriften* 3. Frankfurt am Main: Suhrkamp, 1979, p. 66.
22. Alfred Schmidt, "Herbert Marcuse – Versuch einer Vergenwärtigung seiner sozialphilosophischen und politischen Ideen", in Institut für Sozialforschung (org.), *Kritik und Utopie im Werk von Herbert Marcuse*. Frankfurt am Main: Suhrkamp, 1992, p. 22.

setembro de 1945). Quando este último foi dissolvido, passou para o Departamento de Estado, tornando-se chefe do *bureau* centro-europeu. Por exigência de seu cargo, os textos produzidos nesse período são claramente políticos: análises do fascismo alemão, projeto para um livro sobre teoria da mudança social (em colaboração com Franz Neumann), teses sobre a situação política da época – que anunciam ideias desenvolvidas posteriormente em *O homem unidimensional* –, análise da literatura surrealista francesa como forma de oposição à sociedade existente, entre outros.

Tal produção mostra um filósofo empenhado na prática política que naquele momento se apresentava como possível para ele: trabalhar no esforço de guerra contra o nazismo, elaborando projetos que poderiam contribuir para o processo de desnazificação da Alemanha no pós-guerra. Anos mais tarde, ao falar dessa época, Marcuse mostrou não ter nenhuma ilusão sobre a eficácia do seu trabalho, uma vez que muitos nazistas que deveriam ter sido julgados e condenados como "criminosos de guerra na economia" continuavam ocupando postos importantes.[23] Tornou-se professor em 1954, na Universidade Brandeis, em Boston (nas disciplinas de filosofia e ciência política), e, em 1965, foi para a Universidade da Califórnia em San Diego (onde lecionava ciência política).

Uma obra que teve importância decisiva na passagem do heideggerianismo ao marxismo foram os *Manuscritos econômico-filosóficos* do jovem Marx, publicados em 1932, cujas ideias acompanharam Marcuse para o resto da vida. Ele foi o primeiro filósofo

23. Sobre esse período, ver Herbert Marcuse, *Tecnologia, guerra e fascismo*. São Paulo: Editora Unesp, 1999; id., *Gespräche mit Herbert Marcuse*, pp. 20-21.

a fazer um comentário exaustivo desses escritos. O comunismo a que Marx se referia nos *Manuscritos* não significava apenas a transformação das bases materiais da sociedade, mas também a emancipação radical do ser humano, o que, segundo Marcuse, não pode ser alcançado por meio de reformas econômicas ou políticas, mas exige uma "*revolução total*".[24] Mais tarde, essa formulação passou a ter como conteúdo ideias como a libertação dos sentidos e a transformação profunda da consciência e do inconsciente, conforme demostrado no trecho a seguir:

> Ocupei-me dessa dimensão negligenciada do marxismo, sobretudo após a Segunda Guerra Mundial, quando estudei Freud mais cuidadosamente. Depois de 1945, a história se repetia: de novo ascensão e derrota da revolução, macarthismo, guerra fria, degenerescência do regime soviético. Naquela época ficou claro para mim, sem dúvida sob a influência da Escola de Frankfurt, que o marxismo havia negligenciado um aspecto fundamental, uma das precondições da revolução, a saber, a necessidade de uma *mudança radical na consciência e no inconsciente do ser humano*, na sua psicologia, nas suas necessidades, nas suas aspirações.[25]

Dito de outra maneira, Marcuse começa a entender que, se não

24. Id., "Neue Quellen zur Grundlegung des Historischen Materialismus" [1932], in *Schriften* 1. Frankfurt am Main: Suhrkamp, 1978, 536. Tradução brasileira: "Novas fontes para a fundamentação do materialismo histórico", in *Ideias sobre uma teoria crítica da sociedade*. Rio de Janeiro: Zahar, 1981, p. 36.
25. Id., "Voraussetzungen der Revolution". *Neues Forum*. Berlim, H. 232, abr. 1973, p. 13 (grifo nosso).

soubermos como funciona a subjetividade humana, a luta política torna-se ineficaz e a revolução condenada ao fracasso. Aqui juntam-se Marx e a psicanálise freudiana, tal como ele a interpretou. Dessa forma, o filósofo procura renovar o marxismo, ampliando o seu espectro temático ao teorizar sobre a *dimensão subjetiva* da vida humana vinculada à mudança social. A psicanálise vem preencher a lacuna que Marcuse tentara sanar com a filosofia existencial: tratava-se de compreender o papel desempenhado pelo indivíduo na reprodução das estruturas sociais ou, nas suas palavras, de compreender "como as instituições sociais se reproduzem a si mesmas nos indivíduos e como os indivíduos, ao reproduzirem a sua própria sociedade, atuam nessas instituições."[26]

De maneira bem resumida, é esse o cenário no qual Marcuse procura, a partir de *Eros e civilização* (1955), construir uma teoria do sujeito revolucionário (nos anos 1970, Marcuse pensará em termos de sujeitos, no plural), voltando-se para a psicanálise de Freud com o objetivo de entender por que "todas as revoluções foram também revoluções traídas".[27] Ele considerava necessário

26. Frederick A. Olafson, op. cit., p. 40.

27. Herbert Marcuse, *Eros e civilização*. Rio de Janeiro: Zahar, 1978, p. 92. Numa entrevista à uma rede de televisão da Baviera, datada de janeiro de 1971, Marcuse explicou essa ideia da seguinte maneira: "Nessa época [início dos anos 1930] fui me tornando cada vez mais político. Era claro que o fascismo viria e isso me levou a um estudo intensivo de Marx e Hegel. Freud veio um pouco mais tarde. Tudo isso com o propósito de entender por que numa época em que realmente estavam dadas as condições para uma revolução autêntica, essa revolução fracassou ou foi derrotada, as antigas forças voltam ao poder e tudo

ir além de uma análise em termos político-econômicos e entender por que, paralelo ao Termidor histórico-social está o "Termidor psíquico": os rebeldes, após derrubarem o velho poder, sentem-se culpados (assim como os filhos do clã primitivo sentem culpa pelo assassinato do pai, porque tinham com ele uma relação ambígua de amor e ódio), identificam-se com ele e tornam, assim, a instituir um novo poder tão ou mais opressivo que o anterior. Em outras palavras, a dominação não é só externa, mas é interiorizada, o que explica as sucessivas derrotas das revoluções em termos psíquicos, revolução entendida como revolucionamento total da vida no capitalismo. Haveria, assim, nos próprios indivíduos "uma dinâmica que nega internamente a libertação e a satisfação possíveis".[28] É esse indivíduo autorreprimido que apoia os senhores e suas instituições, reproduzindo a dominação, quase sempre de bom grado e inconscientemente, como se fosse uma segunda natureza. A repressão das pulsões de vida (Eros) cria indivíduos aptos a aceitarem uma sociedade repressiva e a temerem a própria libertação, num processo que o filósofo, retomando La Boétie, chama de "servidão voluntária". Marcuse nunca abandonou as ideias desenvolvidas em *Eros e civilização*.

CAPITALISMO E REIFICAÇÃO – O HOMEM UNIDIMENSIONAL

A obra *O homem unidimensional* tornou-se símbolo da oposição

recomeçou de uma maneira ainda pior". (Id., *Revolution oder Reform?* Munique: Kösel-Verlag, 1976, p. 4).

28. Id., "A noção de progresso à luz da psicanálise" [1968], in *Cultura e psicanálise*. São Paulo: Paz e Terra, 2001, p. 130.

cultural e política nos anos 1960 e é um dos mais conhecidos livros do filósofo alemão. Em cinco anos, vendeu 100 mil exemplares nos Estados Unidos, tendo sido traduzido para 16 línguas. Publicado em francês em 1968, foi discutido pelos estudantes rebeldes nas barricadas, em maio do mesmo ano. Até 1991, quando foi publicada a segunda edição norte-americana, o livro já tinha ultrapassado a marca de 300 mil exemplares vendidos.[29]

Esse sucesso fez da obra alvo de críticas contundentes por parte da esquerda marxista ortodoxa. Mas foi criticada também pela direita, escandalizada pelo viés supostamente anticientífico e antitecnológico do livro, o qual se traduziria numa crítica irracionalista à civilização ocidental e na rejeição da ideia de progresso, tópico que será comentado no fim deste artigo.[30] Passadas quase cinco décadas, é possível não só fazer uma avaliação mais serena

29. Embora o livro seja um sucesso de vendas, há dúvidas em relação à leitura efetiva dessa obra, já que exige um bom preparo em filosofia.

30. As críticas marxistas ortodoxas mais conhecidas são as de Wolfgang Haug, as de Claus Offe e as de Joachim Bergmann, presentes na obra *Antworten auf Herbert Marcuse*, organizada por Habermas. No Brasil, Carlos Nelson Coutinho ("Dois momentos brasileiros da Escola de Frankfurt", in *Cultura e sociedade no Brasil. Ensaios sobre ideias e formas*. Belo Horizonte: Oficina de Livros, 1990) representa a posição marxista ortodoxa e Gérard Lebrun ("Sobre a tecnofobia", in Adauto Novaes (org.), *A crise da razão*. São Paulo: Companhia das Letras, 1996), encarna a visão liberal. Sobre a crítica de Marcuse à ciência e à tecnologia, ver Isabel Loureiro, "Breves notas sobre a crítica de Herbert Marcuse à tecnologia", in Bruno Pucci, Luiz Antônio Lastória e Berlamino C. Costa (orgs.), *Tecnologia, cultura e formação... ainda Auschwitz*. São Paulo: Cortez, 2003; Id., "Le marxisme écologique de Herbert Marcuse: il faut changer le sens du progrès", in Jean-Marie Harribey & Michael Löwy (org.), *Capital contre nature*. Paris: PUF, 2003.

das ideias ali expostas, como também reconhecer que são hoje mais atuais do que no momento em que o livro foi escrito. A ideia central de *O homem unidimensional* é que a "sociedade industrial avançada"[31] (como Marcuse chama o capitalismo tardio, ou capitalismo fordista, visando englobar tanto os países comunistas como os Estados Unidos), aparentemente tão plural e multifacetada, habitada por indivíduos livres para escolher o modo de vida que mais lhes convém, quando passa pelo crivo da Teoria Crítica revela-se como a mais irracional e manipulada de todas as que existiram até hoje. Segundo essa análise, o mundo capitalista do pós-guerra, apesar da aparência de democracia e liberdade, era na realidade uma "pseudodemocracia"[32] na qual os indivíduos, dominados pela forma-mercadoria, tinham deixado de ser sujeitos para se tornarem objetos de manipulação e dominação ("disfarçada" em administração)[33] em todos os níveis: econômico, político, cultural. A produção e distribuição maciça de mercadorias[34] satisfaziam de

31. O subtítulo do livro em inglês é "Studies in the Ideology of Advanced Industrial Society". No entanto, este artigo é baseado na edição francesa (Herbert Marcuse, *L'Homme unidimensionnel – Essai sur l'idéologie de la société de industrielle avancée*. Paris: Les Editions de Minuit, 1968).
32. Herbert Marcuse, "Die Unterschiede zwischen alter und neuer Linker", in Peter-Erwin Jansen (org.), *Nachgelassene Schriften*. Lüneburg: zu Klampen!, v. 4, 2004, p. 107.
33. "No seu estágio mais elevado, a dominação funciona como uma administração" (Herbert Marcuse, *L'Homme unidimensionnel*, p. 278).
34. É preciso lembrar que no período posterior à Segunda Guerra Mundial os trabalhadores tiveram aumento real de salário que lhes permitiu pela primeira vez fazer parte da sociedade de consumo.

tal forma os desejos dos indivíduos que eles se deixavam dominar livremente – um paradoxo, entre muitos – e não percebiam que o *totalitarismo* tinha assumido uma nova figura, a da "servidão voluntária":

> O totalitarismo não é apenas uma uniformização político-terrorista, é também uma uniformização econômico-técnica não terrorista que funciona manipulando as necessidades em nome de um falso interesse geral. Uma oposição eficaz ao sistema não pode se produzir nessas condições. O totalitarismo não é apenas uma forma específica de governo ou de partido, mas decorre antes de um sistema específico de produção e de distribuição, perfeitamente compatível com 'pluralismo' de partidos, de jornais, com a 'separação de poderes' etc. [...] a democracia é o sistema de dominação mais eficaz.[35]

O diagnóstico está feito – "reificação total no fetichismo total da mercadoria"[36] – e remete, em última instância, ao processo de desenvolvimento da razão ocidental como processo de "desencantamento do mundo" (Weber), que leva ao que Horkheimer[37] chamou de "razão instrumental", "formalizada": "ou seja, o funcionamento abstrato do mecanismo do pensamento", que permite

35. Herbert Marcuse, *L'Homme unidimensionnel*, pp. 29 e 77. O que não impede Marcuse de reconhecer "a superioridade dos sistemas democráticos sobre os sistemas não democráticos" (id., ibid., p. 142).
36. Id., ibid., p. 8.
37. Max Horkheimer, *Eclipse da razão*. Rio de Janeiro: Editorial Labor do Brasil, 1976, pp. 28, 40, 11, 13.

"calcular probabilidades e desse modo coordenar os meios corretos com um fim determinado", sem necessidade de reflexão sobre o conteúdo dos fins. Para essa razão empobrecida, Marcuse forja o conceito de "racionalidade tecnológica", descrevendo seu modo de proceder com expressões paradoxais como "racionalidade irracional" ou "irracionalidade racional".[38] A razão ocidental plenamente desenvolvida – unidimensional – impregna a sociedade e o pensamento.[39]

A ideia básica desenvolvida em vários artigos e em *O homem unidimensional* é que o projeto histórico[40] da civilização ocidental (cujo último estágio é o da "sociedade tecnológica") consiste na transformação do homem e da natureza em matéria quantificável, calculável, despida de todas as qualidades sensíveis, de causas finais e de valores. Essa quantificação/formalização da natureza

38. Eis um exemplo extremo da "irracionalidade racional" do sistema capitalista: "quando os cientistas se debruçam sobre o problema perturbador da aniquilação mútua – calculando matematicamente como matar, como matar de maneira perfeita, medindo as distâncias que as chuvas radioativas podem atingir, experimentando a resistência do corpo em condições anormais – a ciência adota um procedimento mistificador, na medida em que implica e até mesmo impõe um comportamento que admite esse empreendimento demente. Isso equivale a um comportamento verdadeiramente racional – que seria a recusa a continuar, a tentativa de agir sobre as condições que provocam esse empreendimento demente." (Herbert Marcuse, *L'Homme unidimensionnel*, p. 213).
39. A primeira parte de *O homem unidimensional* intitula-se "Sociedade unidimensional" e a segunda, "Pensamento unidimensional".
40. Marcuse refere-se a Sartre dizendo que o termo "projeto" enfatiza "os elementos de liberdade e de responsabilidade inerentes à determinação histórica" (Herbert Marcuse, *L'Homme unidimensionnel*, p. 22, nota 2).

se desenvolve paralelamente à quantificação do sujeito humano, transformado em força de trabalho. Em resumo, Marcuse descreve a transformação da natureza e do homem em mercadoria no decorrer do desenvolvimento do modo de produção capitalista. No capitalismo do pós-guerra, dado o crescente avanço tecnológico, esse processo teria chegado ao auge no mundo inteiro:

> A tecnologia permite instituir formas de controle e de coesão social ao mesmo tempo mais novas, mais eficazes e mais agradáveis. Existe outro aspecto dessa tendência totalitária: ela se estendeu às regiões do mundo menos desenvolvidas e mesmo pré-industriais, ela cria semelhanças entre o desenvolvimento do comunismo e o do capitalismo.[41]

Falar em projeto histórico[42] significa dizer que essa forma de organização da sociedade não é algo como um destino inelutável que os homens não escolheram e ao qual têm que se submeter, e sim o resultado de uma "*escolha* inicial entre possibilidades históricas determinadas [...] É um 'projeto' de realização entre outros".[43] Porém, acrescenta Marcuse, uma vez o projeto posto em andamento – a transformação da natureza e do homem em matéria quantificável e assim passível de ser transformada em mercadoria, como já foi dito – ele torna-se exclusivo. À medida que esse projeto se desenvolve, ele determina a economia, a política e a cultura, que

41. Herbert Marcuse, *L'Homme unidimensionnel*, p. 21.
42. Id., ibid., p. 241-243.
43. Id., ibid., p. 22.

"se amalgamam num sistema onipresente que devora ou rejeita todas as alternativas. Esse sistema tem uma produtividade e um potencial crescentes que estabilizam a sociedade e encerram o progresso técnico no esquema da dominação. A racionalidade tecnológica tornou-se racionalidade política".[44]

Essa análise suscitou fortes críticas por parte da esquerda marxista que o acusava de defender a "autonomia da tecnologia" e de ficar paralisado no "pessimismo" de uma sociedade sem oposição.

TENSÃO ENTRE SER E VALOR

O conceito de "racionalidade tecnológica" remete à ideia de "racionalidade formal" de Weber[45] e ao modo como Lukács, com o conceito de reificação, se apropriou dessa ideia em *História e consciência de classe*, um dos livros que levaram Marcuse, desde a juventude, a fazer uma leitura não dogmática da teoria de Marx. Com o conceito de reificação, Lukács opera "uma síntese poderosa e original da teoria do fetichismo da mercadoria de Marx e da teoria da racionalização de Weber" na medida em que funde "a categoria weberiana da racionalidade formal[46] – caracterizada pela abstração e pela quantificação – com as categorias marxianas

44. Id., ibid., p. 22.

45. Max Horkheimer (*Eclipse da razão*, p. 14) traça um paralelo entre sua distinção de razão subjetiva e razão objetiva e a distinção weberiana de racionalidade funcional e substancial. Ver também Herbert Marcuse, "Industrialização e capitalismo na obra de Max Weber" [1964], in *Cultura e sociedade*. São Paulo: Paz e Terra, v. 2, 1998.

46. Esta engloba o funcionamento da empresa capitalista, da burocracia privada e estatal, do direito moderno e das ciências especializadas ligadas a essas

de trabalho abstrato e de valor de troca".[47] O conceito de reificação permite compreender a desumanização dos seres humanos no capitalismo na medida em que capta em termos teórico-críticos a característica fundamental da civilização ocidental moderna. Tal civilização transforma o mundo qualitativo, com toda a sua diversidade, em um mundo abstrato subordinado à reprodução do capital e de sua lógica expansionista.

É esse conceito de reificação,[48] adotado desde os escritos de juventude, que Marcuse retoma em *O homem unidimensional*. No interior dessa "sociedade totalmente reificada", voltada só para a produtividade e o consumo, há uma integração de todas as dimensões da vida, mesmo as subjetivas. Até a arte e a filosofia – anteriormente redutos da transcendência e da negação – foram absorvidas pelo aparato administrativo-burocrático fundado na tecnologia: "a tecnologia tornou-se o grande veículo da *reificação* – uma reificação que chegou à forma mais acabada e mais eficaz".[49]

Após essa breve apresentação de Marcuse e sua mais importante obra, parece impossível não concordar com as críticas mencionadas antes. O diagnóstico do mundo do pós-guerra como totalitário e sem oposição parece levar, de fato, a um beco sem saída. Mas essas críticas negligenciaram algo importante: a cons-

esferas. A racionalidade formal estende-se de maneira crescente e irreversível a todos os domínios da vida em sociedade.

47. Michael Löwy, "Figures du marxisme wébérien". *Actuel Marx*, n. 11, 1992, pp. 82-83.

48. Herbert Marcuse, *Razão e revolução*. Rio de Janeiro: Paz e Terra, 1978, pp. 257 ss.

49. Id., *L'Homme unidimensionnel*, pp. 191-192.

trução do seu *O homem unidimensional*, atravessado do começo ao fim por uma tensão[50] entre um polo "fechado" e outro "aberto", já presente em sua introdução:

> O homem unidimensional oscilará entre duas hipóteses contraditórias: 1. Ou a sociedade industrial avançada é capaz de impedir uma transformação qualitativa da sociedade num futuro imediato. 2. Ou existem forças e tendências capazes de ir além e de fazer explodir a sociedade. Não penso que se possa ter uma resposta clara. As duas tendências estão aí, uma ao lado da outra, até mesmo uma na outra. A primeira tendência é dominante.[51]

Em outras palavras, ou o capitalismo consegue dominar suas contradições e continuar acumulando indefinidamente; ou a ação, mesmo precária e fragmentada das poucas forças de oposição, pode levar à ruptura.

Herbert Marcuse segue à risca esse preceito "metodológico" exposto no início do livro: suas análises mostram sempre a tensão não resolvida entre um sistema fechado de dominação, um controle quase total sobre o homem e a natureza (inspirado não só em Weber, mas também na *Dialética do esclarecimento* de Adorno e Horkheimer) e possibilidades de ruptura, naquele momento bem mais teóricas que práticas, a partir das pulsões de vida (Eros) em revolta, incorporadas por Marcuse numa concep-

50. Marcuse refere-se a uma "tensão entre 'ser' e 'dever ser', entre essência e aparência, entre potencial e atual" (*L'Homme unidimensionnel*, p. 122).
51. Id., ibid., p. 21.

ção dialética da história. Esses dois polos – um objetivo, "fechado", outro subjetivo, "aberto" – não mediados e possivelmente não mediáveis, percorrem toda a obra, tornando-a original. Na época de sua publicação, tais características não foram compreendidas pelos críticos.[52]

O próprio estilo do livro espelha essa tensão. Marcuse começa sempre pela descrição da aparência, dos fatos, do imediato – a sociedade coesa, sem ruptura – para, em seguida, desmontar essa falsa harmonia, mostrando seu avesso e apontando as brechas que põem em risco a solidez do edifício. O pensamento dialético que a Teoria Crítica visa preservar é ele mesmo o meio utilizado por Marcuse para as suas análises. A assim dita sociedade fechada, unidimensional, só o é enquanto aparência a ser desfeita pela Teoria Crítica que – ao manter a tensão entre o que é e o que pode/deve ser, entre existência e essência – mantém viva a distinção entre verdadeira e falsa consciência,[53] entre interesse real e interesse imediato, entre verdadeiras e falsas necessidades.

52. "Essas duas tendências opostas da sociedade contemporânea correspondem aos dois lados da filosofia social de Marcuse (realmente não mediados e certamente também não mediáveis). Aqui, a apresentação rigorosa do mundo como um sistema quase completo de dominação e controle do homem e da natureza, acolá indicações para uma antropologia das pulsões de vida em revolta. Habermas esclarece essa mistura particular de objetivismo e subjetivismo, dizendo que o Marcuse tardio abandonou qualquer filosofia da história linear." (Alfred Schmidt, op. cit., 1992, pp. 39-40).

53. Herbert Marcuse, *L'Homme unidimensionnel*, p. 232.

No seu diagnóstico do capitalismo tardio, Marcuse analisa os três planos em que se dá a reificação da sociedade: econômico, político e cultural. Para explicar esse período de estabilização do capitalismo ("sociedade afluente", título de um livro de John Kenneth Galbraith), ele começa fazendo uma espécie de apanhado da sociologia do trabalho da época, mostrando como as mudanças operadas no processo de trabalho fornecem elementos para entender a aliança entre capital e trabalho típica do *Welfare State*.

Na base de todas essas mudanças está o grande desenvolvimento das forças produtivas com a consequente automação do processo de trabalho, que requer uma "nova classe trabalhadora",[54] mais qualificada intelectualmente, e ao mesmo tempo interessada no bom funcionamento do aparato de produção. A organização tecnológica da produção elimina a figura do patrão ao qual o operário se opunha; os dirigentes e os capitalistas são burocratas anônimos no "aparelho do grande capital". Sob uma capa burocrática, aparentemente racional, esconde-se a dominação. "O ódio e a frustração não têm mais alvo e o véu tecnológico dissimula a desigualdade e a escravidão."[55] A administração é a nova forma de dominação sobre a qual os "indivíduos não têm nenhum controle. Os escravos da civilização industrial avançada são escravos sublimados, mas continuam escravos", submetidos à

54. Ou classe trabalhadora "ampliada", como a chamará mais tarde, incluindo trabalhadores manuais e intelectuais.

55. Herbert Marcuse, *L'Homme unidimensionnel*, p. 57.

> forma pura da servidão: existir como instrumento, como coisa. Mesmo que a coisa seja animada, que escolha sua alimentação material e intelectual, que não sinta sua existência-de-coisa, que seja bonita, limpa, móvel, não há dúvida sobre sua servidão.[56]

A reificação é total no plano econômico e, embora a luta de classes não tenha desaparecido, todas as classes estão submetidas aos ditames da economia e são prisioneiras do canto de sereia das mercadorias. A publicidade cria incessantemente falsas necessidades que são introjetadas pelos indivíduos e tornam-se suas próprias necessidades:

> Se os indivíduos estão satisfeitos, se estão felizes graças às mercadorias e aos serviços que a administração põe à sua disposição, por que procurariam obter instituições diferentes, uma produção diferente de mercadorias e de serviços? E se os indivíduos que são previamente condicionados nesse sentido esperam encontrar, entre as mercadorias que os satisfazem, pensamentos, sentimentos e aspirações, por que desejariam eles pensar, sentir e imaginar por conta própria?[57]

Nessa sociedade dominada pelo fetichismo das mercadorias, a própria política – no sentido de política eleitoral – é apenas mais

56. Id., ibid., p. 58.
57. Id., ibid., p. 75.

uma mercadoria. "Só contam os valores de troca, a verdade não conta."[58] Segundo o filósofo:

> A forma mercadoria torna-se universal. Um presidente é vendido como um automóvel e parece irremediavelmente obsoleto julgar suas declarações políticas em termos de verdade ou falsidade; o que as valida é sua qualidade de conservação de votos ou obtenção de votos. Em todo caso, o presidente deve estar capacitado para desempenhar a função para a qual foi comprado; ele deve estar apto a garantir que os negócios ocorrerão como de costume.[59]

Na época da reeleição de Nixon à presidência dos Estados Unidos (1972), Marcuse recorre ao conceito de caráter sadomasoquista[60] com o objetivo de explicar a reprodução da estrutura social pelos indivíduos: o povo vota livremente naqueles que o dominam porque se identifica com os dominantes. E forma assim uma maioria conservadora que se perpetua pelo voto e frustra a oposição:

> Na sua ênfase na "imagem" sensual, no "sex-appeal" do líder político, o sistema americano dominou, de maneira terrivelmente eficiente, a dimensão profunda da submissão prazerosa subjacente à dimensão política. [...] o povo se vê a si mesmo no líder. Por isso

58. Id., ibid., p. 82.
59. Id., "Konterrevolution und Revolte", in *Schriften* 9. Frankfurt am Main: Suhrkamp, 1987, p. 23.
60. Id., "Das historische Schicksal der bürgerlichen Demokratie", in Peter-Erwin Jansen, *Nachgelassene Schriften. Das Schicksal der bürgerlichen Demokratie*. Lüneburg: zu Klampen!, v. 1, 1999.

não é de espantar que não se preocupe com o que os líderes fazem no Vietnã, que atrocidades sem precedentes são cometidas; não importa se mentem ou se dizem a verdade, não importa que prometam e não cumpram...[61]

Essa "síndrome sadomasoquista"[62] é o que explica que o "povo livre" tolere os maníacos e mentirosos que o governam. E nessa medida, deixou de ser individual para tornar-se social. Os Estados Unidos são o exemplo mais claro de sociedade entregue à pulsão de morte numa de suas formas mais brutais. "Frases como 'morte das cidades', 'morte dos lagos e rios', 'florestas desaparecendo' devem ser tomadas ao pé da letra".[63] É uma sociedade que se compraz na morte, que goza diariamente com os relatos da violência no Vietnã, que optou politicamente pela guerra, pelo massacre e contra a paz, diagnóstico ilustrado pela carta de um leitor ao *Los Angeles Times* lamentando que os Estados Unidos não tenham jogado uma bomba atômica no Vietnã. A política eleitoral nos Estados Unidos seria assim uma mercadoria vendida por maníacos e mentirosos e comprada por sadomasoquistas.

No mundo dominado pela racionalidade tecnológica, a cultura – ou melhor, a indústria cultural e a mídia monopolizada pelo grande capital – também funciona como elemento integra-

61. Id., ibid., pp. 153-154.
62. A "síndrome" se traduz nos massacres no Vietnã, na ditadura de Saigon, nos crimes, nos hospitais psiquiátricos e prisões que invadem a metrópole, na construção de prédios que consomem cada vez mais energia etc.
63. Herbert Marcuse, "Das historische Schicksal der bürgerlichen Demokratie", p. 155.

dor. Os elementos de oposição, transcendentes, pelos quais a cultura constituía outra dimensão da realidade, desaparecem na medida em que são incorporados à ordem estabelecida, reproduzidos e difundidos em grande escala.[64] A cultura foi absorvida pelo mundo dos negócios, tornando-se o negócio mais rentável e um dos elementos de legitimação da dominação.

O espaço da utopia, que era preservado na cultura tradicional – embora privilégio de uma minoria rica e ociosa –, representava uma rejeição do "mundo dos negócios e da indústria, [...] [da] sua ordem fundada no cálculo e no lucro".[65] O que ocorre no capitalismo tardio não é tanto que a alta cultura tenha degenerado em "cultura de massa",[66] mas sim que a realidade desafia a cultura, ela supera a própria "imaginação [que] foi tocada pelo processo de reificação":[67] as tarefas prodigiosas reservadas aos heróis e semideuses são facilmente cumpridas graças ao progresso da ciência; o psiquiatra cuida dos Don Juan, Romeu, Hamlet, Fausto, a alma tem poucos desejos e poucos segredos que não possam ser analisados racionalmente. Assim sendo, as ideias que norteavam a cultura tradicional – normativas e não operacionais – perderam seu conteúdo crítico, diminuindo assim a tensão entre *o que é* e *o que pode ser*.

O progresso científico e técnico passa a funcionar como cimento ideológico e faz parecer pueril a "promessa de felicidade"

64. Herbert Marcuse, *L'Homme unidimensionnel*, p. 82.
65. Id., ibid., p. 83.
66. Id., ibid., p. 81.
67. Id., ibid., p. 274.

da cultura pré-tecnológica. Numa época de mercantilização acelerada, quem promete felicidade – e não cumpre, porque não pode fazê-lo – são as mercadorias. "Nos versos e na prosa dessa cultura pré-tecnológica há o ritmo daqueles que andavam a pé ou de carruagem, que tinham tempo para pensar, contemplar, sentir, narrar e que tinham prazer com isso." Entretanto, apesar da modernização, essas imagens de uma "dimensão perdida" da realidade "perseguem ainda a consciência como se pudessem renascer e vencer o progresso técnico".[68]

A reificação se dá também no plano da *linguagem*:

> Hoje existe uma linguagem de inaudita brutalidade e doçura numa coisa só, uma linguagem orwelliana que, tendo o monopólio prático dos meios de comunicação, sufoca a consciência, obscurece e difama as possibilidades alternativas de existência, implanta as necessidades do *status quo* na mente e no corpo dos seres humanos tornando-os imunes à necessidade de mudança.[69]

Essa linguagem orwelliana de unificação dos opostos ("a paz é a guerra" e "a guerra é a paz"), típica da publicidade e da política,[70] é uma linguagem mentirosa, repleta de clichês, que

68. Id., ibid., pp. 84-85.
69. Herbert Marcuse, "Beyond One-Dimensional Man". The First Annual Hans Meyerhof Memorial Lecture, p. 19a, s.d. (manuscrito do Arquivo Marcuse em Frankfurt.)
70. "Um abrigo luxuoso contra as chuvas atômicas". *New York Times*, 2 nov. 1960; "bomba limpa" (*L'Homme unidimensionnel*, pp. 114, 118).

"impede o pensamento",[71] em que os conceitos são substituídos por imagens;[72] usa "fórmulas rituais, quase mágicas"[73] como "livre-empresa", "livre-iniciativa", "eleições livres", "indivíduo livre". O diagnóstico é contundente e mais atual do que nunca: a esquerda precisa encontrar uma nova linguagem "para romper com o mundo conformista e corrompido da linguagem política e do comportamento político", o que Marcuse considera uma "tarefa quase sobre-humana".[74]

Em resumo, não haveria mais padrão de medida transcendente. Tudo, inclusive o inconsciente, estaria contaminado pela razão instrumental e pelo valor de troca. Até a maior liberdade sexual vigente no capitalismo tardio se tornou um valor mercantil. O que existe na realidade é uma "pseudolibertação",[75] "dessublimação repressiva", "controlada", "institucionalizada"[76] da vida sexual; a "mobilização e manipulação da libido"[77] explicam a integração do indivíduo à sociedade.

> O progresso técnico e um modo de vida mais confortável permitiram fazer entrar sistematicamente componentes libidinais na produção e na circulação de mercadorias [...] mas por meio dessa satisfação o princípio de prazer sofreu uma redução, já que está

71. Herbert Marcuse, *L'Homme unidimensionnel*, p. 119.
72. Id., ibid., pp. 129 ss, 234, 237.
73. Id., ibid., p. 112.
74. Id., "Die Unterschiede zwischen alter und neuer Linker", p. 109.
75. Id., *L'Homme unidimensionnel*, p. 98.
76. Id., ibid., pp. 80, 102, 103.
77. Id., ibid., p. 99.

> privado das reivindicações que são inconciliáveis com a sociedade estabelecida. O prazer sob essa forma engendra a submissão. [...] As satisfações fornecidas por uma sociedade não livre provocam uma perda de consciência e tendem a fazer uma consciência feliz que aceita o que há de pernicioso nessa sociedade; ela é o sinal de que a lucidez e a autonomia estão se perdendo [...][78]

Mesmo que esse breve resumo não possa mostrar, *O homem unidimensional* mantém até o fim a tensão entre as duas hipóteses antes mencionadas. E conclui que embora a Teoria Crítica – sinônimo de teoria marxista – continue explicando de maneira convincente o "equilíbrio falacioso"[79] das contradições no capitalismo tardio, a sua "prosperidade destrutiva",[80] em suma, a sua reprodução por meio do desperdício, do luxo e da destruição das forças produtivas,[81] ela não se traduz em prática; a sua maior fraqueza é ser "incapaz de demonstrar que existem tendências libertadoras no *interior* da sociedade estabelecida".[82] Nesse sentido só resta a "Grande Recusa"[83] como resposta ao mal-estar no capitalismo tardio, encarnada nos párias da sociedade de consumo, nos

78. Id., ibid., p. 99-100.
79. Id., ibid., p. 212.
80. Id., ibid., p. 267.
81. Id., "The Obsolescence of Marxism", in Nikolaus Lobkowicz, *Marx and the Western World*. Notre Dame/Londres: University of Notre Dame Press, 1967, p. 409-10.
82. Id., *L'Homme unidimensionnel*, p. 278.
83. Id., ibid., p. 281.

que estão fora do mercado, joões-ninguém que possuem apenas a vida nua, sem direitos de qualquer espécie:

> [...] por debaixo das classes populares conservadoras há o substrato dos párias e dos "outsiders", as outras raças, as outras cores, as classes exploradas e perseguidas, os desempregados e os que não podem ser empregados. Eles situam-se fora do processo democrático; sua vida exprime a necessidade mais imediata e mais real de pôr fim às condições e às instituições intoleráveis. Assim, sua oposição é revolucionária, mesmo que sua consciência não o seja. [...] quando eles se juntam, quando se manifestam nas ruas, sem armas, sem proteção, para exigir os direitos civis mais elementares, eles sabem que se expõem aos cães, às pedras, às bombas, à prisão, aos campos de concentração e mesmo à morte. [...] O fato de que não queiram mais jogar o jogo talvez seja um fato que marca o fim de um período e o começo de outro.[84]

Não há qualquer garantia de que a ruptura esteja próxima, é antes uma aposta; talvez a barbárie seja o futuro. É preciso lembrar do depoimento de Paulo Arantes no início deste artigo: "a Grande Recusa não é mesmo conosco, salvo no dia em que se descobrir que o

84. Id., ibid., p. 280. Esse diagnóstico, misto de pessimismo e esperança (típico da fase fordista de acumulação do capital) foi atualizado de maneira brutal por Mike Davis em *Planeta favela* (São Paulo, Boitempo, 2007). Os novos pobres urbanos (moradores das megafavelas, vulcões prestes a explodir), criados sobretudo pelos programas de ajuste estrutural impostos pelo neoliberalismo, não são portadores de nenhuma esperança utópica, diferentemente do papel que Marcuse reservava aos párias da "sociedade afluente".

futuro já chegou e é isso mesmo que estamos vendo, desintegração social impulsionada pelo programa suicida da economia mundializada. Quando essa experiência inédita se cristalizar de vez, Marcuse será finalmente compreendido na sua verdadeira dimensão." De acordo com esse diagnóstico, venceu a barbárie, cuja possibilidade Marcuse tanto temia no final de *O homem unidimensional*. Por isso, ele pode ser hoje entendido na sua verdadeira dimensão. O que não implica imobilismo – "Não sou pessoa de deixar 'mensagens em garrafas'. O que temos a dizer não é apenas para um futuro mítico" –,[85] mas antes luta permanente nas brechas do sistema. O livro termina com uma frase de Walter Benjamin do começo da época fascista: "Somente em nome dos desesperançados nos é dada esperança". E aqui, mais uma vez, embora de maneiras diferentes, Paulo Arantes e Marcuse voltam a se encontrar.

ALTERNATIVAS – O MARXISMO HETERODOXO DE HERBERT MARCUSE

Como seria possível na sociedade reificada, cujo diagnóstico sombrio acaba de ser exposto, fazer brotar uma "subjetividade rebelde" que não reproduzisse os esquemas de dominação que tudo penetram? Marcuse nunca desistiu de procurar os vestígios da rebeldia potencial nos indivíduos e sempre acreditou que um dia ela viria à luz. Para quebrar essa segunda natureza submissa, e ao mesmo tempo autoritária, era preciso lutar cotidianamente contra os mecanismos, cada vez mais sutis, de integração dos indivíduos à sociedade das mercadorias

85. Carta a Horkheimer, 11 nov. 1941.

Essa luta pela transformação da subjetividade submissa em subjetividade rebelde precisava ser construída em dois níveis: "O lado subjetivo da revolução não tem a ver apenas com a consciência e com a ação guiada pelo conhecimento, mas também com as emoções, com a estrutura pulsional".[86] O pré-requisito básico para a transformação da estrutura pulsional consiste na redução da jornada de trabalho, possível no capitalismo tardio graças ao acelerado desenvolvimento das forças produtivas. A ideia básica de Marcuse é que estão dadas as bases materiais para uma existência humana determinada pelo tempo livre, e não mais pelo tempo de trabalho socialmente necessário: tal mudança "afetaria a própria estrutura da psique, alteraria o equilíbrio entre Eros e Thanatos... Uma nova experiência básica de ser transformaria completamente a existência humana".[87] A energia pulsional, antes investida no trabalho alienado, voltaria a ser energia erótica. Mas, paradoxalmente, é essa mesma obsolescência da ideologia do trabalho que, abrindo uma brecha para a emancipação, exige o controle total das consciências a fim de que a dominação seja mantida. A libertação nunca esteve tão próxima e ao mesmo tempo tão distante: "Na fase suprema do capitalismo, a revolução mais necessária parece ser a mais improvável".[88]

86. Herbert Marcuse, "Protosozialismus und Spätkapitalismus – Versucheiner revolutionstheoretischen Synthese von Bahros Ansatz", in Claussen, Detlev (org.), *Spuren der Befreiung*. Darmstadt/Neuwied: Hermann Luchterhand, 1981.
87. Id., *Eros and Civilization*, p. 118.
88. Id., "Konterrevolution und Revolte", p. 16.

A FORÇA UTÓPICA DA MEMÓRIA

Ainda no plano psíquico há outra brecha contra a reificação: a força libertadora da memória. Marcuse retoma a ideia de Adorno de que "toda reificação é um esquecimento".[89] Isso significa que, no mundo unidimensional, a "outra" dimensão do pensamento e da realidade – que é uma dimensão histórica – é suprimida, e o que é histórico aparece como natural. "Ao nos lembrarmos do passado podemos reter noções perigosas e a sociedade estabelecida parece temer os conteúdos subversivos da memória [...] A memória preserva a história."[90] O conceito marcuseano de memória como veículo da libertação reúne elementos provenientes de Freud, Proust e Benjamin.[91]

89. Theodor Adorno & Max Horkheimer, *Dialética do esclarecimento*. Rio de Janeiro: Zahar, 1985, p. 215. A frase é citada por Marcuse em seu último livro ("Die Permanenz der Kunst", in *Schriften* 9. Frankfurt am Main: Suhrkamp, 1987, p. 241).

90. Herbert Marcuse, *L'Homme unidimensionnel*, p. 123. "A destruição do passado – ou melhor, dos mecanismos sociais que vinculam nossa experiência pessoal à das gerações passadas – é um dos fenômenos mais característicos e lúgubres do final do século XX. Quase todos os jovens de hoje crescem numa espécie de presente contínuo, sem qualquer relação orgânica com o passado público da época em que vivem." (Eric Hobsbawm, *Era dos extremos*. São Paulo: Companhia das Letras, 1995, p. 13).

91. Retomo aqui ideias desenvolvidas em: Isabel Loureiro, "Repensando o progresso". *Praga: estudos marxistas*. São Paulo: Hucitec, n. 7, 1999. Para seu conceito de memória, Marcuse também recorre à *Fenomenologia do espírito* de Hegel (*Eros e civilização*, p. 112) e a um ensaio de Ernest G. Schachtel (Id., p. 39), antigo colega do Instituto de Pesquisa Social. Nesse texto, Schachtel mostra o papel libertador da memória no plano pessoal e psíquico, fazendo um paralelo

De Freud, Marcuse retoma a ideia de que o inconsciente "preserva a memória de estágios passados do desenvolvimento individual nos quais a gratificação imediata era obtida. E o passado continua a exigir o futuro: gera o desejo de que o paraíso seja recriado com base nas realizações da civilização".[92] Nesse sentido, na psicanálise a memória seria mais que um recurso terapêutico, ela teria para Marcuse um "valor de verdade" que consiste em "conservar as promessas e potencialidades que são traídas e até proscritas pelo homem maduro, civilizado, mas que outrora foram satisfeitas, em seu passado remoto, e nunca inteiramente esquecidas".[93] A memória, com seu poder de recuperar a felicidade passada, cria o desejo de instaurar uma realidade em que "as imagens e impulsos proibidos da infância começam a contar a verdade que a razão nega. [...] O passado redescoberto produz e apresenta padrões críticos que são tabus para o presente".[94]

entre Freud e Proust nos seguintes termos: segundo Proust, "o fato de que a experiência, o tempo passado, foi *esquecido* e assim permaneceu isolado como no fundo de um vale ou no pico de uma montanha, dá a ela um ar incomparável de frescor e vida quando é recuperada, *porque não foi capaz de formar qualquer vínculo com o presente*. Em outras palavras, ela não foi distorcida pelos esquemas da memória, pelas necessidades e medos do presente, pela rotina da vida diária. A concepção de Proust aqui é quase idêntica à de Freud, cuja teoria da memória postula que *apenas* o que é inconsciente pode deixar um traço de memória permanente [...]" (Ernest G. Schachtel, "On Memory and Childhood Amnesia", in Patrick Mullahy, *A Study of Interpersonal Relations*. Nova York: Hermitage Press, 1950, p.36).

92. Herbert Marcuse, *Eros e civilização*. Rio de Janeiro: Zahar, 1978, p. 38.
93. Id., ibid., pp. 38-39.
94. Id., ibid., p. 39.

O autor retoma também ideias de Proust,[95] para quem a recuperação do passado esquecido (pela memória involuntária) é vivida como a satisfação suprema, produzindo uma sensação de felicidade intensa e constituindo o verdadeiro núcleo da obra de arte. Assim, a obra de arte derrotaria o poder aniquilador do tempo.[96] Entretanto, para Marcuse essa vitória artística e individual sobre o tempo não basta, é preciso que a memória individual se traduza em "ação histórica".[97] A citação da tese XV de "Sobre o conceito de história", do filósofo Walter Benjamin, mostra que Marcuse pensa na revolução como um momento de ruptura com o curso inexorável, cotidiano do tempo, momento de reconquista das esperanças do passado – no caso, esperanças coletivas de uma sociedade livre e justa. Ou como diz o prefácio à *Dialética do esclarecimento*: "Não é da conservação do passado, mas de resgatar a esperança passada que se trata".

A memória[98] é a faculdade mental que exerce a mediação entre o individual e o coletivo: "A origem do pensamento utópico

95. A importância do conceito de *Erinnerung* na obra de Marcuse, como sua inspiração vem em parte de Proust, pode ser confirmada no breve ensaio sobre Proust ("Notizen zu Proust", in *Nachgelassene Schriften 2 – Kunst und Befreiung*. Lüneburg: zu Klampen!, 2000), publicado postumamente.
96. "No trabalho de Proust a recuperação do passado esquecido é caracterizada como a satisfação suprema, trazendo consigo uma sensação de intensa felicidade e constituindo o verdadeiro cerne da obra de arte." (Ernest G. Schachtel, op. cit., p. 37).
97. Herbert Marcuse, *Eros e civilização*, p. 201.
98. Marcuse fala genericamente em memória, não entrando em considerações sobre as diferenças entre memória voluntária e involuntária.

torna-se clara, pois é a memória que serve como mediadora fundamental entre o dentro e o fora, entre o psicológico e o político [...]". A memória conserva intacta em cada um de nós a felicidade de um tempo anterior a toda repressão em que não há separação entre sujeito e objeto (criança e mãe), um tempo de gratificação psíquica total.

> A energia primária da atividade revolucionária deriva dessa memória de uma felicidade pré-histórica, que o indivíduo pode recuperar somente por sua exteriorização, por seu restabelecimento para a sociedade como um todo.[99]

A memória, com seus "conteúdos subversivos",[100] tem assim um papel político absolutamente central na constituição do "novo princípio de realidade": a felicidade passada de uma época sem repressão constitui o padrão crítico do presente, sendo ao mesmo tempo o norte da sociedade futura. "A verdadeira utopia funda-se na memória."[101] Trata-se de torná-la realidade por meio da revolução.

A memória, por permanecer ligada ao inconsciente e falar a linguagem do princípio de prazer, tem uma função epistemológica libertadora, guarda a promessa de reconciliação entre o indivíduo e o todo, o desejo e a sua realização, a felicidade e a

99. Fredric Jameson, *Marxismo e forma*. São Paulo: Hucitec, 1985, p. 91-92.
100. Herbert Marcuse, *L'Homme unidimensionnel*, p. 123.
101. Id., "Die Permanenz der Kunst", p. 241.

razão.[102] Marcuse termina seu último livro, *A dimensão estética*, com a seguinte frase: "O horizonte da história ainda está aberto. Se, na luta pela transformação, a memória (*Erinnerung*) for preservada, se lutará também por uma revolução sempre reprimida nas revoluções".[103]

A CRÍTICA DO PROGRESSO

A memória implode, assim, a consciência unidimensional e abre a possibilidade de outro futuro, que, longe de ser a continuação linear do presente, recupera as esperanças do passado, soterradas pelos vencedores na luta de classes. "A liberdade implica reconciliação – a *redenção do passado*. Se o passado for simplesmente deixado para trás e esquecido, não haverá um termo final para a transgressão destrutiva."[104]

No "Prefácio político", escrito em 1966 para a nova edição de *Eros e civilização*, entusiasmado com as vitórias dos guerrilheiros vietnamitas contra o exército norte-americano, Herbert Marcuse sugeria a possibilidade de os países historicamente atrasados seguirem um caminho próprio de desenvolvimento, que não fosse cópia das sociedades capitalistas da metrópole e que rejeitasse a ideologia do progresso glorificada pela civilização ocidental.

Um elemento constitutivo dessa ideologia é que ela deve ser universalizada, o que na prática significa que a modernização e o desenvolvimento – outros termos para "progresso" – devem ser

102. Id., *Eros e civilização*, p. 134.
103. Id., "Die Permanenz der Kunst", p. 241.
104. Id., *Eros e civilização*, p. 112 (grifo nosso).

impostos ao mundo inteiro, sobretudo aos países "subdesenvolvidos", hoje chamados "emergentes". Registre-se, no entanto, que isso é válido nos moldes ocidentais, nos quais se inserem progresso material, domínio sobre a natureza, previsibilidade de todos os processos, naturais e sociais, características que permitem controlar todas as dimensões da vida.

Segundo Marcuse, talvez as "nações mais novas", os "povos atrasados, por sua pobreza e fraqueza", viessem a ser

> forçados a renunciar ao uso agressivo e supérfluo da ciência e da tecnologia, para manterem a engrenagem produtiva à *la mesure de l'homme*, sob o seu controle, para satisfação e desenvolvimento das necessidades vitais, tanto individuais como coletivas.[105]

Em oposição à tendência desenvolvimentista dominante na periferia do capitalismo, Marcuse defendia "uma forma de progresso adaptada ao país" que, longe de seguir "a industrialização segundo o modelo das sociedades avançadas", levaria em consideração, entre outras questões, os recursos naturais e as tradições pré-tecnológicas.[106]

No entanto, isso não aconteceu. A imitação dos países centrais pelas elites periféricas, criticada por Marcuse já nos anos 1960, se intensificou ainda mais a partir do fim da década de 1980 com o neoliberalismo e a globalização. Com a derrocada da URSS e do bloco do Leste europeu, a expansão do capital e do modelo de

105. Id., ibid., p. 18.

106. Id., *L'Homme unidimensionnel*, p. 72.

civilização a ela vinculada não tem mais limites. Parafraseando Adorno e Horkheimer, em sua *Dialética do esclarecimento*, é possível dizer que a Terra, totalmente dominada pelo capital, "resplandece sob o signo de uma calamidade triunfal".

Para Marcuse, o verdadeiro progresso – que ele opõe a uma ideia quantitativa, puramente econômica de progresso – consiste na "humanização progressiva dos homens, no desaparecimento da escravidão, da opressão, do arbítrio e do sofrimento. Podemos chamar humanitário (*humanitären*) a esse conceito qualitativo de progresso".[107] Essa humanização tem como pré-requisito a satisfação das necessidades materiais da humanidade. O que precisa ser criticado na noção quantitativa de progresso, segundo Marcuse, é o valor supremo sobre o qual se assenta – a produtividade como fim em si mesma. A pergunta fundamental continuamente reprimida é: produtividade para quê? Com que fim?

Essa crítica à ideia de progresso tem como alvo não somente o liberalismo econômico,[108] mas também o próprio Marx e quiçá o marxismo. Para este, uma vez eliminada a propriedade privada das forças produtivas, estas se desenvolveriam livremente – o que era visto como positivo. O desenvolvimento das forças produtivas era para o marxismo clássico um mito inquestionável:[109]

107. Id., "A noção de progresso à luz da psicanálise", p. 113.

108. É preciso lembrar que a utopia neoliberal prevê que a globalização dos mercados levará a felicidade a todo o planeta.

109. Nossa perspectiva, o capitalismo como o modo de produção centrado no desenvolvimento das forças produtivas é visto igualmente pelos marxistas como positivo. A exceção é Rosa Luxemburgo, que enfatiza a violência com que as culturas primitivas são aniquiladas pelo colonizador europeu e subs-

> Encontra-se em Marx uma tendência que poderíamos qualificar de racionalista, até mesmo um preconceito positivista, que faz com que ele acredite no caráter necessário e inexorável de uma transição para uma "etapa superior da evolução humana" e no sucesso dessa transição. Ainda que Marx tivesse consciência da possibilidade real de um fracasso, de uma derrota, de uma traição – *o dilema "socialismo ou barbárie" não se punha como parte integrante do conceito de revolução como ele o entendia*.[110]

Contra o *mainstream* do pensamento "progressista" ocidental nas suas duas vertentes, liberal e marxista, ambas herdeiras do Iluminismo, Marcuse defende o "socialismo libertário"[111] "como uma sociedade qualitativamente diferente, longe do fetichismo das forças produtivas. Nos países capitalistas as forças produtivas já se desenvolveram suficientemente, se é que não se desenvolveram demais".[112]

Essa nova sociedade exige repensar a ideia de desenvolvimento das forças produtivas, de desenvolvimento econômico como algo bom em si mesmo. Em *O homem unidimensional*, Marcuse propõe uma "redução do superdesenvolvimento".[113] O "so-

tituídas pela economia de mercado. Esta não significa progresso em relação ao período anterior, e sim a ruína econômica e cultural dos povos primitivos.

110. Herbert Marcuse, "Réexamen du concept de revolution". *Diogène*, 1968, p. 31 (grifo nosso).

111. Id., "Die Unterschiede zwischen alter und neuer Linker", p. 106.

112. Id., *Gespräche mit Herbert Marcuse*, p. 59.

113. Id., *L'Homme unidimensionnel*, p. 266. Essa ideia é hoje atualizada por Serge Latouche com sua defesa de uma "sociedade de decrescimento". No caso

cialismo libertário" de Marcuse não significa fazer funcionar de modo mais racional o sistema industrial. Significa, na verdade, um modo de vida qualitativamente diferente, que no estágio supremo de reificação da sociedade atual pode ser resumido na palavra de ordem do movimento antiglobalização: "o mundo não é uma mercadoria". Se isso realmente fosse considerado e aplicado, a consequência mais imediata e visível seria a preservação do equilíbrio ecológico do planeta com todas as consequências sociais daí decorrentes.

Além disso, e ligado a esse aspecto, o socialismo como sinônimo de uma nova civilização – que alguns chamam de pós-desenvolvimentismo, outros de ecossocialismo – é também a tentativa de "resgatar a esperança passada" (*Dialética do esclarecimento*), o que pode ser traduzido mais concretamente em dois posicionamentos distintos. Trata-se de recuperar – e pôr em prática de uma nova forma – elementos do passado pré-capitalista que foram destruídos pela modernidade capitalista e que continuam presentes nas comunidades tradicionais (indígenas, pequenos camponeses etc.). Não se trata de voltar ao passado, mas de imaginar um futuro em que elementos de um passado não mercantil possam ser restaurados, ou preservados, como é o caso das comunidades tradicionais da América Latina.

dos países periféricos, é preciso acrescentar que o progresso/desenvolvimento como sinônimo de crescimento econômico não se traduziu em maior igualdade social. O problema da fratura social não está num déficit de crescimento, e sim na busca equivocada de imitar o modelo de civilização surgido da revolução industrial, que leva necessariamente à dicotomia entre ricos e pobres e à destruição irremediável do meio ambiente.

O que está em pauta é a necessidade de uma "descolonização do imaginário", ou uma mudança radical de valores: incentivar o altruísmo em vez do egoísmo, o gosto pelo tempo livre em vez da obsessão pelo trabalho, a importância da vida social em vez do consumo sem limites, o gosto pela obra benfeita em vez da eficiência produtivista, o retorno às dimensões artesanais e estéticas da vida, ou simplesmente o incentivo a não fazer nada, para que cada um de nós possa se reencontrar consigo. Para começar, algumas medidas "racionais", como diria Marcuse, indicam em que sentido devemos caminhar:

> 1. reduzir e/ou suprimir o volume de deslocamentos de pessoas e de mercadorias pelo planeta, com seus impactos negativos – o que significa fortalecer a economia local;
> 2. reduzir e/ou suprimir a publicidade;
> 3. reduzir e/ou suprimir a obsolescência acelerada dos produtos e aparelhos descartáveis (que só serve para acelerar a acumulação do capital). Só isso já faria diminuir o desperdício de recursos naturais, e não levaria a uma diminuição do bem-estar.[114]

Um exemplo próximo é o do Movimento dos Trabalhadores Rurais Sem-Terra (MST) com sua defesa de um modo de vida rural não predador da natureza, que se traduz em assentamentos voltados para a produção agroecológica. Nesse sentido, o MST e os movimentos indígenas na Bolívia e no México seriam exemplos

114. Serge Latouche, "Pour une société de décroissance". *Le Monde Diplomatique*, nov. 2003.

daquilo que Marcuse ainda acreditava viável para os países do Terceiro Mundo, "uma forma de progresso adaptada ao país": desenvolvimento humano, não predador, que levasse em conta as antigas tradições, os recursos naturais etc. Foi preciso esperar quase meio século para se perceber que essa proposta não só não era ridícula, mas que, para a periferia do capitalismo, consiste na única alternativa, lembrando as palavras de Paulo Arantes, à "desintegração social impulsionada pelo programa suicida da economia mundializada".

JÜRGEN HABERMAS E A HERANÇA DA TEORIA CRÍTICA

ALESSANDRO PINZANI E
DELAMAR VOLPATO DUTRA

O percurso intelectual de Jürgen Habermas cobre mais de cinquenta anos, já que suas primeiras publicações remetem à época de seus estudos (na metade dos anos 1950) e sua atividade de escritor não parece querer parar. Mas não é somente esse aspecto cronológico que leva à afirmação de que percorrer o pensamento de Habermas significa passar por uma verdadeira história condensada da filosofia da segunda metade do século XX. O fato é que, ao longo de seu caminho de pensador, Habermas se confrontou com praticamente todas as temáticas e com as correntes filosóficas mais relevantes: de Heidegger (na célebre resenha da *Introdução à metafísica*, de 1953, mas também em outros escritos) ao atual debate sobre a neurociência e o cognitivismo, passando pelo marxismo (e sua crise), pelo debate sobre o estatuto epistemológico das ciências sociais, pela "virada linguística" da filosofia, pelo debate "liberalismo x comunitarismo", pela filosofia do direito, pela redescoberta de Kant etc. Os assuntos sobre os quais Habermas tomou posição – quer como filósofo *stricto sensu*, quer como intelectual em geral – são também os mais variados e vão da atmosfera política e social da Alemanha do pós-guerra (que ele considerava reacionária e não imune a recaídas no passado então mais recente) ao debate sobre as novas tecnologias genéticas, passando pela análise de questões da política interna alemã (a revolta estudantil de 1968, a luta contra o terrorismo nos anos 1970, as tendências revisionistas na historiografia alemã, o conservadorismo da era Kohl) e da política internacional (a ampliação da União Europeia, as guerras do Kosovo e do Iraque, o papel das Nações Unidas). Além disso, a principal meta teórica de Habermas desde o começo foi a de construir uma teoria crítica da sociedade com um viés emancipatório. Por isso, seu pensamento transita sempre entre a filosofia e a sociologia (e outras ciências humanas, como a psicologia, em particular a psicanálise freudiana e a teoria piagetiana); destarte, as confrontações teóricas se multiplicam, chegando a incluir a análise e, às vezes, a crítica de teorias sociológicas, como as de Durkheim, Weber, Luhmann, Parsons etc.

Não é nossa intenção reconstruir nos pormenores o pensamento habermasiano, mas somente (1) mostrar suas relações com o pensamento de outros pensadores e falar da sua recepção (2) no mundo em geral e (3) no Brasil em particular.

HABERMAS E "OS OUTROS"

Habermas é considerado por muitos um membro da segunda geração da Escola de Frankfurt. Seus estudos filosóficos, contudo, aconteceram sob o signo de Heidegger, da fenomenologia e da *Lebensphilosophie*, e sua tese de doutorado foi dedicada ao Schelling da filosofia do Absoluto e do fragmento *As idades do mundo* (uma das obras mais obscuras e complexas deste pensador poliédrico). É somente no fim de seu período como estudante das universidades de Göttingen e Bonn que ele começa a conhecer

Marx e Lukács, a filosofia analítica anglo-saxônica, o pragmatismo norte-americano e a psicanálise freudiana, que se tornarão importantes fontes de inspiração para o seu pensamento.

Particularmente importante para ele se tornou a leitura de *História e consciência de classe* (1923) de Lukács – quer pelo conceito de "reificação" aí desenvolvido (e que Habermas retomará já nos primeiros escritos), quer pela visão lukacsiana de uma filosofia da práxis, segundo a qual a filosofia deve sempre ser ao mesmo tempo diagnóstico da época e crítica social. Já nos primeiros escritos, o jovem Habermas mostrou ter interiorizado profundamente o lema lukacsiano do "filósofo na peleja". Isso vale em particular para a mencionada resenha do livro de Heidegger *Introdução à metafísica* (1953). Aí ele fala, em relação ao nazismo, da "verdade interior e grandeza desse movimento".[1] O que indignou Habermas em primeiro lugar foi o fato de que "essas sentenças foram publicadas pela primeira vez em 1953 sem comentário", e isso levava a acreditar "que elas refletem a posição atual de Heidegger", como afirma na resenha publicada na *Frankfurter Allgemeine Zeitung* de 25 de julho de 1953 e que suscitou grande sensação (foi essa a primeira das inúmeras polêmicas teóricas e políticas nas quais Habermas se envolveu ao longo de sua carreira de intelectual público). Isso, contudo, não impediu que o jovem Habermas encontrasse inspiração no Heidegger de *Ser e Tempo* (1927). Categorias heideggerianas confluem, por exemplo, em sua tese de doutorado de 1954: *O absoluto e a história. Sobre a ambiguidade*

1. Martin Heidegger, *Einführung in die Metaphysik*. Tübingen: Max Niemeyer, 1953, p. 152.

no pensamento de Schelling. Habermas lê Schelling – de modo particular sua obra inacabada, *As idades do mundo* – por meio de conceitos tomados em boa parte do primeiro Heidegger. O que interessa particularmente Habermas na obra de Schelling é o fato de que este defende, contra um pensamento que se baseia num sujeito (presumidamente) abstrato – como no caso das filosofias de Descartes e de Kant –, uma concepção da vida que se orienta pela existência histórica do homem (como, na leitura habermasiana, Heidegger também teria feito em *Ser e Tempo*). A ideia de uma quebra do paradigma da filosofia do sujeito permanece uma constante no pensamento habermasiano: o próprio Habermas interpreta sua virada linguística sucessiva à luz do abandono da filosofia do sujeito tradicional – um abandono que, todavia, não o leva a formular uma filosofia existencial de cunho heideggeriano.

Outros pensadores que influenciam bastante o jovem Habermas são seu orientador de doutorado, Erich Rothacker, e Arnold Gehlen. Cada um deles desenvolveu uma antropologia filosófica bastante original (um dos primeiros ensaios relevantes de Habermas seria o verbete "Antropologia", redigido para um dicionário de bolso de filosofia publicado em 1958 e no qual Habermas defendia a antropologia cultural de Rothacker contra aquela de cunho biológico-determinista de Gehlen). Os primeiros escritos de Habermas foram artigos para jornais ou revistas sobre temas ligados à atualidade (como o consumismo ou a sociedade do automóvel) e nos quais, por um lado, ele toma uma atitude de crítica à tecnologia que ecoa posições heideggerianas e, por outro, serve-se de conceitos como o lukacsiano de "reificação", o weberiano de "racionalização" e o marxiano de "alienação".

Em 1956, Habermas se tornou assistente de Adorno no Instituto de Pesquisa Social de Frankfurt. Isso não significa que ele tenha se aproximado imediatamente das posições da Teoria Crítica. Contudo, nesse período ele e alguns colegas participam de um projeto de pesquisa sobre os estudantes universitários e a política, que lembra muito as antigas pesquisas do Instituto. Por causa de desavenças com Horkheimer, Habermas abandona sua posição e defende sua tese de habilitação em Marburgo (trata-se de *Mudança estrutural da esfera pública*, publicada em 1962, na qual ele descreve o processo de formação da esfera pública na moderna sociedade burguesa e aponta para os riscos a que a democracia contemporânea está exposta por causa da lógica do mercado). Em 1961, participa ativamente da chamada "polêmica sobre o positivismo nas ciências sociais", que sacode o mundo da sociologia alemã. Nela (e na sucessiva polêmica com Luhmann, no começo dos anos 1970), ele toma posição contra uma concepção objetivante das ciências sociais, à qual ele contrapõe a ideia de uma teoria da sociedade com intenções crítico-emancipatórias. Nos anos seguintes, Habermas tenta desenvolver tal teoria servindo-se particularmente de duas teorias sociológicas inspiradas por diferentes tradições filosóficas, a saber: a sociologia fenomenológica de Alfred Schütz e a teoria das ciências sociais de Peter Winch, inspirada por Wittgenstein, cujo "objetivismo" nosso autor tenta corrigir por meio de uma perspectiva hermenêutica. São centrais nessa empreitada o conceito husserliano de "mundo da vida", o wittgensteiniano de "jogo linguístico" e o gadameriano de "autorreflexão hermenêutica". Em 1968, publica uma obra que se torna imediatamente um clássico: *Conhe-*

cimento e interesse. A tese principal do livro é a de que, atrás das ciências empírico-analíticas, há um interesse técnico que visa à transformação ou manipulação da realidade (como no caso da tecnologia ou das ciências humanas, que pretendem prever e controlar o comportamento humano no nível individual – behaviorismo – ou social – sociotecnologia *à la* Luhmann); atrás das ciências históricas e hermenêuticas, há um interesse prático de compreensão; e atrás das ciências com pretensões críticas (como a psicanálise freudiana e a teoria social que o próprio Habermas gostaria de desenvolver) há um interesse emancipatório. Destarte, Habermas já traça o plano de uma teoria crítica da sociedade – plano que perseguirá até a publicação da *Teoria do agir comunicativo*, em 1981.

De 1971 a 1981, Habermas dirige (com o filósofo e cientista Carl Friedrich von Weizsäcker) o Instituto Max Planck para a Pesquisa das Condições de Vida no Mundo Técnico-Científico, em Starnberg, na Baviera. Nesses anos, ocupa-se sobretudo com o pragmatismo de Charles S. Peirce e com a teoria dos atos de fala de John Austin e John R. Searle. Isso o leva à mencionada "virada linguística". Com base na teoria da gramática universal de Noam Chomsky, Habermas desenvolve uma pragmática universal que se ocupa das regras pragmáticas (não simplesmente linguísticas ou gramaticais) às quais qualquer comunicação obedece e que, portanto, formam os pressupostos gerais de qualquer agir comunicativo. Elas visam alcançar (1) entendimento mútuo, (2) saber compartilhado, (3) confiança recíproca e (4) consenso recíproco. Tal pragmática universal representa a base para a teoria do agir comunicativo, já que a realidade social se fundamenta no reconhecimento factual de pretensões de validade contidas em construções simbólicas, como proposições, ações, instituições, visões de mundo etc. Habermas identifica quatro classes de pretensões de validade: compreensibilidade, verdade, justeza e veracidade. As pretensões de verdade e de justeza só podem ser satisfeitas de forma discursiva, ou seja, interrompendo o agir cotidiano e passando a uma argumentação livre de qualquer coerção e baseada unicamente na oferta de razões (isso é o que Habermas chama, justamente, de discurso). Essa é a ideia fundamental da teoria consensual ou discursiva da verdade, desenvolvida por Habermas numa série de ensaios e de aulas (como as *Christian Gauss Lectures*, proferidas em Princeton em 1971) e que representa a base da teoria do agir comunicativo.

Na mesma época, Habermas se ocupa da formação da identidade individual e do desenvolvimento social. O ponto de partida de tais estudos é a teoria do desenvolvimento da consciência infantil de Jean Piaget (e, particularmente, a teoria do desenvolvimento da consciência moral, elaborada pelo piagetiano Lawrence Kohlberg), a teoria da formação do *Self* de George H. Mead e uma teoria da evolução social de cunho marxista. Uma teoria crítica da sociedade (como o materialismo histórico ou a teoria do agir comunicativo) se põe primeiramente a tarefa hermenêutica de mostrar a lógica evolutiva ativa, quer nas tradições culturais, quer nas transformações institucionais. Além disso, ela deve identificar os mecanismos de desenvolvimento que levam à transformação de estruturas normativas, valores culturais, representações morais etc. Em tudo isso, Habermas afirma, conforme a posição marxista tradicional, que essa dinâmica de desenvolvimento é dependente de mecanismos econômicos. A teoria do agir comunicativo investiga as estruturas da intersubjetividade produzida linguisticamente, "tão constitutivas para os sistemas da sociedade quanto as estruturas da personalidade". Sistemas sociais podem, pois, ser compreendidos como um "tecido de ações comunicativas", enquanto as estruturas da personalidade podem ser "consideradas sob o aspecto da capacidade de linguagem e de ação".[2] Instituições sociais e competências de ação individuais apresentam as mesmas estruturas de consciência. Isso se torna particularmente evidente, segundo Habermas, naquelas instituições que impedem que, em casos de conflito, a dimensão intersubjetiva seja ameaçada, a saber, a moral e o direito.[3] Quando o consenso de fundo que rege nossa vida cotidiana se perde, o seu lugar é tomado pela regulamentação consensual dos conflitos por meio de tais instituições. Aparece aqui uma ideia que se tornará central em *Direito e democracia*, de 1992.

Em 1981, aparece a *Teoria do agir comunicativo*. Seu ponto de partida é a distinção fundamental (distinção que já aparecia, ainda que nem sempre nestes termos, nos escritos dos anos 1970) entre racionalidade comunicativa e instrumental, às quais correspondem duas formas de agir: comunicativo e instrumental. O primeiro se caracteriza pelo fato de ser orientado pelo entendimento: sujeitos que agem comunicativamente querem entender-

2. Jürgen Habermas, *Para a reconstrução do materialismo histórico*, trad. Carlos N. Coutinho. 2.ª ed. São Paulo: Brasiliense, 1990, p. 14.
3. Id., ibid., p. 24.

-se sobre algo. Contudo, o ator pode também visar simplesmente impor sua opinião subjetiva ou manipular outros atores, usando-os para seus fins (agir estratégico) ou para alcançar um determinado fim (agir instrumental). Os problemas surgem quando a lógica que dirige o agir instrumental ou estratégico se torna dominante também em âmbitos que deveriam ser próprios da racionalidade comunicativa. Isso leva Habermas a operar uma segunda distinção fundamental: aquela entre sistema e mundo da vida. Esse último (um conceito derivado de Husserl, como vimos) é constituído por determinados valores e convicções fundamentais que formam o horizonte de cada agir: os sujeitos agentes se movimentam sempre no horizonte do seu mundo da vida e não podem sair dele. No interior da sociedade se formam também sistemas autopoiéticos e autorreferenciais, que se servem de uma racionalidade instrumental para manter-se, tais como o mercado, o direito etc. (essa noção de sistema é retomada por Habermas da teoria sistêmica de Luhmann). Nas sociedades complexas contemporâneas, o mundo da vida corre o risco de ser "colonizado" pelos sistemas da economia e do poder administrativo: a lógica econômica e a burocrática prevalecem sobre a racionalidade comunicativa. Trata-se de um fenômeno inevitável na sociedade moderna, já que é uma consequência dos processos de racionalização ligados à modernização capitalista, como mostrado por Weber, que representa uma grande fonte de inspiração nesta obra habermasiana – junto com outros sociólogos, como Luhmann, Parsons, Durkheim, com psicólogos sociais, como Mead, e com filósofos, como Lukács, Adorno e Horkheimer, autores aos quais Habermas dedica amplas partes do livro. Emerge aqui uma característica do pensamento habermasiano: ele parece formar-se na discussão de posições de outros pensadores, mais do que surgir espontaneamente. Longe de entender essa observação como uma crítica, entendemos essa característica como, por um lado, expressão de uma consciência histórica particularmente aguda e sensível – qualquer filosofia é, hegelianamente, sempre também história da filosofia, já que se situa num determinado momento da história do pensamento e se apoia sobre as inúmeras teorias que a precederam – e, por outro lado, expressão da ideia socrática da filosofia como busca cooperativa da verdade (também quando essa verdade for definida nos termos de uma teoria consensual da verdade, como no caso de Habermas).

A importância de Weber na teoria social de Habermas tem a ver com a sua tentativa de repensar o materialismo dialético em seu interesse emancipatório. Caso Weber tivesse razão no diagnóstico acima mencionado, segundo o qual o processo de racionalização é inevitável, praticamente não haveria chances de superar os fenômenos de alienação que caracterizam a sociedade capitalista e que foram descritos por Marx. Tanto Lukács, Adorno e Horkheimer como Habermas pretendem reformular a posição do marxismo fazendo justiça à tese de Weber. Habermas visa àquilo que ele chama de "reconciliação consigo mesma da modernidade dilacerada". Um papel central nesse processo de reconciliação é desempenhado pela moral e pelo direito, que nas sociedades modernas são constituídos com base em princípios universais e aos quais Habermas dedicou suas obras principais nos anos 1980 e 1990.

Em 1983 foi publicado *Consciência moral e agir comunicativo*, no qual ele apresenta sua versão da ética do discurso elaborada pelo seu amigo e colega Karl-Otto Apel. Trata-se de uma ética deontológica, cognitivista, formalista, universalista e procedimental. O fato de orientar-se por normas a torna deontológica. A circunstância pela qual a justeza de normas pode ser constatada de maneira análoga à verdade de enunciados (conforme a teoria consensual da verdade) a torna cognitivista. Ela mostra, finalmente, seu formalismo e universalismo no fato de não estabelecer normas concretas, mas um critério formal que possibilita a definição de um procedimento que permite a todos participar na criação de normas – e isso a torna uma ética procedimental. O procedimento em questão é um discurso e sua função consiste em alcançar um consenso sobre normas que não são mais consideradas válidas. O critério formal antes mencionado é o princípio do discurso, que diz que uma norma pode avançar uma pretensão de validade (ou seja, de justeza) somente se todos os concernidos (ou seja, todos os que sofrerão consequências pela sua adoção) chegarem a um consenso sobre ela como participantes num discurso. Apel pretendeu ter alcançado uma fundamentação última dessa ética, uma vez que ela se baseia nos pressupostos pragmáticos de qualquer argumentação (inclusive daquela na qual um cético ponha em questão a validade do princípio do discurso). Habermas não compartilha essa posição, já que pensa que as normas éticas fundamentais não podem ser derivadas *diretamente* das pressuposições da argumentação.

Na década de 1980, Habermas publica também duas importantes obras sobre a modernidade: *O discurso filosófico da modernidade* (um ciclo de aulas nas quais ele defende o "projeto inacabado" do Esclarecimento contra seus críticos, de Nietzsche a Foucault, de Heidegger aos pós-modernos franceses) e *Pensamento pós-metafísico*, no qual ele defende a ideia de que a filosofia não pode mais apelar para uma posição privilegiada em relação à verdade, mas deve contentar-se com uma reconstrução racional do saber intuitivo, pré-teórico, de sujeitos que falam, agem e julgam com competência. Ela assume o papel de um intérprete que "faz a mediação entre as culturas especializadas da ciência, da técnica, do direito e da moral, de um lado, e a práxis comunicativa cotidiana, de outro".[4]

Em 1992 apareceu *Direito e democracia* (o título original, traduzido literalmente do alemão, seria *Faticidade e validade*), no qual Habermas apresenta sua teoria do direito, cuja ideia central é a de que não pode haver Estado de direito sem democracia. A ordem jurídica do Estado democrático constitucional possui um conteúdo normativo que encontra sua expressão mais adequada na cooriginariedade de autonomia privada e autonomia pública: a ordem jurídica pressupõe sujeitos que se reconhecem reciprocamente como parceiros de direito livres e iguais. Habermas salienta o caráter intersubjetivo dos direitos individuais: não se trata de direitos congênitos, mas de direitos que os cidadãos devem se atribuir mutuamente se quiserem regulamentar sua convivência por meio do instrumento do direito positivo. Embora Habermas saliente o potencial emancipatório dos ordenamentos jurídicos democráticos (e, portanto, seja possível constatar certa continuidade ao projeto emancipatório geral que

4. Id., *Pensamento pós-metafísico: estudos filosóficos*, trad. F. B. Siebeneichler. Rio de Janeiro: Tempo Brasileiro, 1990, pp. 47 ss.

caracteriza o pensamento habermasiano), o livro marca sua despedida definitiva do marxismo em prol de uma posição de liberalismo político. Ainda mais do que na *Teoria do agir comunicativo*, o texto se apresenta como o resultado de um diálogo incessante com as posições de outros pensadores; nesse caso, com teóricos do direito e da política, entre os quais se destacam John Rawls, Ronald Dworkin, Frank Michelman e – mais uma vez – Niklas Luhmann.

Nos últimos anos, Habermas se dedicou a assuntos particularmente atuais, como as novas tecnologias genéticas, os resultados mais recentes das neurociências e o papel da religião na vida pública. Em todas essas ocasiões, ele desenvolveu sua posição partindo de uma confrontação com outros pensadores, inclusive com cientistas como Wolf Singer e Gerhard Roth, demonstrando mais uma vez sua visão da filosofia como diálogo incessante.

A RECEPÇÃO DO PENSAMENTO DE HABERMAS EM GERAL

Pelo menos desde a publicação de *Conhecimento e interesse*, imediatamente traduzido para vários idiomas, a recepção do pensamento habermasiano não se limitou somente à Alemanha. Contudo, foi a partir da publicação da *Teoria do agir comunicativo* que o interesse por tal pensamento aumentou internacionalmente. Não é casual que a primeira monografia importante sobre Habermas não tenha aparecido na Alemanha, mas nos Estados Unidos: trata-se do livro *The Critical Theory of Jürgen Habermas*, de Thomas McCarthy, de 1978. Ainda hoje, apesar de tantos anos (e dos tantos livros que Habermas escreveu desde então), ele permanece uma das melhores introduções ao pensamento de Habermas. Em 1986, a filósofa Seyla Benhabib dedicou uma parte de seu influente livro sobre a Teoria Crítica, *Critique, Norm and Utopia*, a uma análise crítica da ética do discurso de Habermas, sancionando assim definitivamente sua "assunção" na Escola de Frankfurt por parte do mundo anglo-saxônico. Na Alemanha, já era comum considerar Habermas um "frankfurtiano" de segunda geração, ainda que o próprio, apesar de reconhecer suas "dívidas" com os membros da primeira geração – não somente com Adorno e Horkheimer, mas também com Neumann, Kirchheimer e sobretudo Marcuse –, tenha salientado também as diferenças entre seu pensamento e a Teoria Crítica tradicional.

Um papel particular na recepção de Habermas, especialmente na França, foi desempenhado pela polêmica travada com os críticos da razão moderna (os assim chamados pós-modernos), que chegou a ser designada até (erroneamente, a nosso ver) como uma *querelle* franco-alemã – e isso apesar do fato de que as fontes de inspiração para os pensadores criticados por Habermas, como Foucault ou Derrida, fossem filósofos alemães, como Nietzsche e Heidegger. Jean-François Lyotard, autor do famoso livro *A condição pós-moderna* (1979), e também o norte-americano Richard Rorty defenderam os pós-modernos contra a acusação habermasiana de serem conservadores e reafirmaram suas reservas contra uma razão presumidamente totalitária. Nos últimos anos, Habermas mitigou em parte suas acusações, reconciliando-se em particular com Derrida. Contudo, na França e em outros países, o interesse principal dos comentadores vai atualmente às posições mais recentes de Habermas sobre o direito e a teoria do Estado. Algo análogo aconteceu na Itália, onde Habermas, nos anos 1970, era ainda recebido como teórico marxista e como herdeiro da

Teoria Crítica frankfurtiana. Na época, no centro da discussão se encontravam principalmente sua crítica a Marx e seus escritos sobre trabalho e ideologia. Nos anos 1980 e 1990, porém, foram publicadas aí (como na Espanha e em Portugal) várias monografias sobre a teoria discursiva da moral e do direito, assim como sobre o "pensamento pós-metafísico".

Em geral, parece que na Europa ocidental atual as obras mais antigas de Habermas não suscitam grande interesse. Isso se deve em parte ao fato de muitos comentadores defenderem a opinião de que até a metade dos anos 1980 (isto é, até a publicação de *Consciência moral e agir comunicativo* e de *Pensamento pós-metafísico*) o pensamento de Habermas teria sido relevante principalmente para a sociologia. Essa interpretação negligencia não somente os elementos genuinamente filosóficos da *Teoria do agir comunicativo* – para não falar nos trabalhos preparatórios e nos ensaios sobre a teoria da verdade e a pragmática universal, que não foram recebidos imediatamente pelos comentadores estrangeiros –, mas também publicações anteriores, como *Conhecimento e interesse* ou *Teoria e práxis*. Um livro como *Direito e democracia*, ao contrário, se coloca evidentemente numa maior proximidade em relação às obras tradicionais da teoria política ou da filosofia do direito – circunstância que esclarece também o fato de ele despertar interesse em pensadores das mais diferentes posições políticas (liberais, republicanos e democratas radicais).

O interesse por Habermas não se reflete somente na literatura secundária, mas também na recepção de suas ideias teóricas fundamentais. Por exemplo, os norte-americanos Jean L. Cohen e Andrew Arato sistematizaram o conceito habermasiano de "esfera pública", aplicando-o à sua teoria normativa da sociedade civil. Com a publicação de *The Cambridge Companion to Habermas*, em 1995, Habermas entrou definitivamente no cânone anglo-saxônico dos grandes pensadores da história da filosofia. O amplo reconhecimento que Habermas recebeu nos últimos anos no mundo da filosofia acadêmica norte-americana, relativamente fechado, pode ser explicado talvez pela sua capacidade de conectar a tradição analítica com a *continental philosophy*. Praticamente nenhum outro pensador (talvez com exceção de Richard Rorty) se sente à vontade em ambas as tradições, e isso faz com que sua obra alcance um amplo público nos Estados Unidos e alhures. Sua atividade regular como professor convidado em várias universidades estadunidenses (Harvard, NYU, Northwestern University etc.) e o diálogo continuado com importantes representantes da filosofia norte-americana – Richard Rorty, Ronald Dworkin, Thomas Nagel, Donald Davidson, Noam Chomsky, Robert Brandom e outros – são ao mesmo tempo causa e sintoma da crescente popularidade de Habermas nas universidades norte-americanas. Particular atenção ganhou o debate com John Rawls, composto de um ensaio de Habermas e de uma réplica de Rawls, ambos publicados no *Journal of Philosophy* em 1995.

HABERMAS NO BRASIL

O pensamento de Marx teve ampla penetração na política brasileira, principalmente durante a ditadura militar; no pensamento acadêmico, especialmente nas ciências sociais (nos limitaremos a mencionar Florestan Fernandes, com sua obra *Revolução bur-*

guesa no Brasil: ensaio de interpretação sociológica, de 1974); mas também na filosofia, do que é exemplar o pensamento de José Arthur Giannotti, que defendeu em 1960 sua tese de livre-docência *Alienação e trabalho objetivo* e publicou o livro *Trabalho e reflexão*, em 1983. Na esteira dessa tradição, não tardou o interesse pela Escola de Frankfurt e pela Teoria Crítica, que tem por referência a obra de Marx.

O nome de Habermas, como se sabe, vincula-se à Escola de Frankfurt, que no início do século XX formulou a Teoria Crítica da sociedade. Tal teoria, num sentido amplo, é herdeira do marxismo, e tem como finalidade a crítica das estruturas sociais, tendo em vista a emancipação. Habermas é o herdeiro tardio dessa corrente de pensamento, e sua teoria se caracteriza pela tentativa de continuá-la, a partir da incorporação da filosofia da linguagem para dar conta de certas limitações por ele apontadas, inerentes ao projeto inicial da mencionada teoria.

A primeira obra de Habermas chegou ao grande público no Brasil em 1970. O primeiro texto de Habermas traduzido para o português foi *Odisseia da razão na natureza*. O texto havia sido originalmente publicado no jornal *Die Zeit* de 19 de setembro de 1969, sendo escrito logo após a morte de Adorno, e comentava uma frase da *Dialética negativa*, segundo a qual a razão deveria ser considerada como um momento da natureza e ao mesmo tempo como distinta desta.

Foram publicados, em 1980, três textos na coleção Os Pensadores: *Teoria analítica da ciência e dialética*, *Conhecimento e interesse*, ambos traduzidos por Marcelo Tragtenberg, e *Técnica e ciência como "ideologia"*, traduzido por Zeljko Loparic e Andréa

Loparic. Na sua introdução a esse volume, intitulada "Vida e obras", Paulo Eduardo Arantes apresenta Habermas ao leitor do seguinte modo:

> Jürgen Habermas desenvolve sua teoria no mesmo sentido de Horkheimer. Para ele, a teoria deve ser crítica, engajada nas lutas políticas do presente, e construir-se em nome do futuro revolucionário para o qual trabalha; é exame teórico e crítico da ideologia, mas também crítica revolucionária do presente. O projeto filosófico de Habermas pode ser sintetizado em termos de uma crítica do positivismo e, sobretudo, da ideologia dele resultante, ou seja, o tecnicismo.

Foram publicados, ainda em 1980, sete textos na coleção Grandes Cientistas Sociais: *O idealismo alemão dos filósofos judeus*, *O conceito de poder em Hannah Arendt*, *A torá camuflada – Conferência comemorativa do 80º aniversário de Gershom Scholem*, *Arte e revolução em Herbert Marcuse*, *Theodor W. Adorno – Pré-história da subjetividade selvagem*, *Ernst Bloch – Um Schelling marxista* e *Crítica conscientizadora ou salvadora – a atualidade crítica de Walter Benjamin*. Esses textos foram organizados e traduzidos por Sérgio Paulo Rouanet e Barbara Freitag, que fazem uma longa introdução ao pensamento de Habermas. É nesse volume também que Habermas, num "Prefácio ao leitor brasileiro", afirma pretender "animar e reforçar o debate que nos últimos tempos se instaurou no Brasil, em torno, especialmente, de Adorno, Benjamin e Marcuse". Freitag fez ainda uma longa entrevista com Habermas, que obteve ressonância internacional.

No anos 1980, são publicadas as traduções de *A crise de legitimação no capitalismo tardio* (1980), *Para a reconstrução do materialismo histórico* (1983) e *Mudança estrutural da esfera pública: investigações quanto a uma categoria da sociedade burguesa* (1984). Em 1987, são publicados *Conhecimento e interesse*, traduzido por José N. Heck, e *Dialética e hermenêutica*, traduzido por Álvaro Valls. Em sua introdução ao texto, Heck observa que

> *Conhecimento* e *interesse* não investe em Marx, mas em Freud seu esforço analítico de fazer da reflexão uma grandeza epistemológica, isto é, comprometer o interesse com um conhecimento que seja eficaz em seu propósito de calcinar estruturas repressivas, dissolvendo-as no fluxo emancipatório do saber.

No final da década de 1980 é publicada a obra *Consciência moral e agir comunicativo*, traduzida por Guido de Almeida. Depois desses textos, nas décadas seguintes muitos outros foram traduzidos e publicados. Uma listagem pode ser encontrada na bibliografia.

Uma vez que a obra de Habermas passou a ser acessível ao leitor brasileiro, muitas dissertações e teses foram produzidas sobre ele nos programas de pós-graduação em Filosofia, em Direito e em Educação, dentre outros. Pesquisas começaram a ser feitas a partir de seu pensamento, com aplicações em vários ramos do conhecimento. Vale lembrar que Habermas já ministrou conferências no Brasil mais de uma vez.

No âmbito da filosofia, pode-se mencionar, dentre muitos outros, o trabalho de Zeljko Loparic – que traduziu uma obra de Habermas e publicou vários artigos sobre ele –, assim como o de José Arthur Giannotti, que também publicou artigos sobre Habermas, em geral criticando-o. Francisco Javier Herrero escreveu um artigo muito importante sobre a pragmática transcendental. Guido de Almeida publicou um artigo sobre o conceito de verdade discursiva em relação ao pensamento de Wittgenstein e Tugendhat no volume 98 da *Revista Tempo Brasileiro*, dedicado a Habermas. No que diz respeito a esse aspecto da filosofia teórica de Habermas, ressalta-se o texto de Carlos Cirne Lima sobre a contradição performativa. Pode-se destacar também o trabalho de Flávio Beno Siebeneichler, tradutor de *Direito e democracia*, bem como de outras obras de Habermas.

Ernildo Stein, conhecido principalmente por suas interpretações heideggerianas, dedicou-se também ao pensamento de Habermas, tendo orientado teses e dissertações sobre ele. Suas preocupações diziam respeito à fundamentação da Teoria Crítica, à crítica da ideologia, à teoria da racionalidade e ao tratamento da hermenêutica. Segundo sua leitura, Habermas destaca os aspectos positivos da hermenêutica, mas recusa sua pretensão de universalidade: para Habermas, a hermenêutica tem que assumir em si a reflexão de seus próprios limites no tratamento das ciências exatas e no tratamento das perturbações da comunicação.

José N. Heck, em suas pesquisas, aprecia no pensamento de Habermas, dentre outros aspectos, sua clara e decisiva posição a favor da modernidade; sua irrestrita condenação ao nazismo; sua fidelidade às origens críticas da Escola de Frankfurt na contramão do senso elitista e do pernosticismo afetado de seus fundadores; seu fino senso para o fenômeno da globalização e, principalmente, seu reconhecimento tardio, mas irrestrito, inquestionável e irreversível do direito – não apenas da política –, para assegurar a liberdade dos indivíduos, a convivência dos povos e o futuro dos Estados. Atualmente, Heck desconfia da pertença de Habermas à Escola de Frankfurt e critica-o na medida em que recorre aos clássicos para amparar suas próprias posições. É nesse sentido, defende Heck, que em *Direito e democracia* ele quase vê em Rousseau um precursor da relação entre discurso e democracia – quando na verdade isso não se poderia sustentar em relação a Rousseau, que não acolhe discussões políticas, suspeita das discussões sem fim e toma as controvérsias filosóficas como pauta de veleidades, palco de ostentação e arena de vaidades.

Luiz Bernardo Leite Araujo, por seu turno, aprecia o cognitivismo moral de Habermas, ou seja, a ideia de que as questões práticas são passíveis de argumentação racional, mas isso a partir de uma racionalidade "que reconduza, sem apagar as distâncias, que una, sem reduzir o que é distinto ao mesmo denominador, que entre estranhos torne reconhecível o que é comum, mas deixe ao outro a sua alteridade". Vale destacar também a ideia

> discursiva segundo a qual o reconhecimento dos indivíduos como pessoas responsáveis consiste em tomá-las seriamente como agentes que podem e devem ter voz na validação de normas e leis às quais eles próprios estão sujeitos.

Araujo se interessa, em suas pesquisas, pelos desdobramentos da racionalidade comunicativa para os temas do direito, da democracia, da política mundial dos direitos humanos e suas correspondentes instituições supranacionais, bem como para os temas do multiculturalismo e dos direitos das minorias culturais, inclusive pela questão da religião, tema sobre o qual tem livro publicado. No que concerne a este último assunto, dedica-se ao ponto da relação entre religião e política e da fronteira entre fé e saber.

Nythamar de Oliveira quer usar o pensamento de Habermas com a intenção de "desenvolver uma fenomenologia da justiça em termos de um perspectivismo semântico-transcendental e de um perspectivismo pragmático-formal", bem como defender "um modelo universalista capaz de contemplar as críticas e contribuições levantadas por modelos neoaristotélicos, comunitaristas e não cognitivistas".

Maria Clara Dias tem estudos sobre a fundamentação dos direitos humanos em Habermas, mostrando os limites de sua estratégia, e Wilson Mendonça fez contribuições importantes sobre o conteúdo cognitivo da moralidade baseado na filosofia moral de Habermas.

Em São Paulo, há um grupo de estudos sobre a Teoria Crítica em geral e, portanto, também sobre Habermas. É ligado ao Cebrap e, particularmente, aos professores Marcos Nobre e Ricardo Terra. O grupo não se limita à exegese dos textos frankfurtianos, mas efetua também – na tradição do Instituto de Pesquisa Social e do próprio Cebrap – pesquisas que ligam o aspecto empírico àquele mais estreitamente teórico. Graças à atividade do grupo – em particular, de alguns dos membros mais jovens, como Denilson Werle, Rurion Soares Melo e Luiz Repa –, foram introduzidos ao público brasileiro também outros autores vinculados à Teoria Crítica e a Habermas, como Axel Honneth ou Rainer Forst.

Há também um grupo de pesquisadores que estudam principalmente as interfaces da filosofia do direito e da filosofia política de Habermas, como Elve Miguel Cenci, Clodomiro José Bannwart Júnior, Aylton Barbieri Durão, Gilvan Hansen, Jovino Pizzi e Ângelo Cenci. Esse grupo já promoveu cinco colóquios sobre o pensamento de Habermas, nas cidades de Londrina e Florianópolis. De um desses colóquios foram publicados os anais *Habermas em discussão*, em 2005. Atualmente está em preparação o volume que contém os anais do *V Colóquio Habermas*, ocorrido em Florianópolis em 2008, que será publicado na série Nefiponline.

No âmbito do direito, Marcelo Campos Galuppo defendeu, em 1998, uma das primeiras teses de doutorado sobre Habermas, com o título *Direito, discurso e democracia. O princípio jurídico da igualdade e a autocompreensão do Estado Democrático de Direito*. Ainda hoje, Galuppo se interessa pela aplicação da ética discursiva ao entendimento da argumentação jurídica, principalmente no cotejo com uma aplicação fronética de princípios jurídicos. Ainda no âmbito do direito, Luiz Moreira e Manfredo de Oliveira publicaram, junto com Karl-Otto Apel, *Com Habermas, contra Habermas: direito, discurso e democracia*. Moreira e Oliveira são autores de várias publicações sobre o pensamento habermasiano. Moreira, em particular, é autor de uma das primeiras monografias sobre a teoria do direito de Habermas, publicada em 1998. Outro pensador que se ocupa bastante do pensamento habermasiano – quer no que diz respeito à teoria jurídica, quer no que diz respeito à sua relação com o pensamento pós-moderno –, é Antonio Cavalcanti Maia, autor de uma bela monografia sobre a filosofia do direito habermasiana. Em 2006, Cláudio Oliveira defendeu a tese de doutorado *Moralidade e jurisdição: o paradigma jurídico procedimental em Jürgen Habermas*, ocupando-se da questão dos riscos inerentes à "judicialização" da política, que preocupa bastante o autor alemão.

No âmbito das pesquisas que aplicam Habermas à educação, pode-se apontar os nomes de Amarildo Trevisan, Nadja Hermann e Ralph Ings Bannell. Trevisan se interessa pela perspectiva comunicativa de Habermas, que desbancou o solipsismo das filosofias da consciência, o que implicaria, para ele, mudanças no âmbito dos métodos pedagógicos, justamente porque nessa perspectiva há que se levar em conta questões da alteridade, diferenças, valores. Hermann publicou um livro importante: *Validade em educação: intuições e problemas na recepção de Habermas*. Segundo ela, "a problemática para a educação está nas difíceis relações entre racionalidade, liberdade e legitimidade do processo educativo para formar a identidade de sujeitos". Uma de suas preocupações fundamentais é a de saber "se é possível produzir uma base teórica para a educação brasileira, a partir da teoria habermasiana que pressupõe a igualdade numa realidade social que produz desigualdade e excluído". Bannell afirma que o termo educação, em uma perspectiva habermasiana, deveria ser compreendido "em um sentido o mais abrangente possível, abrigando processos de formação social, cultural e científico, em todos os espaços onde eles aconteçam".

Pode-se perceber, pelo exposto, a ampla penetração da filosofia habermasiana nas pesquisas realizadas no Brasil em várias áreas de conhecimento. Esta apresentação teve apenas caráter indicativo, não sendo exaustiva de todos os estudos efetuados sobre nosso pensador.

NIKLAS LUHMANN: "EU VEJO O QUE TU NÃO VÊS"*

MARCELO NEVES

* Este texto baseia-se em uma entrevista concedida ao jornalista e sociólogo Rômulo Neves, cujo fim era a divulgação da obra de Niklas Luhmann para um público mais abrangente. Entretanto, ele havia permanecido inédito até a publicação deste livro. [N. A.]

A teoria dos sistemas sociais do sociólogo alemão Niklas Luhmann não teve, até hoje, muita penetração nos estudos sociológicos brasileiros. No entanto, sua teoria é uma das construções teóricas contemporâneas mais complexas e abrangentes.

A grande contribuição da teoria dos sistemas sociais foi apontar para o fato de que a complexidade da sociedade moderna torna infrutífero qualquer modelo que pretenda descrever, esclarecer ou justificar a sociedade por um único mecanismo ou aspecto: seja ele o poder (Foucault), a luta de classes (Marx), o capital simbólico (Bourdieu) ou o agir comunicativo (Habermas). Isso implica a tese de que não há um centro da sociedade, um sistema ou um mecanismo social a partir do qual todos os outros possam ser compreendidos. A própria distinção entre a teoria dos sistemas e a da ação como figuras autônomas (conforme os manuais) é rejeitada no modelo de Luhmann, pois, segundo ele, a teoria sociológica confronta-se, precisamente, com o problema da relação entre sistema e ação, a diferença de perspectivas residindo na maneira de conceber essa relação.[1]

1. Niklas Luhmann, "Handlungstheorie und Systemtheorie", in *Soziologische Aufklärung* 3: *Soziale Systeme, Gesellschaft, Organisation*, 2.ª ed. Opladen: West-

No prefácio de seu livro *A sociedade da sociedade*,[2] Luhmann afirma:

> Na minha admissão na Faculdade de Sociologia da Universidade de Bielefeld, fundada em 1969, encontrei-me confrontado com a exigência de denominar o projeto de pesquisa em que eu trabalho. Meu projeto designava-se naquela época e desde então: teoria da sociedade; duração: 30 anos; custos: nenhum.[3]

Seu projeto foi construir uma teoria abrangente do social. Isso não significa uma teoria completa, pois, para Luhmann, nenhuma teoria pode ser completa. Isso iria contra seus pressupostos. Uma teoria geral dos sistemas sociais, da sociedade como sistema social mais abrangente, a teoria de sistemas parciais (com os sugestivos títulos "A economia da sociedade",[4] "A ciência da sociedade",[5]

deutscher Verlag, 1991, pp. 50-66 (pp. 51-2).

2. Id., *Die Gesellschaft der Gesellschaft*, Frankfurt am Main: Suhrkamp, 1997, 2 tomos [trad. esp.: *La sociedad de la sociedad*. Cidade do México: Herder / Universidad Iberoamericana, 2007].

3. Id., ibid., tomo 1, p. 11.

4. Id., *Die Wirtschaft der Gesellschaft*. Frankfurt am Main: Suhrkamp, 1988.

5. Id., *Die Wissenschaft der Gesellschaft*. Frankfurt am Main: Suhrkamp, 1990 [trad. esp.: *La ciencia de la sociedad*. México: Universidad Iberoamericana / ITESO / Anthropos, 1996].

"O direito da sociedade",[6] "A arte da sociedade",[7] "A religião da sociedade",[8] "A política da sociedade",[9] "O sistema educacional da sociedade"[10]), assim como a teoria da organização como sistema social[11] e esboços de uma teoria da interação como sistema entre presentes[12] apontam para a pretensão ambiciosa de uma teoria geral do social. Luhmann sustentava que o fato de certos modelos gerais, como o marxista e o funcionalista, terem entrado em crise não significa que não possamos buscar modelos teóricos mais abrangentes em relação ao mundo social.

Diversas vertentes influenciaram a obra de Luhmann. Entre outras correntes, foi influenciado pela teoria biológica da autopoiese, formulada pelos chilenos Humberto Maturana

6. Id., *Das Recht der Gesellschaft*. Frankfurt am Main: Suhrkamp, 1993 [trad. esp.: *El derecho de la sociedad*. México: Universidad Iberoamericana, 2002; trad. ingl. *Law as Social System*. Oxford: Oxford University Press, 2004].
7. Id., *Die Kunst der Gesellschaft*, 2.ª ed. Frankfurt am Main: Suhrkamp, 1996 [trad. esp.: *El arte de la sociedad*. México: Herder / Universidad Iberoamericana, 2005].
8. Id., *Die Religion der Gesellschaft*. Frankfurt am Main: Suhrkamp, 2000.
9. Id., *Die Politik der Gesellschaft*. Frankfurt am Main: Suhrkamp, 2000.
10. Id., *Das Erziehungssystem der Gesellschaft*. Frankfurt am Main: Suhrkamp, 2002.
11. Id., *Organisation und Entscheidung*. Frankfurt am Main: Suhrkamp, 2000.
12. Id., "Einfache soziale Systeme", in *Soziologische Aufklärung 2: Aufsätze zur Theorie der Gesellschaft*, 3.ª ed. Opladen: Westdeutscher Verlag, 1986, pp. 21-38. Ver também a síntese sobre os três tipos de sistemas sociais – sociedade, organização e interação: "Interaktion, Organisation, Gesellschaft", in ibid., pp. 9-20.

e Francisco Varela,[13] da teoria do cálculo de George Spencer--Brown,[14] do construtivismo de Heinz von Foerster,[15] dos modelos cibernéticos,[16] da filosofia fenomenológica de Husserl,[17] da teoria social de Émile Durkheim[18] e Talcott Parsons.[19] Apesar de

13. Humberto R. Maturana e Franscisco J. Varela, *Autopoiesis and Cognition: the Realization of the Living*. Dordrecht: D. Reidel Publishing Company, 1980; id., *El árbol del conocimiento: las bases biológicas del entendimiento humano* [1984], 18.ª ed. Santiago: Editorial Universitaria, 2006 [trad. bras.: *A árvore do conhecimento: as bases biológicas da compreensão humana*. São Paulo: Palas Athena, 2001]; Humberto R. Maturana, *Erkennen: Die Organisation und Verkörperung von Wirklichkeit. Ausgewählte Arbeiten zur biologischen Epistemologie*. Braunschweig/Wiesbaden: Vieweg, 1982.
14. George Spencer-Brown, *Laws of Form*. Londres: George Allen and Unwin, 1971.
15. Heinz von Foerster, *Observing Systems*. Seaside, CA: Intersystems Publications, 1981.
16. William Ross Ashby, *An Introduction to Cybernetics* [1956]. Londres/Nova York: Methuen, 1984.
17. A respeito da posição de Luhmann em relação à fenomenologia de Edmund Husserl, ver Niklas Luhmann, *Die Krisis der europäischen Wissenschaften und die transzendentale Phänomenologie*, org. Elisabeth Ströker, 2.a ed. Hamburgo: Meiner, 1977.
18. Luhmann define sua proximidade e distância em relação à Durkheim no prefácio da edição alemã do livro *Da divisão do trabalho social*: Niklas Luhmann, "Arbeitsteilung und Moral: Durkheims Theorie", in Émile Durkheim, *Über die Teilung der sozialen Arbeit*. Frankfurt am Main: Suhrkamp, 1988, pp. 17-35.
19. Niklas Luhmann, "Talcott Parsons: Zur Zukunft eines Theorieprogramms". *Zeitschrift für Soziologie*, n. 9, 1980, pp. 5-17; id., "Warum AGIL?" in *Kölner Zeitschrift für Soziologie und Sozialpsychologie*, n. 40, 1988, pp. 127-39; id., "Itinéraire d'un auteur; itinéraire d'une discipline: entretien avec Niklas Luhmann [1991]", entrevista concedida a Pierre Guibentif, in André-Jean Arnaud e Pierre Guibentif (orgs.), *Niklas Luhmann observateur du droit*. Paris: Lgdj, pp. 187-229 (pp. 196-99).

tantas influências, sua originalidade está em tratar com clareza a diferenciação do sistema biológico, o sistema psíquico, ou consciência, e a sociedade como sistema de comunicações.[20] Nesse contexto ele afirma, ao contrário de Maturana e Varela, que o homem, como corpo ou consciência, faz parte do ambiente da sociedade, ou seja, não pertence à sociedade. As unidades elementares da sociedade são as comunicações; as pessoas como construções sociais são "endereços dos processos de comunicação".[21] O fato de pôr o homem fora da sociedade levou a críticas severas no sentido de afirmar-se que a teoria de Luhmann é anti-humanista. Mas quando diz que o homem é um problema para a sociedade e a sociedade é um problema para o homem, Luhmann assume um anti-humanismo metodológico.

Porém, o anti-humanismo metodológico foi mal compreendido. Não se trata de uma categoria ética, mas antes lhe subjaz um humanismo ético ao não incluir o homem como parte da sociedade. Ele é um problema para a sociedade, que deve ser enfrentado ao se considerar a autonomia do sistema psíquico e

20. Ver sobretudo Niklas Luhmann, *Soziale Systeme: Grundriß einer allgemeinen Theorie*. Frankfurt am Main: Suhrkamp, 1984 [trad. esp.: *Sistemas sociales: lineamientos para una teoría general*, 2.ª ed. Barcelona: Anthropos; México: Universidad Iberoamericana; Santafé de Bogotá: Ceja, 1998; trad. ital.: *Sistemi sociali: Fondamenti di una teoria generale*. Bolonha: Il Mulino, 1990; trad. ing.: *Social Systems*. Stanford: Stanford University Press, 1995].
21. Niklas Luhmann, *Gesellschaftsstruktur und Semantik: Studien zur Wissenssoziologie der modernen Gesellschaft*, v. 3. Frankfurt am Main: Suhrkamp, p. 367, nota 11.

biológico nele envolvido.[22] É evidente que não pode haver sociedade (pois não pode haver comunicação) sem o homem. Ele é uma condição de possibilidade da comunicação e da sociedade. A sociedade depende do homem como condição ambiental para existir, assim como o homem precisa de determinadas condições atmosféricas para viver, mesmo que a atmosfera não faça parte do homem. A consciência precisa de certos processos neuronais para reproduzir-se como sistema com sentido, mas esses processos não são parte dela. Ou seja, sociedade e homem são interdependentes, mas se diferenciam um do outro.

Luhmann participou dos Seminários de Teoria Social de Talcott Parsons, na Universidade de Harvard,[23] e foi influenciado pelo modelo sistêmico parsoniano. Mas, com o desenvolvimento da teoria luhmanniana, a influência do funcionalismo americano foi decrescendo.

Na teoria sistêmica luhmanniana, supera-se a tendência à simplificação funcionalista apesar da influência do funcionalismo norte-americano. Isso ocorre porque não se parte do sistema social no singular, como se faz neste último modelo. Luhmann trabalha com a noção de sistemas sociais, no plural, que se reproduzem

22. Com base nesses pressupostos, Gunther Teubner ("Die Anonyme Matrix: Zu Menschenrechtsverletzungen durch 'private' transnationale Akteure" in *Der Staat*, n. 2, v. 45, Berlim: Duncker & Humblot, 2006, pp. 161-87) formula mais recentemente um conceito de direitos humanos na perspectiva da exclusão dos homens da sociedade, a saber, como "garantias da integridade da psique e do corpo" (p. 175).

23. Niklas Luhmann, "Itinéraire d'un auteur; itinéraire d'une discipline", pp. 196-99.

por códigos de preferência e programas diversos. Eles enfatizam a questão dos conflitos intersistêmicos e da falta de um sistema central supraordenado, a partir do qual poderia haver um paradigma unitário de orientação da conduta. É devido a isso que ele não se limita ao conceito de função, que implica a relação dos subsistemas com o sistema social global. Trabalha também com o conceito de prestação como relacionamento entre sistemas parciais da sociedade. E, por fim, enfrenta o problema da reflexão, a relação dos sistemas com eles mesmos, destacando o problema da autonomia e da identidade.[24] Parece-me que a vertente orientada no estudo da autonomia das esferas de comunicação é a mais frutífera na teoria dos sistemas, e não a vertente funcional, que vem perdendo espaço na discussão em torno do modelo sistêmico.

Como foi afirmado anteriormente, a grande contribuição da teoria sistêmica foi apontar para o fato de que a complexidade da sociedade moderna torna infrutífero qualquer modelo simplista que pretenda descrever, esclarecer ou justificar a sociedade a partir de um único mecanismo ou aspecto: o poder, no caso de Michel Foucault, a luta de classes, de Karl Marx, o capital simbólico, de Pierre Bourdieu, ou o agir comunicativo, de Jürgen Habermas. Toda e qualquer teoria social, para ser frutífera e socialmente adequada, tem que se submeter ao imperativo de um mundo so-

24. Id., *Funktion der Religion*. Frankfurt am Main: Suhrkamp, 1982, pp. 54 ss.; id. e Karl-Eberhard Schorr, *Reflexionsprobleme im Erziehungssystem*. Frankfurt am Main: Suhrkamp, 1988, pp. 34 ss.

cial multicêntrico e policontextural.[25] Ou seja, não há um centro da sociedade, que possa ter uma posição privilegiada para sua observação e descrição; não há um sistema ou mecanismo social a partir do qual todos os outros possam ser compreendidos. Nesse sentido, é possível dizer que Luhmann supera, sem dúvida, os clássicos da sociologia. Mas não aceita o modelo fragmentário pós-moderno, pois insiste em que os sistemas sociais parciais, como o direito, a economia e a política, reproduzem-se de forma unitária e generalizada de acordo com os seus códigos-diferença (lícito / ilícito, ter / não ter, poder / não poder), sem que com isso negue a pluralidade dos sistemas no plano de seus programas e critérios.

Ao afastar a possibilidade de um ponto de observação único ou privilegiado do social, Luhmann destaca que nem mesmo a política tem uma dessas características, ela é um sistema em concorrência com outros. A visão oposta, decorrente de uma concepção simplista da sociedade, que põe a política no centro como um supersistema, só tem levado a desilusões. A própria teoria da sociedade seria apenas uma observação ou uma descrição parcial da sociedade, e uma observação mais abrangente ocorre apenas do ponto de vista do sistema científico. Também a religião, a política, a família etc. fazem suas observações da sociedade como um todo, que concorrem com a observação da teoria social. Esta será tanto mais adequada socialmente enquanto descrever multicentricidade do social.

O que me parece, entretanto, é que Luhmann, ao elaborar a

25. Id., *Die Gesellschaft der Gesellschaft*, tomo 1, pp. 36 ss. e *passim*; id., *Die Krisis der europäischen Wissenschaften und die transzendentale Phänomenologie*, p. 44; id., *Soziale Systeme*, p. 284.

sua teoria da sociedade mundial, mesmo considerando a mundança de paradigma após a minha tese de doutorado, não considerou suficientemente a questão dos bloqueios sistêmicos, como enfatizou Hauke Brunkhorst no semanário *Die Zeit*.[26] Ao referir-se à corrupção sistêmica como mecanismo em que um código sistêmico (*v.g.*, o econômico) sobrepõe-se a outro (*v.g.*, o jurídico), não retira as últimas consequências desse problema em relação aos países periféricos. No caso do direito, por exemplo, a corrupção sistêmica, em certos contextos sociais, especialmente da África, da América Latina e da Ásia, não é algo pontual, que não ponha em xeque a própria autonomia operacional do respectivo sistema. Ela traz como consequência um bloqueio à própria reprodução autônoma do direito.[27] Nesse ponto nos divergimos, embora em alguns trechos ele cite meus trabalhos e concorde comigo, aparentemente.[28] Mas não me parece consequente nesse aspecto. Não chega a afirmar que a

26. Hauke Brunkhorst, "Abschied von Alteuropa. Die Gefährdung der Moderne und der Gleichmut des Betrachters: Niklas Luhmann 'Gesellschaft der Gesellschaft'" *Die Zeit*, 13 jun. 1997, p. 50.

27. Embora Luhmann reconheça que, "em caso extremo" de "corrupção sistêmica", "não se pode mais falar de fechamento autopoiético[...]" (*Das Recht der Gesellschaft*, p. 82), não retira daí as devidas consequências empíricas para a sua construção teórica, tendo em vista que insiste fortemente na tese do primado da diferenciação funcional na sociedade mundial do presente (ibid., p. 572; *Die Gesellschaft der Gesellschaft*, tomo 2, pp. 743. ss.).

28. Niklas Luhmann, *Das Recht der Gesellschaft*, pp. 25, 81, 194, 478-9, 584; id., *Die Gesellschaft der Gesellschaft*, tomo 1, p. 169, tomo 2, pp. 632, 787, 806, 810; id., "Inklusion und Exklusion", in *Soziologische Aufklärung 6: Die Soziologie und der Mensch*. Opladen: Westdeutscher Verlag, pp. 237-64 (p. 261) [trad. esp.: "Inclu-

autonomia operacional dos sistemas sociais parciais, embora constitua uma exigência funcional, não se realiza em grande parte do globo terrestre e, portanto, prejudica a diferenciação funcional no plano global.

Ainda se afirma, embora cada vez menos, que a teoria luhmanniana é conservadora. Esse preconceito contra a teoria dos sistemas apresentou-se mais forte no início, quando foi publicado o debate entre Habermas e Luhmann, com réplicas e tréplicas.[29] Naquele momento havia muita efervescência política e a Escola de Frankfurt era muito influente. Luhmann deu uma palestra no Encontro Alemão de Sociólogos em Frankfurt, o que acabou causando o debate. Dentro das categorias teóricas que reinavam em Frankfurt, houve muita incompreensão em relação ao novo paradigma proposto por Luhmann. De certa maneira, acreditavam que seu modelo era uma nova forma de redução da teoria social a uma tecnologia social. O próprio título do livro, na forma interrogativa, *Teoria da sociedade ou tecnologia social – o que realiza a pesquisa sistêmica?*, insinuava que Luhmann era o defensor da tecnologia social e Habermas o da teoria da sociedade. Como Luhmann escreveu mais tarde, naquele debate nenhum dos autores era defensor de uma tecnologia social.[30]

Mas um ponto parece intelectualmente reprovável. Haber-

sión y exclusión", in Niklas Luhmann, *Complejidad y modernidad: de la unidad a la diferencia*. Madri: Trotta, 1998, pp. 167-95 (p. 192)].

29. Jürgen Habermas e Niklas Luhmann, *Theorie der Gesellschaft oder Sozialtechnologie – was leistet die Systemforschung?* Frankfurt am Main: Suhrkamp, 1971.

30. Niklas Luhmann, *Die Gesellschaft der Gesellschaft*, tomo 1, p. 11.

mas, em seu livro *Teoria do agir comunicativo*, faz o vínculo da teoria luhmanniana da legitimação ao decisionismo de Carl Schmitt,[31] o que parece um absurdo. Desde o início de sua obra, mesmo antes de aderir ao paradigma autopoiético, Luhmann sempre se referiu à autonomia operacional do direito perante a política como uma conquista da modernidade. Isso é totalmente incompatível com o modelo decisionista de Schmitt. Para este, o direito é necessariamente subordinado à política.[32]

Com o tempo, muitos preconceitos foram superados. Habermas mitigou suas posições e no encontro realizado em Nova York sobre seu livro *Facticidade e validade* enfatizou, em réplica aos seus críticos ali presentes, entre os quais estava o próprio Luhmann, que aprendeu muito nos longos anos de discussão com

31. Jürgen Habermas, *Theorie des kommunikativen Handelns*, 2.ª ed. Frankfurt am Main: Suhrkamp, v. 1, 1982, p. 358 [trad. esp.: *Teoría de la acción comunicativa*. Madri: Taurus, 1978, v. 1, p. 343].

32. Daí a prevalência do conceito político decisionista ("positivo") de Constituição em detrimento do conceito jurídico na teoria constitucional de Carl Schmitt (*Verfassungslehre*, 5.ª ed. [reimpressão inalterada da 1.ª edição, de 1928] Berlim: Duncker & Humblot, 1993, pp. 20-36 e 44 [trad. esp.: *Teoría de la Constitución*. México: Editora Nacional, 1970]), à qual se contrapõe o conceito sistêmico de Constituição como acoplamento estrutural entre sistemas político e jurídico (Niklas Luhmann, "Verfassung als evolutionäre Errungenschaft" in *Rechtshistorisches Journal* 9.ª Frankfurt am Main: Löwenklau, 1990, pp. 176-220 [trad. ital.: "La costituzione come acquisizione evolutiva", in Gustavo Zagrebelsky, Pier Paolo Portinaio & Jörg Luther (orgs.), *Il futuro della costituzione*. Turim: Einaudi, pp. 83-128]).

Luhmann.[33] Pode-se observar que a teoria habermasiana tornou-se uma teoria cortada, em muitos pontos, pela linguagem sistêmica. Também é inegável entre os discípulos de Habermas, mesmo aqueles "à esquerda", como Hauke Brunkhorst,[34] e também defensores ferrenhos da teoria do discurso, como Klaus Günther,[35] a influência em maior ou menor grau da obra de Luhmann.

O debate do passado está superado. Porém com a publicação de *Facticidade e validade*, de Habermas, em 1992,[36] e *O direito da sociedade*, de Luhmann, em 1993,[37] ressurgiu uma discussão, principalmente no mundo jurídico. Luhmann criticou a tese

33. Jürgen Habermas, "Reply to Symposium Participants, Benjamin N. Cardozo School of Law" / "Replik auf Beiträgen zu einem Symposium der Benjamin N. Cardozo School of Law", in Jürgen Habermas et al., *Habermas on Law and Democracy: Critical Exchanges* (*Cardozo Law Review*, n. 4-5, v. 17. Nova York: Benjamin N. Cardozo School of Law – Yeshiva University, mar. 1996), parte II, pp. 1447-643 (p. 1553 ou p. 1639).

34. Ver Hauke Brunkhorst, *Solidarität: Von der Bürgerfreundschaft zur globalen Rechtsgenossenschaft*. Frankfurt am Main: Suhrkamp, 2002, pp. 122 ss.; id., "Globale Solidarität. Inklusions-probleme der modernen Gesellschaft", in Lutz Wingert & Klaus Günther (orgs.), *Die Öffentlichkeit der Vernunft und die Vernunft der Öffentlichkeit: Festschrift für Jürgen Habermas*. Frankfurt am Main: Suhrkamp, 2001, pp. 605-26 (especialmente p. 626); id., "Abschied von Alteuropa".

35. Klaus Günther, "Vom Zeitkern des Rechts", in *Rechtshistorisches Journal* 14. Frankfurt am Main: Löwenklau, 1995, pp. 13-35.

36. Jürgen Habermas, *Faktizität und Geltung: Beiträge zur Diskurstheorie des Rechts und des demokratischen Rechtsstaats*. Frankfurt am Main: Suhrkamp, 1992 [trad. bras.: *Direito e democracia: entre facticidade e validade*. Rio de Janeiro: Tempo Brasileiro, 1997].

37. Niklas Luhmann, *Das Recht der Gesellschaft*.

habermasiana de um discurso racional orientado para o consenso como um critério de legitimação do Estado democrático de direito, considerando tal tese idealista. Ele inverte a posição e insinua ironicamente que Habermas seria o conservador por não considerar os excluídos, que eram incapazes de participar ou que não estavam dispostos a contribuir para tal discurso.[38]

Entretanto, acredito que a teoria sistêmica poderia fazer algumas releituras de conceitos habermasianos, tal como Gunther Teubner e Karl-Heinz Ladeur propuseram com a concepção de "mundo da vida". Este seria um espaço social não diferenciado sistêmico-funcionalmente e caracterizado pela fragmentação,[39] assim como sugeri no tocante à esfera pública, enfatizando, diferentemente de Luhmann, que ela não é estruturada sistemicamente, nem se confunde com o público como dimensão do sistema

38. Id., "Quod Omnes Tangit: Remarks on Jürgen Habermas's Legal Theory", in Habermas et al. *Habermas on Law and Democracy: Critical Exchanges*, pp. 883-99 (p. 899).

39. Gunther Teubner, *Recht als autopoietisches System*. Frankfurt am Main: Suhrkamp, 1989, especialmente pp. 108 ss. [trad. port.: *O direito como sistema autopoiético*, Lisboa: Fundação Calouste Gulbenkian, 1993]; Karl-Heinz Ladeur, "Rechtliche Ordnungsbildung unter Ungewissheitsbedingungen und intersubjektive Rationalität", in Werner Krawietz e Gerhard Preyer (orgs.), *System der Rechte, demokratischer Rechtsstaat und Diskurstheorie des Rechts nach Jürgen Habermas: Habermas-Sonderheft* (*Rechtstheorie* 27/3). Berlim: Duncker & Humblot, 1996, pp. 385-414 (especialmente p. 394).

político,[40] mas também sublinhando, ao contrário da concepção de Habermas,[41] que ela é, antes de tudo, a arena da dissensão.[42]

Quanto ao problema da recepção da teoria no Brasil, questionei a obra de Luhmann em minha tese de doutorado, publicada na Alemanha em 1992.[43] Em trabalhos anteriores, principalmente em um livro de 1981 sobre o Estado de Bem-estar, Luhmann afirmava que a inclusão, definida como *acesso* e *dependência* das pessoas aos sistemas sociais, era uma característica da sociedade mundial e condição da diferenciação e autorreferência dos sistemas sociais, especialmente a política e o direito.[44] Eu sustentava que isso só teria sentido, evidentemente, para a modernidade

40. Niklas Luhmann, "Machtkreislauf und Recht in Demokratien", in *Zeitschrift für Rechtssoziologie* 2, Opladen: Westdeutscher Verlag, 1981, pp. 158-167 (p. 164); id., *Politische Theorie im Wohlfahrtsstaat*. Munique: Olzog, 1981, esp. pp. 44 ss. [trad. esp.: *Teoría política en el Estado de Bienestar*. Madri: Alianza, 1994]; id., *Die Politik der Gesellschaft*, pp. 253 ss.

41. Jürgen Habermas, *Strukturwandel der Öffentlichkeit: Untersuchungen zu einer Kategorie der bürgerlichen Gesellschaft*. Frankfurt am Main: Suhrkamp, 1990. [1.ª ed. Neuwied: Luchterhand, 1962].

42. Marcelo Neves, *Zwischen Themis und Leviathan: Eine Schwierige Beziehung – Eine Rekonstruktion des demokratischen Rechtsstaats in Auseinandersetzung mit Luhmann und Habermas*. Baden-Baden: Nomos, 2000, especialmente pp. 99 ss. [trad. bras.: *Entre Têmis e Leviatã: uma relação difícil – o Estado Democrático de Direito a partir e além de Luhmann e Habermas*. São Paulo: Martins Fontes, 2006, 123 ss.].

43. Id., *Verfassung und Positivität des Rechts in der peripheren Moderne: Eine theoretische Betrachtung und eine Interpretation des Falls Brasilien*. Berlim: Duncker & Humblot, 1992.

44. Niklas Luhmann, *Politische Theorie im Wohlfahrtsstaat*, pp. 25 ss.

central, mas seria insustentável para os países periféricos. Nesses, haveria uma preferência pela exclusão – na forma de subintegração ou subinclusão (dependência sem acesso), ou na forma de sobreintegração ou sobreinclusão (acesso sem dependência) – e, vinculado a isso, haveria bloqueios da autonomia sistêmica, especialmente do direito.[45] Não caberia falar de autopoiese – como uma autonomia operacional – do direito em contextos como o brasileiro, apesar de tratar-se de contextos complexos de comunicação da sociedade mundial. Sua tese da autopoiese seria plausível apenas para países da modernidade central. Luhmann não foi insensível a essas críticas. Já em 1992, no prefácio à mi-

45. Marcelo Neves, *Verfassung und Positivität des Rechts*, pp. 94 ss. e passim; id., "Entre subintegração e sobreintegração: a cidadania inexistente". *DADOS – Revista de Ciências Sociais*, n. 2. v. 37. Rio de Janeiro: Iuperj, 1994, pp. 253-276 [versão alemã revista e ampliada: "Zwischen Subintegration und Überintegration: Bürgerrechte nicht ernstgenommen" in *Kritische Justiz* 32/4. Baden-Baden: Nomos, 1999, pp. 557–577]; id., "Da autopoiese à alopoiese do direito". *Revista Brasileira de Filosofia*, v. XLII. São Paulo: Instituto Brasileiro de Filosofia, 1995, pp. 117-41 [versão alemã revista e ampliada: "Von der Autopoiesis zur Allopoiesis des Rechts", in *Rechtstheorie* 34/2. Berlim: Duncker & Humblot, 2003, pp. 245-68]; id., "Do pluralismo jurídico à miscelânea social: o problema da falta de identidade da(s) esfera(s) de juridicidade na modernidade periférica e suas implicações na América Latina". *Direito em Debate*, ano V, n. 5. Ijuí: Universidade de Ijuí, 1995, pp. 7-37 [versão alemã revista e ampliada: "Vom Rechtspluralismus zum sozialen Durcheinander: Der Mangel an Identität der Rechtssphäre(n) in der peripheren Moderne und seine Implikationen in Lateinamerika", in Hauke Brunkhorst & Wenzel Matiaske (orgs.), *Peripherie und Zentrum in der Weltgesellschaft*. Munique/Mering: Rainer Hampp, 2004, pp. 165-194.

nha tese, reconhecia as dificuldades que eu expunha.[46] E isso não se relacionava apenas ao Brasil ou aos países periféricos, o que foi relembrado recentemente pelo internacionalista Andreas Fischer-Lescano, discípulo heterodoxo de Luhmann, que procura aplicar o meu modelo à análise do direito internacional público, bloqueado cada vez mais por intrusões políticas.[47]

Mas Luhmann, especialmente com relação aos países periféricos, procurou incorporar minhas críticas de tal maneira que elas se tornavam, de certa forma, invisíveis. Na verdade, respondeu mais tarde a tais críticas de modo inteligente, numa formulação um tanto paradoxal: a exclusão social mina o primado da diferenciação funcional, mas ao mesmo tempo é um subproduto dessa diferenciação.[48] Mas ele insistiu até suas últimas obras que o problema da exclusão só traria dificuldades para a diferenciação funcional no plano regional, mas não eliminaria o primado dessa forma de diferenciação no plano global.[49] Esse argumento

46. Niklas Luhmann, "Zur Einführung", in Marcelo Neves. *Verfassung und Positivität des Rechts*, pp. 1-4.
47. Andreas Fischer-Lescano, "Die Emergenz der Globalverfassung", in *Zeitschrift für ausländisches öffentliches Recht und Völkerrecht* 63/3. Heidelberg: Max-Planck-Institut für Ausländisches Öffentliches Recht und Völkerrecht; Stuttgart: Kohlhammer, 2003, pp. 717-60 (pp. 757 f.); id., "Globalisierung der Menschenrechte". *Blätter für deutsche und internationale Politik* 10/2002. Bonn: Blätter Verlagsgesellschaft, 2002, pp. 1236-244 (p. 1244).
48. Niklas Luhmann, *Das Recht der Gesellschaft*, p. 582.
49. Niklas Luhmann, *Die Gesellschaft der Gesellschaft*, tomo 2, pp. 743 ss.; id., *Das Recht der Gesellschaft*, p. 572; id., "Europa als Problem der Weltgesellschaft" in *Berliner Debatte Initial: Zeitschrift für sozialwissenschaftlichen Diskurs* 2/1994. Berlim: GSFP, pp. 3-7 (pp. 4 s.).

nunca me pareceu convincente. Eu diria apenas que a autonomia operacional dos sistemas sociais, especialmente do direito, é uma exigência funcional da sociedade mundial, mas essa exigência não se realiza na maior parte dos contextos de comunicação dessa sociedade, principalmente devido ao problema da exclusão por baixo (falta de acesso) e por cima (incapacidade dos sistemas de impor as suas restrições a grupos privilegiados). E quando Luhmann passa a sustentar que a diferença inclusão/exclusão é um metacódigo ou uma metadiferença que mediatiza todas as outras diferenças,[50] levanta-se a suspeita, sobretudo por seu discípulo e substituto na Universidade de Bielefeld, Rudolf Stichweh, que esse metacódigo passaria a ter o primado, e não a diferenciação funcional.[51]

Ainda há poucas aplicações da teoria dos sistemas a casos concretos. Isso acontece porque a teoria é muito complexa, exigindo uma dedicação quase integral e também devido a alguns pontos permanecerem em aberto. E ainda cabe observar um outro aspecto que dificulta as aplicações: o grau muito abstrato do artefato conceitual. A professora Ingeborg Maus disse-me certa vez – refererindo-se ao arcabouço teórico ao mesmo tempo abstrato e profundo, e não ao conteúdo da teoria – que Luhmann é o Hegel de nossa época e vai permanecer como um paradigma.

50. Id., *Das Recht der Gesellschaft*, pp. 584 s.; id. *Die Gesellschaft der Gesellschaft*, tomo 2, pp. 631 ss.; id., "Inklusion und Exklusion", p. 262.
51. Rudolf Stichweh, "Inklusion/Exklusion, funktionale Differenzierung und die Theorie der Weltgesellschaft", in *Soziale Systeme: Zeitschrift für soziologische Theorie* 3. Opladen: Leske und Budrich, 1997, pp. 123-136 (p. 132).

Portanto, um arcabouço teórico tão abstrato exige mais tempo para ser digerido e aplicado.

Mas para aqueles interessados na aplicação da teoria luhmanniana, cabe uma advertência: a teoria de Luhmann não é uma teoria de chegada, um projeto acabado e fechado, mas sim uma teoria de partida, aberta a novas incursões e alternativas. Esse é o verdadeiro espírito de Luhmann.

Quanto à disseminação ainda restrita da obra de Luhmann no plano mundial, cabem algumas observações. Sua presença na Itália é muito forte e deve-se, em primeiro lugar, ao fato de que o pensamento teórico alemão é muito influente nesse país. Além do mais, Luhmann teve alguns discípulos que contribuíram muito para a divulgação de seu trabalho em terras italianas: destacam-se, entre outros, Raffaele de Giorgi, Elena Esposito e Giancarlo Corsi. Estes dois últimos foram orientandos de Luhmann no doutorado.

A recepção na França parece ter sido dificultada pela dominação quase absoluta da cena sociológica por Bourdieu, que – apesar de sua teoria dos campos, a qual remonta Durkheim[52] – nunca esteve disposto a dialogar com Luhmann. Também a força de Jean-François Lyotard e principalmente de Jacques Derrida dificultaram um interesse maior por Luhmann. Os franceses insatisfeitos com Bourdieu, Derrida e Lyotard tendiam a buscar na Alemanha o oposto, encontrando em Habermas seu expoente. Recentemente, no plano da sociologia jurídica, André-

52. Pierre Bourdieu, *La Noblesse d'État: grandes écoles et esprit de corps*. Paris: Minuit, 1989, p. 376, nota 2.

-Jean Arnaud vem abrindo espaço para a teoria luhmanniana na França,[53] cabendo ainda mencionar Jean Clam.

A tradição analítica da filosofia inglesa, a força da teoria da escolha racional no mundo anglo-saxônico e a tendência mais empírica da sociologia norte-americana são fatores que, até hoje, dificultam a recepção de Luhmann na Inglaterra e nos Estados Unidos. Para os americanos, a teoria parece excessivamente abstrata, além da possível dificuldade de tradução. Mas é cada vez mais frequente encontrar traduções muito bem desenvolvidas de artigos e livros de Luhmann. Pode-se supor mesmo que os anglo-saxões são mais cuidadosos e precisam de mais tempo para digerir uma teoria tão complexa e abstrata.

A respeito da recepção e da apropriação da teoria luhmanniana pelos sociólogos contemporâneos, há um grupo de discípulos dogmáticos de Luhmann, especialmente na Alemanha e na Itália. Eles se envolvem com a semântica luhmanniana de tal maneira que perdem, muitas vezes, a capacidade de refletir adequadamente sobre os problemas estruturais da sociedade. Desconhecem que mudanças na estrutura influenciam transformações do artefato semântico e vice-versa,[54] como também

53. André-Jean Arnaud (org.), *Dossier – Aux racines sociales du droit: variations autour de quelques thèmes luhmanniens* (*Droit et Société: Revue Internationale de Théorie du Droit et de Sociologie Juridique*, n. 47), Paris: Lgdj, 2001; id. e Guibentif (orgs.), *Niklas Luhmann observateur du droit*.

54. Niklas Luhmann, "Gesellschaftliche Struktur und semantische Tradition", in id., *Gesellschaftsstruktur und Semantik: Studien zur Wissenssoziologie der modernen Gesellschaft*, v. 1. Frankfurt am Main: Suhrkamp, 1980, pp. 9-71 (especialmente pp. 17, 22 e 34).

que a obsolescência de semânticas específicas pode estar associada ao esgotamento das respectivas estruturas.[55] Fetichizam os textos de Luhmann como revelação da verdade, assim como os escritos sagrados são vistos como a revelação da vontade divina. Às vezes, esse embrenhar-se na semântica, sem qualquer sensibilidade para as estruturas a qual se refere Luhmann, é apenas uma estratégia para se imunizar contra a crítica dos limites da própria abordagem.

Outro grupo de discípulos é formado pelos ortodoxos. Fazem reflexões muito interessantes sobre Luhmann, mas não questionam nenhum dos conceitos básicos de sua teoria. No máximo, complementam. Nesse grupo, estão os sociólogos Dirk Baecker, Rudolf Stichweh e André Kieserling.

Um terceiro grupo é formado pelos discípulos heterodoxos, que partem do modelo luhmanniano, mas se sentem à vontade para questioná-lo e fazer novas incursões teóricas independentes. Aqui encontram-se Gunther Teubner, Karl-Heinz Ladeur, Helmut Willke e eu também me incluo.

Uma dogmática que cultua a obra de Luhmann é incompatível com a própria trajetória desse estudioso, pois ele se superava constantemente. Quando os luhmannianos dogmáticos superestimavam o conceito de legitimação procedimental,[56] Luhmann

55. "Se o nível de complexidade da sociedade, entretanto, modifica-se, a semântica orientadora do vivenciar e agir precisa adequar-se a ele, porque senão ela perde a conexão com a realidade" (id., ibid., p. 22).

56. Niklas Luhmann, *Legitimation durch Verfahren*. Frankfurt am Main: Suhrkamp, 1983 [1ª ed. Neuwied/Berlim: Luchterhand, 1969] [trad. bras.: *Legitima-*

passou a trabalhar com o conceito de autopoiese.[57] Quando se superestimava a autopoiese, ele começou a dar ênfase à questão dos paradoxos.[58] E quando os dogmáticos afirmavam, como Luhmann, que os direitos humanos não têm sentido, a não ser como direitos fundamentais constitucionalmente positivados,[59] Luhmann, em face dos graves problemas de exclusão e de opressão no plano global, passou a sustentar que "a crescente atenção para a violação dos direitos humanos constitui um dos indicadores mais importantes de um direito da sociedade mundial".[60]

Mais importante, portanto, é pensar como Luhmann em um ponto: a reflexão precisa se adequar às transformações estruturais. Além do mais, para nós no Brasil, cabe salientar que a perspectiva de observação do modelo luhmanniano originário é diferente de nossa perspectiva de observação. Isso lembra o título de um artigo dele (porém em outro contexto), que cito para concluir minha exposição. "Eu vejo o que tu não vês".[61]

ção pelo procedimento. Brasília: UnB, 1980; trad. ital.: *Procedimenti Giuridici e Legittimazione Sociale*. Milão: Giuffrè, 1995].

57. Especialmente a partir de Niklas Luhmann, *Soziale Systeme*.

58. Niklas Luhmann, "The Third Question: The Creative Use of Paradoxes in Law and Legal History" in *Journal of Law and Society*, n. 15, 1988, pp. 153-65; id., "Tautologie und Paradoxie in de Selbstbeschreibungen der modernen Gesellschaft" in *Zeitschrift für Soziologie*, n. 16, 1987, pp. 161-74.

59. Id., *Grundrechte als Institution: Ein Beitrag zur politischen Soziologie*. Berlim: Duncker & Humblot, 1965.

60. Id., *Das Recht der Gesellschaft*, p. 574.

61. Id., "Ich sehe, was Du nicht siehst", in *Soziologische Aufklärung 5: Konstruktivistische Perspektiven*. Opladen: Westdeutscher Verlag, 1990, pp. 228-34.

REFERÊNCIAS E SUGESTÕES BIBLIOGRÁFICAS

INTRODUÇÃO

REFERÊNCIAS

ADORNO, Theodor W. "Auf die Frage: Was ist deutsch?", in *Gesammelte Schriften*, v. 10-2.

______. *Palavras e sinais*. Petrópolis: Vozes, 1995.

ARANTES, Paulo Eduardo. *Um departamento francês de ultramar*. São Paulo: Paz e Terra, 1994.

______. *O ressentimento da dialética*. São Paulo: Paz e Terra, 1996.

ELIAS, Norbert. *Os alemães*. Rio de Janeiro: Jorge Zahar, 1997.

HEINE, Heinrich. *Prosa política e filosófica*. Rio de Janeiro: Civilização Brasileira, 1967.

LÖWY, Michael. *Para uma sociologia dos intelectuais revolucionários*. São Paulo: Lech, 1979.

LUKÁCS, Georg. *Der junge Hegel*. Frankfurt am Main: Suhrkamp, 1973.

RINGER, Fritz. *O declínio dos mandarins alemães*. São Paulo: Edusp, 2000.

ROSENFELD, Anatol. "Thomas Mann e a situação ambígua do homem", in *Thomas Mann*. São Paulo: Perspectiva, 1994.

WAGNER, Richard. "Was ist deutsch?", in Dieter Borchmeyer (org.). *Dichtungen und Schriften*, Frankfurt am Main: Insel, 1983, v. x.

MAX WEBER: MUITO ALÉM DO ESTADO NACIONAL

OBRAS EM PORTUGUÊS RECOMENDADAS

COHN, Gabriel. *Crítica e resignação: fundamentos da sociologia de Max Weber*. São Paulo: T. A. Queiroz, 1979 [2ª ed., São Paulo: Martins Fontes, 2003].

COELHO, Maria Francisca Pinheiro (org.). *Política, ciência e cultura em Max Weber*. Brasília: Editora UnB, 2000.

LEAL, Edilene Maria de Carvalho. *Racionalização e liberdade em Max Weber.* Aracaju: Editora UFS/Fundação Oviêdo Teixeira, 2008.

PIERUCCI, Antonio Flávio. *O desencantamento do mundo – todos os passos do conceito em Max Weber*. São Paulo: Editora 34, 2003.

SENEDA, Marcos César. *Max Weber e o problema da evidência e da validade nas ciências empíricas da ação.* Campinas: Editora da Unicamp, 2008.

SOUZA, Jessé de (org.). *O malandro e a ética protestante – a tese weberiana e a singularidade cultural brasileira.* Brasília: Editora UnB, 1999.

______. (org.). *A atualidade de Max Weber*. Brasília: Editora UnB, 2000.

FREUD E A PSICANÁLISE: "UM TRABALHO DE CIVILIZAÇÃO"

REFERÊNCIAS

ABRAHAM, Karl. *Versuch einer Entwicklungsgeschichte der Libido auf Grund der Psychoanalyse seelischer Störungen.* Viena: International Psychoanalytischer Verlag, 1924.

______. *Epistolario 1873-1890*. Barcelona: Plaza y Janés, 1975.

FREUD, Sigmund. *Die Geburt der Psychoanalyse*, Anna Freud & Ernst Kris (orgs.). Frankfurt am Main: Fischer, 1975.

______. *The Origins of Psychoanalysis*, Anna Freud & Ernst Kris (orgs.). Nova York: Basic Books, 1954.

______. Jeffrey Moussaieff Masson (ed.). *Correspondência completa de Sigmund Freud para Wilhelm Fliess*. Rio de Janeiro: Imago, 1986.

______. *Das Unbehagen in der Kultur* (1930), in *Studienausgabe*, Frankfurt am Main, v. ix, cap. v. Trad. esp. de Luis López-Ballesteros. Madri: Biblioteca Nueva, 1977, v. III.

MEZAN, Renato. "A 'Ilha dos Tesouros': relendo *A piada e sua relação com o inconsciente*", in Abrão Slavutzky & Daniel Kupermann, *Seria trágico... se não fosse cômico*. Rio de Janeiro: Civilização Brasileira, 2005.

ZWEIG, Stefan. *Die Welt von Gestern*. Frankfurt am Main: Fischer Taschenbücher, 1977.

______. *O mundo que eu vi*. Rio de Janeiro: Record, 1999.

OBRAS EM PORTUGUÊS RECOMENDADAS

Entre os muitíssimos livros disponíveis em português acerca de Freud e de sua obra, sugiro alguns que podem interessar tanto aos marinheiros de primeira viagem como aos que já têm algum conhecimento da psicanálise [N. A.]

SOBRE A VIDA, A PESSOA E A ÉPOCA EM QUE VIVEU

GAY, Peter. *Freud*: uma vida para o nosso tempo. São Paulo: Companhia das Letras, 1989.

MARZAGÃO, Lúcio Roberto. *Freud: sua longa viagem morte adentro*. Belo Horizonte: Ophicina de Arte & Prosa, 2007

SCHORSKE, Carl. *Viena fin-de-siècle*. São Paulo: Companhia das Letras, 1993.

SOBRE A OBRA

LOUREIRO, Inês. *O carvalho e o pinheiro: Freud e o estilo romântico*. São Paulo: Escuta, 2002.

ALONSO, Silvia Leonor & Ana Maria Siqueira LEAL (orgs.). *Freud: um ciclo de leituras*. São Paulo: Escuta, 1997.

MEZAN, Renato. *Freud, pensador da cultura*. 7ª ed. São Paulo: Companhia das Letras, 2006.

SOBRE A PRÁTICA CLÍNICA

MAHONY, Patrick J. *Freud e o homem dos ratos*. São Paulo: Escuta, 1991.

SOBRE A RELAÇÃO COM O JUDAÍSMO

YERUSHALMI, Yosef Hayim. *O Moisés de Freud: judaísmo terminável e interminável*. Rio de Janeiro: Imago, 1992.

MEZAN, Renato. *Psicanálise, judaísmo: ressonâncias*. Rio de Janeiro: Imago, 1995.

SOBRE O MOVIMENTO PSICANALÍTICO E OS AUTORES PÓS-FREUDIANOS

BRITO SLAVUTZKY, Abrão César de Souza & Edson Luiz André de SOUSA (orgs.). *História, clínica e perspectivas nos cem anos da psicanálise*. Porto Alegre: Artes Médicas, 1996.

KUPERMANN, Daniel. *Transferências cruzadas: uma história da psicanálise e suas instituições*. Rio de Janeiro: Revan, 1996.

GIROLA, Roberto. *A psicanálise cura? Uma introdução à teoria psicanalítica*. São Paulo: Ideias e Letras, 2004.

SOBRE A PSICANÁLISE NO BRASIL

MORKREJS, Elisabete. *A psicanálise no Brasil: as origens do pensamento psicanalítico.* Petrópolis: Vozes, 1992.

MEZAN, Renato. "Figura e fundo: notas sobre a psicanálise no Brasil, 1977-1997", in *Interfaces da psicanálise.* São Paulo: Companhia das Letras, 2002.

CARL SCHMITT E A TENTATIVA DE UMA REVOLUÇÃO CONSERVADORA

OBRAS DE CARL SCHMITT CITADAS

SCHMITT, Carl. *Der Begriff des Politischen: Text von 1932 mit einem Vorwort und drei Corollarien*, 6ª. ed., Berlim: Duncker & Humblot, 1996.

______. *Die Diktatur: von den Anfängen des modernen Souveränitätsgedankens bis zum proletarischen Klassenkampf*, 6ª. ed. Berlim: Duncker & Humblot, 1994.

______. *Die geistesgeschichtliche Lage des heutigen Parlamentarismus*, 8ª. ed. Berlim: Duncker & Humblot, 1996.

______. *Der Hüter der Verfassung*, 4ª. ed., Berlim: Duncker & Humblot, 1996.

______. "Konstruktive Verfassungsprobleme", in *Staat, Grossraum, Nomos: Arbeiten aus den Jahren 1916-1969.* Berlim: Duncker & Humblot, 1995.

______. "Die legale Weltrevolution: Politischer Mehrwert als Prämie auf juristische Legalität und Superlegalität", in *Der Staat.* Berlim: Duncker & Humblot, v. 17, 1978.

______. *Der Nomos der Erde im Völkerrecht des Jus Publicum Europaeum*, 4ª. ed. Berlim: Duncker & Humblot, 1997.

______. *Politische Theologie II: die Legende von der Erledigung jeder Politischen Theologie*, 4ª ed. Berlim: Duncker & Humblot, 1996.

______. *Politische Theologie: Vier Kapitel zur Lehre von der Souveränität*, 7ª ed. Berlim: Duncker & Humblot, 1996.

______. "Staatsethik und pluralistischer Staat", in *Positionen und Begriffe im Kampf mit Weimar-Genf-Versailles, 1923-1939*, 3ª ed. Berlim: Duncker & Humblot, 1994.

______. *Verfassungslehre*, 8ª ed. Berlim: Duncker & Humblot, 1993.

REFERÊNCIAS

ANSCHÜTZ, Gerhard. *Die Verfassung des Deutschen Reichs vom 11. August 1919*. Aalen: Scientia Verlag, 14ª ed., 1987.

AGAMBEN, Giorgio. *Homo sacer: il potere sovrano e la nuda via*. Turim: Einaudi, 1995.

AMARAL, Azevedo. *O Estado autoritário e a realidade nacional*. Rio de Janeiro: José Olympio, 1938.

ARANTES, Paulo Eduardo. "Estado de sítio", in Isabel Loureiro, José Corrêa Leite & Maria Elisa Cevasco (orgs.). *O espírito de Porto Alegre*. Rio de Janeiro: Paz e Terra, 2002.

______. *Extinção*. São Paulo: Boitempo Editorial, 2007.

BEAUD, Olivier. "Carl Schmitt ou le juriste engagé", in Carl Schmitt. *Théorie de la Constitution*. Paris: PUF, 1993.

BENTIN, Lutz-Arwed. *Johannes Popitz und Carl Schmitt: zur wirtschaftlichen Theorie des totalen Staates in Deutschland*. Munique: Verlag C. H. Beck, 1972.

BENDERSKY, Joseph W. "Carl Schmitt and the Conservative Revolution", *Telos*, Nova York, n. 72 , 1987.

______. *Carl Schmitt: Theorist for the Reich*. Princeton: Princeton University Press, 1983.

BERCOVICI, Gilberto. "Die Aktualität von Carl Schmitt an der Peripherie des Kapitalismus: Betrachtungen am Fall Brasilien", in Rüdiger Voigt (org.). *Der Staat des Dezisionismus: Carl Schmitt in der internationalen Debatte*. Baden-Baden: Nomos Verlagsgesellschaft, 2007.

______. "A constituição dirigente e a crise da teoria da constituição", in Cláudio Pereira de Souza Neto, Gilberto Bercovici, José Filomeno de Moraes Filho & Martonio Mont'Alverne Barreto Lima. *Teoria da Constituição*: estudos sobre o lugar da política no Direito Constitucional. Rio de Janeiro: Lumen Juris, 2003.

______ & Luís Fernando MASSONETTO. "A constituição dirigente invertida: a blindagem da constituição financeira e a agonia da constituição econômica". *Revista Trimestral de Direito Público*. São Paulo: Malheiros, n. 45, 2004.

______. *Constituição e estado de exceção permanente: atualidade de Weimar*. Rio de Janeiro: Azougue Editorial, 2004.

______. "Entre institucionalismo e decisionismo", *Novos Estudos*. São Paulo: Cebrap, n. 62, mar. 2002.

______. *Soberania e Constituição: para uma crítica do constitucionalismo*. São Paulo: Quartier Latin, 2008.

BERTHOLD, Lutz. *Carl Schmitt und der Staatsnotstandsplan am Ende der Weimarer Republik*. Berlim: Duncker & Humblot, 1999.

BLOMEYER, Peter. *Der Notstand in den letzten Jahren von Weimar*. Berlim: Duncker & Humblot, 1999.

BONAVIDES, Paulo & Paes de ANDRADE. *História constitucional do Brasil*, 3ª ed. Rio de Janeiro: Paz e Terra, 1991.

BONN, M. J. *Die Krisis der europäischen Demokratie*. Munique: Verlag von Meyer & Jessen, 1925.

BRACHER, Karl Dietrich. *Die Auflösung der Weimarer Republik: Eine Studie zum Problem des Machtverfalls in der Demokratie*, 2ª. ed. Stuttgart/Düsseldorf: Ring Verlag, 1957.

BREUER, Stefan. *Anatomie de la révolution conservatrice*. Paris: Éditions de la Maison des Sciences de l'Homme, 1996.

BRITTO, Carlos Ayres. *Teoria da Constituição*. Rio de Janeiro: Forense, 2003.

BUENO, José Antonio Pimenta (Marquês de São Vicente). *Direito público brasileiro e análise da Constituição do Império*. Rio de Janeiro: Ministério da Justiça e Negócios Interiores, 1958.

CAMPOS, Francisco. *O Estado nacional: sua estructura, seu conteudo ideológico*, 3ª ed. Rio de Janeiro: José Olympio, 1941.

CARRINO, Agostino. *L'Ordine delle norme: Stato e Diritto in Hans Kelsen*, 3ª ed. Nápoles: Edizioni Scientifiche Italiane, 1992.

CHACON, Vamireh. "A recepção de Carl Schmitt no Brasil". *Revista Brasileira de Filosofia*. São Paulo, v. 47, fasc. 185, jan.-mar. 1997.

CONSTANT, Benjamin. "Principes de politique", in *Cours de politique constitutionnelle*, 2ª ed. Paris: Librairie de Guillaumin et Cie, 1872, v. 1.

______. "Réflexions sur les Constitutions et les garanties", in *Cours de politique constitutionnelle*, v. 1.

DREIER, Horst. *Rechtslehre, Staatssoziologie und Demokratietheorie bei Hans Kelsen*, 2ª. ed. Baden-Baden: Nomos Verlagsgesellschaft, 1990.

DUGUIT, Léon. *Leçons de droit public général*. Paris: Éditions La Mémoire du Droit, 2000.

______. *Manuel de droit constitutionnel*, 3ª. ed. Paris: Ancienne Librairie Fontemoing & Cie Éditeurs, 1918.

______. *Traité de droit constitutionnel*, 3ª ed. Paris: Ancienne Librairie Fontemoing & Cie Éditeurs/E. de Boccard, 1927-1928, 2.

______. *Les Transformations du droit public.* Paris: Éditions La Mémoire du Droit, 1999.

DYMETMAN, Annie. *Uma arquitetura da indiferença: a República de Weimar*. São Paulo: Perspectiva, 2002.

ESMEIN, Adhémar. *Éléments de droit constitutionnel français et comparé*, 6ª ed. Paris: Sirey, 1914.

FERREIRA, Bernardo. *O risco do político*: *crítica ao liberalismo e teoria política no pensamento de Carl Schmitt*. Belo Horizonte: Editora UFMG/Rio de Janeiro: Iuperj, 2004.

FERREIRA FILHO, Manoel Gonçalves. *O poder constituinte*, 3ª ed. São Paulo: Saraiva, 1999.

FIORAVANTI, Maurizio. "Il dibattito sul metodo e la costruzione della teoria giuridica dello stato", in *La scienza del diritto pubblico: dottrine dello stato e della Costituzione tra otto e novecento.* Milão: Giuffrè, 2001, v. 1, pp. 23-63.

______. *Stato e Costituzione: materiali per una storia delle dottrine costituzionali.* Turim: G. Giappichelli Editore, 1993.

FIORI, José Luís "Acumulação mundial e ingovernabilidade", in *O Brasil no espaço*. Petrópolis: Vozes, 2001.

______. "Globalização, hegemonia e império", in Maria da Conceição Tavares & José Luís Fiori (orgs.). *Poder e dinheiro*: uma economia política da globalização. 6ª ed. Petrópolis: Vozes, 1996.

______. "Estados, moedas e desenvolvimento", in José Luís Fiori (org.). *Estados e moedas no desenvolvimento das nações*, 3ª ed. Petrópolis: Vozes, 2000.

FRAENKEL, Ernst. "Um die Verfassung", in *Gesammelte Schriften*. Baden-Baden: Nomos Verlagsgesellschaft, 1999, v. 1.

GRIMM, Dieter. "Vefassungserfüllung – Verfassungsbewahrung – Verfassungsauflösung: Positionen der Staatsrechtslehre in der Staatskrise der Weimarer Republik", in Carlo Galli, "Strategie della totalità: Stato autoritario, Stato totale, totalitarismo, nella Germania degli anni trenta". *Filosofia politica*. Bolonha: Il Mulino, ano 11, n. 1, 1997.

GALLI, Carlo. *Genealogia della politica: Carl Schmitt e la crisi del pensiero politico moderno*. Bolonha: Il Mulino, 1996.

GARCÍA, Pedro de Vega. "El tránsito del positivismo jurídico al positivismo jurisprudencial en la doctrina constitucional". *Teoría y realidad constitucional*. Madri: Universidad Nacional de Educación a Distancia/Editorial Centro de Estudios Ramón Areces; n. 1, jan./jun. 1998.

GENRO, Tarso. *Crise da democracia: direito, democracia direta e neoliberalismo na ordem global*. Petrópolis: Vozes, 2002.

GERBER, Hans. *Freiheit und Bindung der Staatsgewalt*. Tübingen: J. C. B. Mohr (Paul Siebeck), 1932.

GRAU, Eros Roberto. "O futuro do Direito", in *O Direito posto e o Direito pressuposto*, 7ª. ed. São Paulo: Malheiros, 2008.

GUSY, Christoph. *Die Weimarer Reichsverfassung*. Tübingen: J. C. B. Mohr (Paul Siebeck), 1997.

HASELBACH, Dieter. *Autoritärer Liberalismus und Soziale Marktwirtschaft: Gesellschaft und Politik im Ordoliberalismus*. Baden-Baden: Nomos Verlagsgesellschaft, 1991.

HELLER, Hermann "Autoritärer Liberalismus?", in *Gesammelte Schriften*, 2ª. ed. Tübingen: J. C. B. Mohr (Paul Siebeck), 1992, v. 2.

_____. "Die Krisis der Staatslehre", in *Gesammelte Schriften*, 2ª. ed. Tübingen: J. C. B. Mohr (Paul Siebeck), 1992, v. 2.

HERF, Jeffrey. *O modernismo reacionário: tecnologia, cultura e política na República de Weimar e no Terceiro Reich*. São Paulo: Ensaio / Campinas: Editora Unicamp, 1993.

HERRERA, Carlos Miguel. *Théorie juridique et politique chez Hans Kelsen*. Paris: Éditions Kimé, 1997.

HESPANHA, António Manuel. *Guiando a mão invisível: Direitos, Estado e lei no liberalismo monárquico português*. Coimbra: Almedina, 2004.

HOFMANN, Hasso *Legitimität gegen Legalität: Der Weg der politischen Philosophie Carl Schmitts*. 4ª. ed. Berlim: Duncker & Humblot, 2002.

HOLANDA, Sérgio Buarque de. "O Estado totalitário", in Francisco de Assis Barbosa (org.). *Raízes de Sérgio Buarque de Holanda*, 2ª. ed. Rio de Janeiro: Rocco, 1989.

_____. *Raízes do Brasil*, Edição Comemorativa 70 Anos. São Paulo: Companhia das Letras, 2006.

HOLCZHAUSER, Vilmos. *Konsens und Konflit: die Begriffe des Politischen bei Carl Schmitt*. Berlim: Duncker & Humblot, 1990.

IRTI, Natalino. *Norma e luoghi: problemi di geo-iritto*, 2ª. ed. Roma / Bari: Laterza, 2002.

JELLINEK, Georg. *Allgemeine Staatslehre*. Berlim: O. Häring, 1905.

KELSEN, Hans. *Allgemeine Staatslehre*. Viena: Verlag der Österreichischen Staatsdruckerei, 1993.

_____. *Vom Wesen und Wert der Demokratie*, 2ª. ed. Aalen: Scientia Verlag, 1981.

KIRCHHEIMER, Otto. "Die Verfassungsreform", in *Von der Weimarer Republik zum Faschismus: die Auflösung der demokratischen Rechtsordnung*. Frankfurt am Main: Suhrkamp, 1976.

KOENEN, Andreas. *Der Fall Carl Schmitt: sein Aufstieg zum "Kronjuristen des Dritten Reiches"*. Darmstadt: Wissenschaftliche Buchgesellschaft, 1995.

LLANQUE, Marcus. "Die Theorie politischer Einheitsbildung in Weimar und die Logik von Einheit und Vielheit (Rudolf Smend, Carl Schmitt, Hermann Heller)", in Andreas Göbel, Dirk van Laak & Ingeborg Villinger (orgs.). *Metamorphosen des Politischen: Grundfragen politischer Einheitsbildung seit den 20er Jahren*. Berlim: Akademie Verlag, 1995.

LOEWENSTEIN, Karl. *Brazil under Vargas*. Nova York: Macmillan, 1942.

LUIS, Alessandro S. Octaviani. *Recursos genéticos e desenvolvimento: os desafios furtadiano e gramsciano*. Mimeo, tese de doutoramento. São Paulo: Faculdade de Direito – Universidade de São Paulo, 2008.

MCCORMICK, John P. *Carl Schmitt's Critique of Liberalism: Against Politics as Technology*. Cambridge: Cambridge University Press, 1999.

MALBERG, Raymond Carré de. "Considérations théoriques sur la question de la combinaison du referendum avec le parlementarisme". *Revue du Droit Public*, 1931.

______. *Contribution à la théorie générale de l'État*, Paris: Lgdj, 2003 [1ª. edição 1920]

______. *La Loi, expression de la volonté générale: étude sur le concept de la loi dans la Constitution de 1875*, ed. fac-similar. Paris: Economica, 1984.

MASSONETO, Luís Fernando. *O direito financeiro no capitalismo contemporâneo: a emergência de um novo padrão normativo*. Mimeo, tese de doutoramento. São Paulo: Faculdade de Direito – Universidade de São Paulo, 2006.

MAULIN, Éric. "Démocratie et représentation dans la pensée de Carré de Malberg", in *Droits*. Paris: PUF, n. 22, 1995.

MAUS, Ingeborg. *Bürgerliche Rechtstheorie und Faschismus: zur sozialen Funktion und aktuellen Wirkung der Theorie Carl Schmitts*, 2ª ed. Munique: Wilhelm Fink Verlag, 1980.

______. "Gesellschaftliche und rechtliche Aspekte der 'Konservativen Revolution'", in *Rechtstheorie und Politische Theorie im Industriekapitalismus*. Munique: Wilhelm Fink Verlag, 1986.

MEDEIROS, Jarbas. *Ideologia autoritária no Brasil, 1930-1945*. Rio de Janeiro: Editora FGV, 1978.

MEHRING, Reinhard. *Pathetisches Denken: Carl Schmitts Denkweg am Leitfaden Hegels – Katholische Grundstellung und antimarxistische Hegelstrategie*. Berlim: Duncker & Humblot, 1989.

MIRANDA, Francisco Cavalcanti Pontes de. *Os fundamentos atuais do Direito Constitucional*. Rio de Janeiro: Freitas Bastos, 1932.

MOHLER, Armin. "Carl Schmitt und die 'Konservative Revolution': Unsystematische Beobachtungen", in Helmut Quaritsch (org.). *Complexio Oppositorum: uber Carl Schmitt*. Berlim: Duncker & Humblot, 1988.

MÖLLERS, Christoph. *Staat als Argument*. Munique: C. H. Beck, 2000.

MOMMSEN, Wolfgang. *Max Weber et la politique allemande, 1890-1920*. Paris: PUF, 1985.

NIGRO, Mario. "Carl Schmitt e lo Stato Amministrativo". *Rivista Trimestrale di Diritto e Procedura Civile*. Milão: Giuffrè, ano 40, n. 3, set. 1986.

OLIVEIRA, Francisco de. "O ornitorrinco", in *Crítica à razão dualista / O ornitorrinco*. São Paulo: Boitempo Editorial, 2003.

OLIVEIRA, Francisco de & Cibele Saliba RIZEK (orgs.). *A era da indeterminação*. São Paulo: Boitempo Editorial, 2007.

OOYEN, Robert Chr. van. *Der Staat der Moderne: Hans Kelsens Pluralismustheorie*. Berlim: Duncker & Humblot, 2003.

PASQUINO, Pasquale. "Schmitt à Weimar". *Revue Française de Science Politique*. Paris: Presses de la Fondation Nationale des Sciences Politiques, v. 43, n. 4, ago. 1993.

PAULANI, leda Maria. *Brasil delivery: servidão financeira e estado de emergência econômico*. São Paulo: Boitempo Editorial, 2008.

PAXTON, Robert O. *A anatomia do fascismo*. São Paulo: Paz e Terra, 2007.

PISIER-KOUCHNER, Evelyne. *Le Service public dans la théorie de l'État de Léon Duguit*. Paris: Lgdj, 1972.

PORTINARO, Pier Paolo. *La crisi dello jus publicum europaeum: saggio su Carl Schmitt*. Milão: Edizioni di Comunità, 1982.

REDOR, Marie-Joëlle. *De l'État legal a l'État de droit: l'évolution des conceptions de la doctrine publiciste française, 1879-1914*. Paris: Economica / Presses Universitaires d'Aix-Marseille, 1992.

ROMANO, Santi. "Lo Stato moderno e la sua crisi", in *Scritti Minori*, v. 1: *Diritto Costituzionale*. Milão: Giuffrè, 1990.

ROSSITER, Clinton. *Constitutional Dictatorship: Crisis Government in the Modern Democracies*. New Brunswick / Londres: Transaction Publishers, 2002.

RUMPF, Helmut. *Carl Schmitt und Thomas Hobbes – Ideelle Beziehungen und aktuelle Bedeutung mit einer Abhandlung über: Die Frühschriften Carl Schmitts*. Berlim: Duncker & Humblot, 1972.

SANTOS, Rogerio Dutra dos. "Francisco Campos e os fundamentos do constitucionalismo antiliberal no Brasil". *Dados – Revista de Ciências Sociais*. Rio de Janeiro, v. 50, n. 2, 2007.

SCHEUERMAN, William E. *Carl Schmitt: the End of Law*. Lanham / Nova York / Oxford: Rowman & Littlefield Publishers, 1999.

______. “The Economic State of Emergency”. *Cardozo Law Review*, Nova York, v. 21, 2000.

SMEND, Rudolf. *Verfassung und Verfassungsrecht in Staatsrechtliche Abhandlungen und andere Aufsätze*, 3ª. ed. Berlim: Duncker & Humblot, 1994.

SILVA, José Luiz Werneck da. “O feixe do autoritarismo e o prisma do Estado Novo”, in José Luiz Werneck da Silva (org.). *O feixe e o prisma: uma revisão do Estado Novo*. Rio de Janeiro: Jorge Zahar, 1991, v. 1.

SONTHEIMER, Kurt. *Antidemokratisches Denken in der Weimarer Republik: die politischen Ideen des deutschen Nationalismus zwischen 1918 und 1933*, 4ª. ed. Munique: Deutscher Taschenbuch Verlag, 1994.

SOUSA, Paulino José Soares de (Visconde do Uruguay). *Ensaio sobre o Direito administrativo*. Rio de Janeiro: Typographia Nacional, 1862, v. 2.

STOLLEIS, Michael. “Verfassungsideale der Bürgerlichen Revolution”, in *Konstitution und Intervention: Studien zur Geschichte des öffentlichen Rechts im 19. Jahrhundert*. Frankfurt am Main: Suhrkamp, 2001.

TAVARES, Maria da Conceição. “A retomada da hegemonia norte--americana”, in Maria da Conceição Tavares & José Luís Fiori (orgs.). *Poder e dinheiro – uma economia política da globalização*. Petrópolis: Vozes, 1997.

VIANNA, Luiz Werneck. *Liberalismo e sindicato no Brasil*, 4ª. ed. Belo Horizonte: Editora UFMG, 1999.

WEBER, Alfred. *Die Krise des modernen Staatsgedankens in Europa*. Stuttgart/Berlim/Leipzig: Deutsche Verlags-Unstalt, 1925.

WINKLER, Heinrich August (org.). *Die deutsche Staatskrise 1930-1933: Handlungsspielräume und Alternativen*. Munique: R. Oldenbourg Verlag, 1992.

WINKLER, Heinrich August. *Weimar 1918-1933: die Geschichte der ersten deutschen Demokratie*. Munique: Verlag C. H. Beck, 1998.

WILHELM, Walter. *Zur juristischen Methodenlehre im 19. Jahrhundert: die Herkunft der Methode Paul Labands aus der Privatrechtswissenschaft*. Frankfurt am Main: Vittorio Klostermann, 1958.

ZIEGLER, Heinz O. *Autoritärer oder Totaler Staat*. Tübingen: J. C. B. Mohr (Paul Siebeck), 1932.

MARTIN HEIDEGGER E OS FUNDAMENTOS DA EXISTÊNCIA

OBRAS DE MARTIN HEIDEGGER CITADAS

HEIDEGGER, Martin. *Beiträge zur Philosophie. Gesamtausgabe* 65. Frankfurt am Main: Klostermann, 1989.

______. *Frühe Schriften. Gesamtausgabe* 1. Frankfurt am Main: Klostermann, 1978.

______. *Identität und Differenz*. Pfullingen: Neske, 1957.

______. "Phänomenologische Interpretation zu Aristoteles. (Anzeige der hermeneurischen situation)", in *Dilthey-Jahrbuch*, Göttingen, v. 6, 1989.

______. *Zur Sache des Denkens*. Tübingen: Niemeyer, 1969.

______. *Der Satz vom Grund*. Pfullingen: Neske, 1957.

______. *Sein und Zeit*. Tübingen: Niemeyer, 1927.

REFERÊNCIAS

BENN, Gottfried. *Szenen und Schriften*, in *Gesammelte Werke*. Frankfurt am Main: Fischer, 1990.

______. *Essays und Reden*, in *Gesammelte Werke*. Frankfurt am Main: Fischer, 1989.

HEIDEGGER, Martin & Karl JASPERS. *Briefwechsel 1920-1963*. Munique: Piper, 1992.

HEISENBERG, Werner. *Das Naturbild der heutigen Physik*. Hamburgo: Rowohlt, 1965.

HENRICH, Dieter. *Der Grund im Bewusstsein: Untersuchungen zu Hölderlins Denken* (1794-95). Stuttgart: Klett-Cotta, 1992.

______. *Grundlegung aus dem Ich: Untersuchungen zur Vorgeschichte des Idealismus. Iena* (1790-1794). Darmstadt: WBG, 2004.

KANT, Immanuel. *Kritik der einen Vernunft*,1781.

______. *Der Streit der Fakultäten*, 1798.

______. *Zum ewigen Freuden*, 1795.

LOPARIC, Zeljko. *Heidegger réu: ensaio sobre a periculosidade da filosofia*. Campinas: Papirus, 1990.

______. *Ética e finitude*. São Paulo: Escuta, 2004.

______. *Heidegger*. Rio de Janeiro: Jorge Zahar, 2004.

______. *A semântica transcendental de Kant*, 3ª. ed. Campinas: Editora do CLE, 2005.

______. "A fabricação dos humanos". *Manuscrito*, Campinas, v. 28, n. 2, 2005.

______. "Objetificação e intolerância". *Natureza humana*, São Paulo, v. 9, n. 1, 2007.

______. "A metafísica e o processo de objetificação". *Natureza humana*, São Paulo, v. 10, n. 2, 2008.

NIETZSCHE, Friedrich. *Obras completas*. Coleção Os Pensadores, São Paulo: Nova Cultural, 1999.

SLOTERDIJK, Peter. *Nicht gerettet. Versuche nach Heidegger*. Frankfurt am Main: Suhrkamp, 2001.

TAUBES, Jacob. *Gnosis und Politik*. Munique: Fink, 1984.

VAIHINGER, Hans. *Die Philosophie des Als Ob*. 10ª ed. Hamburgo: Meiner, 1927.

HANNAH ARENDT E A "BANALIDADE DO MAL"

OBRAS DE HANNAH ARENDT CITADAS

ARENDT, Hannah. *Origins of Totalitarianism*. Nova York: Harcourt, 1994.

______. *Origens do totalitarismo*, trad. Roberto Raposo. São Paulo: Companhia das Letras, 1989.

______. *The Human Condition*, 2ª. ed. Chicago: Chicago University Press, 1998.

______. *A condição humana*, trad. Roberto Raposo. Rio de Janeiro: Forense Universitária, 1983.

______. *Eichmann in Jerusalem*. Nova York: Penguin, 1994.

______. *Eichmann em Jerusalém*, trad. José R. Siqueira. São Paulo: Companhia das Letras, 2000.

______. *Da revolução*, trad. Fernando Vieira. São Paulo: Ática / Brasília:Editora UnB, 1990.

______. *Homens em tempos sombrios*, trad. Ana Luisa Faria. Lisboa: Relógio d'Água, 1991.

______. *Entre passado e futuro*, trad. Mauro de Almeida. São Paulo: Perspectiva, 1972.

______. *Crises da República*, trad. José Volkmann. São Paulo: Perspectiva, 1973.

OBRAS EM PORTUGUÊS RECOMENDADAS

ABREU, Maria Aparecida. *Hannah Arendt e os limites do novo*. Rio de Janeiro: Azougue Editorial, 2004.

CORREIA, A. (org.). *Transpondo o abismo: Hannah Arendt entre a filosofia e a política*. Rio de Janeiro: Forense Universitária, 2002.
DUARTE, A. *O pensamento à sombra da ruptura: política e filosofia em Hannah Arendt*. São Paulo: Paz e Terra, 2000.
JARDIM, E. M. & N. BIGNOTO (orgs.). *Hannah Arendt: diálogos, reflexões, memórias*. Belo Horizonte: Editora UFMG, 2001.
LAFER, Celso. *Hannah Arendt: pensamento, persuasão e poder*, 2ª. ed. São Paulo: Paz e Terra, 2003.
WAGNER, Eugenia. *Hannah Arendt & Karl Marx: o mundo do trabalho*, 2ª. ed. São Paulo: Ateliê Editorial, 2002.
______. *Hannah Arendt: ética e política*. São Paulo: Ateliê Editorial, 2007.

WALTER BENJAMIN: ESTÉTICA E EXPERIÊNCIA HISTÓRICA

OBRAS DE WALTER BENJAMIN CITADAS

BENJAMIN, Walter. *O conceito de crítica no romantismo alemão*, trad. Márcio Seligmann-Silva. São Paulo: Iluminuras, 1993.
______. *A criança, o brinquedo, a educação*, trad. Marcus Mazzari. São Paulo: Editora 34, 2000.
______. *Diário de Moscou*, trad. Hildegard Herbold. São Paulo: Companhia das Letras, 1989.
______. *Documentos de cultura, documentos de barbárie*, org. Willi Bolle, São Paulo: Cultrix/Edusp, 1986.
______. *Écrits français*. Paris: Gallimard, 1991.
______. *Gesammelte Schriften*. Frankfurt am Main: Suhrkamp, 1974.
______. *Obras escolhidas*. São Paulo: Brasiliense, 3 v., 1985, 1987, 1989.

______. *Passagens*. Willi Bolle & Olgária Matos (orgs.). Belo Horizonte: Editora UFMG/São Paulo: Imprensa Oficial, 2006.

______. *Sociologia*. Org. e trad. René Flávio Kothe. São Paulo: Ática, 1985. Coleção Grandes Cientistas Sociais.

OBRAS RECOMENDADAS

BOLLE, Willi. *Fisiognomia da metrópole moderna*. São Paulo: Edusp, 1994.

CHAVES, Ernani. *No limiar do moderno: ensaios sobre Friedrich Nietzsche e Walter Benjamin*. Belém: Editora Paka-Tatu, 2003.

COUTO, Edvaldo Souza & Carla Milani DAMIÃO (orgs.). *Walter Benjamin: formas de percepção estética na modernidade*. Salvador: Quarteto Editora, 2008.

DOSSIÊ Walter Benjamin. *Revista* USP. São Paulo: Coordenadoria de Comunicação Social – USP, n. 15, set.-out.-nov. 1992.

GAGNEBIN, Jeanne-Marie. *História e narração em Walter Benjamin*. São Paulo: Perspectiva, 1994.

GLOBAL BENJAMIN. Internationaler Walter-Benjamin-Kongress 1992. Munique: W. Fink Verlag, 3 v., 1999.

LAGES, Susana Kampff. *Walter Benjamin: tradução & melancolia*. São Paulo: Edusp, 2002.

LINDNER, Burkhardt (org.). *Benjamin-Handbuch*. Stuttgart: Metzler Verlag, 2006.

LÖWY, Michael. *Walter Benjamin: aviso de incêndio. Uma leitura das teses "sobre o conceito de história"*. São Paulo: Boitempo Editorial, 2005.

MATOS, Olgária. *O iluminismo visionário: Benjamin, leitor de Descartes e Kant*. São Paulo: Brasiliense, 1993.

MOSES, Stephane. *L'Ange de l'histoire*. Rosenzweig, Benjamin, Scholem. Paris: Editions du Seuil, 1992.

MURICY, Katia. *Benjamin: alegorias da dialética*. Rio de Janeiro: Relume Dumará, 1999.

OPITZ, Michael & Erdmut WIZISLA (orgs.). *Benjamins Begriffe*. Frankfurt am Main: Suhrkamp, 2000, 2 v.

PALHARES, Taísa. *Aura: a crise da arte em Walter Benjamin*. São Paulo: Barracuda, 2006.

PRESSLER, Gunter Karl. *Benjamin, Brasil*. São Paulo: Annablume, 2006.

ROUANET, Sérgio Paulo. *Édipo e o anjo*. Rio de Janeiro: Tempo Brasileiro, 1981.

SCHOLEM, Gerschom. *História de uma amizade*. São Paulo: Perspectiva, 1992.

SELIGMANN-SILVA, Márcio. *Ler o livro do mundo. Walter Benjamin: romantismo e crítica literária*. São Paulo: Iluminuras, 1999.

______ (org.). *Leituras de Walter Benjamin*. São Paulo: Annablume, 1999.

STEINER, Uwe (org.). *Walter Benjamin. Zum 100.º Geburtstag*. Berna: Peter Lang Verlag, 1992.

TACKELS, Bruno. *L'Oeuvre d'art à l'époque de Walter Benjamin*. Histoire d'aura. Paris: Harmattan, 1999.

WISMANN, Heinz (org.). *Walter Benjamin et Paris*. Paris: Editions du Cerf, 1987.

INTRODUÇÕES AO PENSAMENTO DA ESCOLA DE FRANKFURT

ASSOUN, Paul-Laurent. *A escola de Frankfurt*. São Paulo: Ática, 1991.

DUARTE, Rodrigo. *Adorno/Horkheimer & A dialética do esclarecimento*. Rio de Janeiro: Jorge Zahar, 2002.

GAGNEBIN, Jeanne-Marie. *Walter Benjamin, os cacos da história*. São Paulo: Brasiliense, 1982.

JAY, Martin. *The Dialectical Imagination. A History of the Frankfurt School and the Institut of Social Research*. Boston: Little Brown and Company, 1973.

MATOS, Olgária. *A escola de Frankfurt. Luzes e sombras do Iluminismo*. São Paulo: Moderna, 1995.

MENTE, CÉREBRO & FILOSOFIA. São Paulo: Duetto, n. 7, abr. 2008.

NOBRE, Marcos (org.). *Curso livre de teoria crítica*. Campinas: Papirus, 2008.

WIGGERSHAUS, Rolf. *A Escola de Frankfurt*. Lisboa: Difel, 2002.

ZUIN, Antônio A. S., Bruno PUCCI & Newton RAMOS-DE-OLIVEIRA. *Adorno, o poder educativo do pensamento crítico*. Petrópolis: Vozes, 2000.

THEODOR ADORNO: A UNIDADE DE UMA EXPERIÊNCIA FILOSÓFICA PLURAL

OBRAS DE THEODOR ADORNO CITADAS

ADORNO, Theodor. "Die Aktualität der Philosophie", in *Gesammelte Schriften* I. Digitale Bibliotheke, Band 97, 2000.

______. *Ästhetische Theorie*. Frankfurt am Main: Suhrkamp, 1972.

______ & Max Horkheimer, *Dialética do esclarecimento*. Rio de Janeiro: Jorge Zahar, 1991.

______. *Negative Dialektik*. Frankfurt am Main: Suhrkamp, 1975.

______. *Philosophie der neuen Musik*. Frankfurt am Main: Suhrkamp, 1975.

______. *Prismas: crítica cultural e sociedade*. São Paulo: Ática, 2001.

______. *Traumprotokolle*. Frankfurt am Main: Suhrkamp, 2005.

______. "Über das gegenwärtige Verhältnis von Philosophie und Musik", in *Gesammelte Schriften* XVIII. Frankfurt am Main: Suhrkamp, 1984.

REFERÊNCIAS

BADIOU, Alain. *De la Dialectique negative par rapport à un certain bilan de Wagner* (mimeo).

DELEUZE, Gilles. *Empirisme et subjectivité*. 6.ª ed. Paris: puf, 1998.

FOUCAULT, Michel. *Dits et écrits*. Paris: Quarto, 1984.

HEIDEGGER, Martin. *Essais et conférences*. Paris: Gallimard, 1958.

KANT, Immanuel. *Kritik der Urteilskraft*. Hamburgo: Felix Meiner, 2006.

PLATÃO. *A república*. Lisboa: Fundação Calouste Gulbenkian, 1988.

ROSEN, Charles. *Sonat forms*. Nova York: Norton, 1988.

SAFATLE, Vladimir. "Espelhos sem imagens: mimesis e reconhecimento em Lacan e Adorno". Revista *Trans/Form/Ação*, v. 28, n. 2, 2005.

OBRAS EM PORTUGUÊS RECOMENDADAS

ALMEIDA, Jorge de. *Crítica dialética em Theodor Adorno: música e verdade nos anos vinte*. São Paulo: Ateliê Editorial, 2007.

ALVES, Douglas Garcia. *Dialética da vertigem: Adorno e a filosofia moral*. São Paulo: Escuta, 2005.

COHN, Gabriel. "Difícil reconciliação: Adorno e a dialética da cultura". *Lua Nova*, São Paulo, n. 20, 1990.

DEWS, Peter. "Adorno, pós-estruturalismo e a crítica da identidade", in Slavoj Zizek (org.). *Um mapa da ideologia*. Rio de Janeiro: Contraponto, 1996.

DUARTE, Rodrigo. *Dizer o que não se deixa dizer*. Joinville: Argos, 2008.

______. *Teoria crítica na indústria cultural*. Belo Horizonte: Editora UFMG, 2003.

NOBRE, Marcos. *A dialética negativa de Theodor Adorno: a ontologia do estado falso*. São Paulo: Iluminuras, 1998.

SAFATLE, Vladimir. "Sobre a gênese psicológica do transcendental: Adorno entre Freud e Kant", in Vladimir Safatle & Ronaldo Manzi (orgs.). *A filosofia após Freud*. São Paulo: Humanitas, 2008.

ERNST BLOCH E O "SONHO DE UMA COISA"

OBRAS DE ERNST BLOCH CITADAS

BLOCH, Ernst. "A arte e sua herança", trad. C. E. J. Machado, in Carlos Eduardo Jordão Machado (org.). *Um capítulo da história da modernidade estética: debate sobre o expressionismo*. São Paulo: Editora Unesp, 1998.

______. "Bilder des déjà vu", in *Literarische Aufsätze*. Frankfurt am Main: Suhrkamp, 1965.

______. "Discussões sobre o expressionismo", trad. Miriam Madureira, in Carlos Eduardo Jordão Machado (org.). *Um capítulo da história da modernidade estética: debate sobre o expressionismo*. São Paulo: Editora Unesp, 1998.

______. "Geladener Hohlraum", in *Ergänzungsband zur Gesamtausgabe. Tendenz – Latenz – Utopie*. Frankfurt am Main: Suhrkamp, 1978.

______. "O expressionismo visto agora", trad. C. E. J. Machado, in Carlos Eduardo Jordão Machado (org.). *Um capítulo da história da modernidade estética: debate sobre o expressionismo*. São Paulo: Editora Unesp, 1998.

______. "O homem como possibilidade", trad. Emmanuel Carneiro Leão. *Tempo Brasileiro*, Rio de Janeiro: Tempo Brasileiro, n. 8, 1966.

______. *Marxismo e utopia*. Roma: Riuniti, 1984.

______. "Philosophisches Ansicht des Detektivroman", in *Literarische Aufsätze*. Frankfurt am Main: Suhrkamp, 1965.

______. *O princípio esperança*, trad. Nélio Schneider (v. 1 e v. 3) e Werner Fuchs (v. 2). Rio de Janeiro: Contraponto/Editora Uerj, 3 v., 2005/2006.

______. *Spuren*. Frankfurt am Main: Suhrkamp, 1985.

______. *Thomas Münzer, teólogo da revolução*, trad. Walmireh Chacon e Celeste Aída Galeão. Rio de Janeiro: Tempo Brasileiro, 1973.

REFERÊNCIAS

ADORNO, Theodor. "Blochs *Spuren*", in *Noten zur Literatur* (II). Frankfurt am Main: Suhrkamp, 1981.

______. "Henkel, Krug und frühe Erfahrung", in *Noten zur Literatur* (IV), Frankfurt am Main: Suhrkamp, 1981.

BENJAMIN, Walter. *Schriften* I v-1. Frankfurt am Main: Suhrkamp, 1974.

BOELLA, Laura. Apresentação a Enst Bloch, *Tracce*. Milão, 1989.

KRACAUER, Siegfried. "Reisen, nüchtern", in *Schriften* 5-3. Frankfurt am Main: Suhrkamp, 1990.

TIECK, Ludwig. *Märchen*. Frankfurt am Main: Insel, 1988.

OBRAS EM PORTUGUÊS RECOMENDADAS

ARANTES, Paulo Eduardo. "Os homens supérfluos", in *Ressentimento da dialética. Dialética e experiência em Hegel. Antigos estudos sobre o* ABC *da miséria alemã*. São Paulo: Paz e Terra, 1996.

FOURTER, Pierre. *A dialética da esperança*. Rio de Janeiro: Paz e Terra, 1969.

MACHADO, Carlos Eduardo Jordão. "Sobre *A herança deste tempo* de Ernst Bloch", in Carlos Eduardo Jordão Machado, *Um capítulo da história da modernidade estética: debate sobre o expressionismo*. São

Paulo: Editora Unesp, 1998. Reproduzido parcialmente in M. Vedda (org.). *Ernst Bloch. Tendencias y latencias de un pensamiento.* Buenos Aires: Herramienta, 2007.

_____. "Uma filosofia expressionista: sobre o espírito da utopia de Ernst Bloch", in Isabel Loureiro & Ricardo Musse (orgs.). *Capítulos do marxismo ocidental.* São Paulo: Editora Unesp, 1998.

_____. "A crítica (materialista) do mundo (descontínuo) das coisas – micrologias". *Cadernos* cedem, ano 1, n. 1, dez. 2007. Publicado também in M. Vedda (org.). "Aproximaciones a Walter Benjamin", *Cuadernos Herramienta*, v. 2, Buenos Aires, n. 4, 2007.

MÜNSTER, Arno. *Ernst Bloch. Filosofia da práxis e utopia concreta.* São Paulo: Editora Unesp, 1993.

HERBERT MARCUSE, CRÍTICO DO CAPITALISMO TARDIO: REIFICAÇÃO E UNIDIMENSIONALIDADE

OBRAS DE HERBERT MARCUSE CITADAS

MARCUSE, Herbert. "Beiträge zu einer Phänomenologie des Historischen Materialismus" [1928]. *Schriften* 1. Frankfurt am Main: Suhrkamp, 1978.

_____. "Beyond One-Dimensional Man". The First Annual Hans Meyerhof Memorial Lecture, p. 19a, s.d. (manuscrito do Arquivo Marcuse em Frankfurt.)

_____. "O combate ao liberalismo na concepção totalitária do Estado" [1934], in *Cultura e sociedade.* São Paulo: Paz e Terra, v. 1, 1997.

_____. *Contrarrevolução e revolta.* Rio de Janeiro: Zahar, 1981.

_____. *Eros and Civilization.* Londres: Abacus, 1972.

_____. *Eros e civilização.* Rio de Janeiro: Zahar, 1978.

______. *Gespräche mit Herbert Marcuse*. Frankfurt am Main: Suhrkamp, 1978.

______. "Das historische Schicksal der bürgerlichen Demokratie", in Peter-Erwin Jansen, *Nachgelassene Schriften. Das Schicksal der bürgerlichen Demokratie*. Lüneburg: zu Klampen!, v. 1, 1999.

______. *L'Homme unidimensionnel* – Essai sur l'idéologie de la société industrielle avancée. Paris: Les Editions de Minuit, 1968.

______. "Industrialização e capitalismo na obra de Max Weber" [1964], in *Cultura e sociedade*. São Paulo: Paz e Terra, v. 2, 1998.

______. "Konterrevolution und Revolte", in *Schriften* 9. Frankfurt am Main: Suhrkamp, 1987.

______. "Neue Quellen zur Grundlegung des Historischen Materialismus" [1932]. *Schriften* 1. Frankfurt am Main: Suhrkamp, 1978.

______. "A noção de progresso à luz da psicanálise" [1968], in *Cultura e psicanálise*. São Paulo: Paz e Terra, 2001.

______. "Notizen zu Proust", in *Nachgelassene Schriften* 2 – *Kunst und Befreiung*. Lüneburg: zu Klampen!, 2000.

______."The Obsolescence of Marxism", in Nikolaus Lobkowicz, *Marx and the Western World*. Notre Dame / Londres: University of Notre Dame Press, 1967.

______. "Die Permanenz der Kunst", in *Schriften* 9. Frankfurt am Main: Suhrkamp, 1987.

______. "Para a crítica do hedonismo" [1938], in *Cultura e sociedade*. São Paulo: Paz e Terra, v. 1, 1997.

______. "Protosozialismus und Spätkapitalismus – Versuch einer revolutionstheoretischen Synthese von Bahros Ansatz", in Detlev Claussen (org.). *Spuren der Befreiung*. Darmstadt / Neuwied: Hermann Luchterhand, 1981.

______. *Razão e revolução*. Rio de Janeiro: Paz e Terra, 1978.

______. "Réexamen du concept de revolution". *Diogène*, Paris: Unesco, 1968.

______. *Revolution oder Reform?* Munique: Kösel-Verlag, 1976.

______. "Sobre o caráter afirmativo da cultura" [1937], in *Cultura e sociedade*. São Paulo: Paz e Terra, v. 1, 1997.

______. *Tecnologia, guerra e fascismo*. São Paulo: Editora Unesp, 1999.

______. "Über konkrete Philosophie" [1929], in *Schriften* 1. Frankfurt am Main: Suhrkamp, 1978.

______. "Die Unterschiede zwischen alter und neuer Linker", in Peter-Erwin Jansen (org.). *Nachgelassene Schriften*. Lüneburg: zu Klampen!, v. 4, 2004.

______. "Voraussetzungen der Revolution". *Neues Forum Berlim*, H. 232, abr. 1973.

______. "Zum Begriff des Wesens" [1936], in *Schriften* 3. Frankfurt am Main: Suhrkamp, 1979.

REFERÊNCIAS

ADORNO, Theodor & Max HORKHEIMER. *Dialética do esclarecimento*. Rio de Janeiro: Zahar, 1985.

ARANTES, Paulo Eduardo. "Recordações da recepção brasileira de Herbert Marcuse", in *Zero à esquerda*. São Paulo: Conrad, 2004.

______. Entrevista. *Folha de S. Paulo, Mais!*, 10 maio 1998.

COUTINHO, Carlos Nelson. "Dois momentos brasileiros da Escola de Frankfurt", in *Cultura e sociedade no Brasil. Ensaios sobre ideias e formas*. Belo Horizonte: Oficina de Livros, 1990.

HABERMAS, Jürgen (org.). *Antworten auf Herbert Marcuse*. Frankfurt am Main: Suhrkamp, 1968.

HOBSBAWM, Eric. *Era dos extremos*. São Paulo: Companhia das Letras, 1995.

HORKHEIMER, Max. *Eclipse da razão*. Rio de Janeiro: Editorial Labor do Brasil, 1976.

JAMESON, Fredric. *Marxismo e forma*. São Paulo: Hucitec, 1985.

LATOUCHE, Serge. "Pour une société de décroissance". *Le Monde Diplomatique*, nov. 2003.

LEBRUN, Gérard. "Sobre a tecnofobia", in Adauto Novaes (org.). *A crise da razão*. São Paulo: Companhia das Letras, 1996.

LOUREIRO, Isabel. "Filosofia e revolução no jovem Marcuse", in *Contemporaneidade e Educação – A atualidade da Escola de Frankfurt*. Rio de Janeiro: Instituto de Estudos da Cultura e Educação Continuada, 1996.

______. "Repensando o progresso" *Praga: estudos marxistas*. São Paulo: Hucitec, n. 7, 1999.

______. (org.) "Herbert Marcuse/Martin Heidegger – correspondência", in *Herbert Marcuse – A grande recusa hoje*. Petrópolis: Vozes, 1999.

______. "Breves notas sobre a crítica de Herbert Marcuse à tecnologia", in Bruno Pucci, Luiz Antônio Lastória & Berlamino C. Costa (orgs.). *Tecnologia, cultura e formação... ainda Auschwitz*. São Paulo: Cortez, 2003.

______. "Le Marxisme écologique de Herbert Marcuse: il faut changer le sens du progrès", in Jean-Marie Harribey & Michael Löwy (orgs.). in *Capital contre nature*. Paris: PUF, 2003.

LÖWY, Michael. "Figures du marxisme wébérien". *Actuel Marx*, n. 11, 1992.

OLAFSON, Frederick A. "Heidegger's Politics: An Interview with Herbert Marcuse". *Graduate Faculty Philosophy Journal*, Nova York, v. 6, n. 1, 1977.

SCHACHTEL, Ernest G. "On Memory and Childhood Amnesia", in Patrick Mullahy, *A Study of Interpersonal Relations*. Nova York: Hermitage Press, 1950.

SCHMIDT, Alfred. "Herbert Marcuse – Versuch einer Vergenwärtigung seiner sozialphilosophischen und politischen Ideen", in Institut für Sozialforschung (org.). *Kritik und Utopie im Werk von Herbert Marcuse*. Frankfurt am Main: Suhrkamp, 1992.

SOARES, Jorge Coelho. "A recepção das ideias de Marcuse no Brasil", in *Marcuse – uma trajetória*. Londrina: Eduel, 1999.

______. *Marcuse no Brasil*. Londrina: Edições Cefil, 1999.

STARK, Franz (org.). *Revolution oder Reform – Herbert Marcuse und Karl Popper. Eine Konfrontation*. Munique: Kösel Verlag, 1971.

JÜRGEN HABERMAS E A HERANÇA DA TEORIA CRÍTICA

OBRAS DE JÜRGEN HABERMAS CITADAS

HABERMAS, Jürgen. *Das Absolute und die Geschichte. Von der Zwiespältigkeit in Schellings Denken*. Tese de Doutoramento. Bonn: Universidade de Bonn, 1954.

______. *Comentários à ética do discurso*, trad. G. L. Encarnação. Lisboa: Instituto Piaget, [s.d.].

______. *Conhecimento e interesse*, trad. J. N. Heck. Rio de Janeiro: Guanabara, 1987.

______. *Consciência moral e agir comunicativo*, trad. Guido A. de Almeida. Rio de Janeiro: Tempo Brasileiro, 1989.

______. *A constelação pós-nacional*: ensaios políticos. São Paulo: Littera Mundi, 2001.

______. *A crise de legitimação no capitalismo tardio*. Rio de Janeiro: Tempo Brasileiro, 1980.

______. *Diagnósticos do tempo: seis ensaios*, trad. F. B. Siebeneichler. Rio de Janeiro: Tempo Brasileiro, 2005.

______. *Dialética e hermenêutica*, trad. A. M. Valls. Porto Alegre: L&PM, 1987.

______. *Direito e democracia: entre faticidade e validade*, trad. F. B. Siebeneichler. Rio de Janeiro: Tempo Brasileiro, 1997. 2. v.

______. *Entre naturalismo e religião*: estudos filosóficos, trad. de F. B. Siebeneichler. Rio de Janeiro: Tempo Brasileiro, 2007.

______. *Era de transições*, trad. F. B. Siebeneichler. Rio de Janeiro: Tempo Brasileiro, 2003.

______. *O futuro da natureza humana*. A caminho da eugenia liberal?, trad. Karina Jannini. São Paulo: Martins Fontes, 2004.

______. *Habermas: sociologia*, org. e trad. S. P. Rouanet e B. Freitag. São Paulo: Ática, 1980. Coleção Grandes Cientistas Sociais, 1980.

______. *A inclusão do outro: estudos de teoria política*. 2.ª ed. São Paulo: Loyola, 2004.

______. *Mudança estrutural da esfera pública: investigações quanto a uma categoria da sociedade burguesa*, trad. F. R. Kothe. Rio de Janeiro: Tempo Brasileiro, 1984.

______. "Odisseia da razão na natureza", in Vamireh Chacon (org.). *Humanismo e comunicação de massa*. Rio de Janeiro: Tempo Brasileiro, 1970, p. 65-79.

______. *Para a reconstrução do materialismo histórico*, trad. Carlos N. Coutinho. 2.ª ed. São Paulo: Brasiliense, 1990.

______. *Pensamento pós-metafísico: estudos filosóficos*, trad. F. B. Siebeneichler. Rio de Janeiro: Tempo Brasileiro, 1990.

______. *Philosophisch-politische Profile. Erweiterte Ausgabe*. Frankfurt am Main: Suhrkamp, 1987.

______. *Textos e contextos*, trad. S. L. Vieira. Lisboa: Instituto Piaget, 2001.

______. *Textos escolhidos*. São Paulo: Abril, 1980. Coleção Os Pensadores.

REFERÊNCIAS

ALMEIDA, Guido Antonio. "Verdade e consenso". *Revista Tempo Brasileiro*, Rio de Janeiro, v. 98, 1989.

APEL, Karl-Otto, Luiz MOREIRA & Manfredo de OLIVEIRA. *Com Habermas, contra Habermas: direito, discurso e democracia*. São Paulo: Landy, 2004.

ARAUJO, Luiz Bernardo Leite. *Religião e modernidade em Habermas*. São Paulo: Loyola, 1996.

BANNEL, Ralph Ings. *Habermas & a educação*. Belo Horizonte: Autêntica, 2006.

CHAUI, Marilena. *Cultura e democracia*. 3.ª ed. São Paulo: Moderna, 1982.

DIAS, Maria Clara Marques. "Direitos sociais básicos: uma investigação filosófica acerca da fundamentação dos direitos humanos", *Manuscrito*, Campinas, n. 1, v. XIX, 1996.

DUTRA, Delamar V. *Kant e Habermas. A reformulação discursiva da moral kantiana*. Porto Alegre: EDIPUCRS, 2002.

______. *Razão e consenso em Habermas. A teoria discursiva da verdade, da moral, do direito e da biotecnologia*. Florianópolis: Editora UFSC, 2005.

FREITAG, Bárbara. *A teoria crítica, ontem e hoje*. São Paulo: Brasiliense, 1986.

GIANNOTTI, José Arthur. *Origens da dialética do trabalho*. São Paulo: Difusão Europeia do Livro, 1966.

HEIDEGGER, Martin. *Einführung in die Metaphysik*. Tübingen: Max Niemeyer, 1953.

HERMANN, Nadja. *Validade em educação: intuições e problemas na recepção de Habermas*. Porto Alegre: EDIPUCRS, 1999.

HERRERO, Francisco Javier. "A razão kantiana entre o logos socrático e a pragmática transcendental". *Síntese*, Belo Horizonte, n. 52, v. 18, jan./mar. 1991.

CIRNE-LIMA, Carlos Roberto V. "Sobre a contradição performativa como fundamentação do sistema". *Síntese*. Belo Horizonte, n. 55, v. 18, 1999.

MAIA, Antonio C. *Jürgen Habermas filósofo do direito*. Rio de Janeiro: Renovar, 2008.

MENDONÇA, Wilson. "Are Moral Concerns Irreducible to Ethical Concerns? Habermas and the Cognitive Content of Morality", in Amós Nascimento (org.), *A Matter of Discourse. Community and Communication in Contemporary Philosophies*. Aldershot: Avebury Ashgate, 1998.

MOREIRA, Luiz. *Fundamentação do direito em Habermas*. Belo Horizonte: Mandamentos & Fortlivros, 1999.

NOBRE, Marcos. "A ideia da teoria crítica", in Maria Cristina Müller & Elve Miguel Cenci. *Ética, política e linguagem: confluências*. Londrina: Cefil, 2004.

______. *A teoria crítica*. Rio de Janeiro: Jorge Zahar, 2004.

______ & Ricardo TERRA (orgs.). *Direito e democracia: um guia de leitura de Habermas*. São Paulo: Malheiros, 2008.

______ (org.). *Curso livre de teoria crítica*. Campinas: Papirus, 2008.

OLIVEIRA, Manfredo Araújo de. *Reviravolta linguístico-pragmática na filosofia contemporânea*. São Paulo: Loyola, 1996.

______. *Sobre a fundamentação*. Porto Alegre: EDIPUCRS, 1997.

OLIVEIRA, Nythamar Fernandes. "Habemus Habermas: o universalismo ético entre o naturalismo e a religião". *Veritas*, Porto Alegre, v. 54, 2009.

PINZANI, Alessandro & Delamar VOLPATO DUTRA. "Habermas em discussão" in Colóquio Habermas, 2005, Florianópolis. *Anais*, Florianópolis: Nefipo, 2005.

PINZANI, Alessandro. *Habermas*. Uma introdução. Porto Alegre: Artmed, 2009.

STEIN, Ernildo. *Crítica da ideologia e racionalidade*. Porto Alegre: Movimento, 1986.

TREVISAN, Amarildo Luiz. *Filosofia da educação: mímesis e razão comunicativa*. Ijuí: Editora Unijuí, 2000.

NIKLAS LUHMANN: "EU VEJO O QUE TU NÃO VÊS"

OBRAS DE NIKLAS LUHMANN CITADAS

LUHMANN, Niklas. "Arbeitsteilung und Moral: Durkheims Theorie", in Émile Durkheim, *Über die Teilung der sozialen Arbeit*. Frankfurt am Main: Suhrkamp, 1988.

______. *El arte de la sociedad*. Cidade do México: Herder / Universidad Iberoamericana, 2005.

______. *La ciencia de la sociedad*. México: Universidad Iberoamericana / iteso / Anthropos, 1996.

______. "La costituzione come acquisizione evolutiva", in Pier Gustavo Zagrebelsky, Paolo Portinaio & Jörg Luther (orgs.). *Il futuro della costituzione*. Turim: Einaudi.

______. *El derecho de la sociedad*. Cidade do México: Universidad Iberoamericana, 2002.

______. "Einfache soziale Systeme", in Niklas Luhmann, *Soziologische Aufklärung 2: Aufsätze zur Theorie der Gesellschaft*. 3.ª ed. Opladen: Westdeutscher Verlag, 1986.

______. *Das Erziehungssystem der Gesellschaft*. Frankfurt am Main: Suhrkamp, 2002.

______. "Europa als Problem der Weltgesellschaft", in *Berliner Debatte Initial: Zeitschrift für sozialwissenschaftlichen Diskurs* 2/1994. Berlim: GSFP.

______. *Funktion der Religion*. Frankfurt am Main: Suhrkamp, 1982.

______. *Die Gesellschaft der Gesellschaft*, Frankfurt am Main: Suhrkamp, 1997, 2 tomos.

______. "Gesellschaftliche Struktur und semantische Tradition", in Niklas Luhmann, *Gesellschaftsstruktur und Semantik: Studien zur Wissenssoziologie der modernen Gesellschaft*, v. 1. Frankfurt am Main: Suhrkamp, 1980.

______. *Gesellschaftsstruktur und Semantik: Studien zur Wissenssoziologie der modernen Gesellschaft*, v. 3. Frankfurt am Main: Suhrkamp, 1980.

______. *Grundrechte als Institution: Ein Beitrag zur politischen Soziologie*. Berlim: Duncker & Humblot, 1965.

______. "Handlungstheorie und Systemtheorie". In Niklas Luhmann, *Soziologische Aufklärung 3: Soziale Systeme, Gesellschaft, Organisation*. 2.ª ed. Opladen: Westdeutscher Verlag, 1991.

______. "Ich sehe, was Du nicht siehst", in Niklas Luhmann, *Soziologische Aufklärung 5: Konstruktivistische Perspektiven*. Opladen: Westdeutscher Verlag, 1990.

______. "Inclusión y Exclusión", in Niklas Luhmann, *Complejidad y modernidad: de la unidad a la diferencia*. Madri: Trotta, 1998.

______. "Inklusion und Exklusion", in *Soziologische Aufklärung 6: Die Soziologie und der Mensch*. Opladen: Westdeutscher Verlag, 2008

______. "Interaktion, Organisation, Gesellschaft", in *Soziologische Aufklärung 2: Aufsätze zur Theorie der Gesellschaft*. 3.ª ed. Opladen: Westdeutscher Verlag, 1986.

______. "Itinéraire d'un auteur; itinéraire d'une discipline: entretien avec Niklas Luhmann [1991]", entrevista concedida a Pierre Guibentif, in André-Jean Arnaud & Pierre Guibentif (orgs.). *Niklas Luhmann observateur du droit*. Paris: Lgdj, 1994.

______. *Die Kunst der Gesellschaft*. 2.ª ed. Frankfurt am Main: Suhrkamp, 1996.

______. *Die Krisis der europäischen Wissenschaften und die transzendentale Phänomenologie*, Elisabeth StröKer, (org.). 2.ª ed, Hamburgo: Meiner, 1977.

______. *Law as Social System*. Oxford: Oxford University Press, 2004.

______. *Legitimação pelo procedimento*. Brasília: Editora UnB, 1980.

______. *Legitimation durch Verfahren*. Frankfurt am Main: Suhrkamp, 1983.

______. "Machtkreislauf und Recht in Demokratien", in *Zeitschrift für Rechtssoziologie* 2. Opladen: Westdeutscher Verlag, 1981.

______. *Organisation und Entscheidung*. Frankfurt am Main: Suhrkamp, 2000.

______. *Politische Theorie im Wohlfahrtsstaat*. Munique: Olzog, 1981.

______. *Die Politik der Gesellschaft*. Frankfurt am Main: Suhrkamp, 2000.

______. *Procedimenti giuridici e legittimazione sociale*. Milão: Giuffrè, 1995.

______. "Quod Omnes Tangit: Remarks on Jürgen Habermas's legal theory", in Habermas et al. *Habermas on Law and Democracy: Critical Exchanges*.

______. *Das Recht der Gesellschaft*. Frankfurt am Main: Suhrkamp, 1993.

______ & Karl-Eberhard SCHORR. *Reflexionsprobleme im Erziehungssystem*. Frankfurt am Main: Suhrkamp, 1988.

______. *Die Religion der Gesellschaft*. Frankfurt am Main: Suhrkamp, 2000.

______. *Sistemas sociales: lineamientos para una teoría general*. 2.ª ed. Barcelona: Anthropos; México: Universidad Iberoamericana; Santafé de Bogotá: Ceja, 1998.

______. *Sistemi sociali: Fondamenti di una teoria generale*. Bolonha: Il Mulino, 1990.
______. *Social Systems*. Stanford: Stanford University Press, 1995.
______. *La sociedad de la sociedad*. Cidade do México: Herder / Universidad Iberoamericana, 2007.
______. *Soziale Systeme: Grundriß einer allgemeinen Theorie*. Frankfurt am Main: Suhrkamp, 1984.
______. "Talcott Parsons: Zur Zukunft eines Theorieprogramms", in *Zeitschrift für Soziologie*, n. 9, 1980.
______. "Tautologie und Paradoxie in de Selbstbeschreibungen der modernen Gesellschaft", in *Zeitschrift für Soziologie Postfach*, n. 16, 1987.
______. *Teoría política en el estado de bienestar*. Madri: Alianza, 1994.
______. "The Third Question: the Creative Use of Paradoxes in Law and Legal History". *Journal of Law and Society Cardiff*, n. 15, 1988.
______. "Warum agil?", in *Kölner Zeitschrift für Soziologie und Sozialpsychologie*, n. 40, 1988.
______. *Die Wirtschaft der Gesellschaft*. Frankfurt am Main: Suhrkamp, 1988.
______. *Die Wissenschaft der Gesellschaft*. Frankfurt am Main: Suhrkamp, 1990.
______. "Verfassung als evolutionäre Errungenschaft", in *Rechtshistorisches Journal* 9. Frankfurt am Main: Löwenklau, 1990.
______. "Zur Einführung", in Marcelo Neves. *Verfassung und Positivität des Rechts inder peripheren Moderne*. Berlim: Duncker & Humblot, 1992.

REFERÊNCIAS

ARNAUD, Andre-Jean (org.). *Dossier – Aux racines sociales du droit: variations autour de quelques thèmes luhmanniens (Droit et Société:*

Revue Internationale de Théorie du Droit et de Sociologie Juridique, n. 47), Paris: Lgdj, 2001

_____ & Pierre GUIBENTIF (orgs.). *Niklas Luhmann observateur du droit.* Paris: Lgdj, 1994.

ASHBY, Willian Ross. *An Introduction to Cybernetics* [1956]. Londres/Nova York: Methuen, 1984.

BOURDIEU, Pierre. *La Noblesse d'État: grandes écoles et esprit de corps.* Paris: Minuit, 1989.

BRUNKHORST, Hauke. "Abschied von Alteuropa. Die Gefährdung der Moderne und der Gleichmut des Betrachters: Niklas Luhmans 'Gesellschaft der Gesellschaft'", in *Die Zeit* 13, junho de 1997.

BRUNKHORST, Hauke. *Solidarität: von der Bürgerfreundschaft zur globalen Rechtsgenossenschaft*, Frankfurt am Main: Suhrkamp, 2002.

FISCHER-LESCANO, Andreas. "Die Emergenz der Globalverfassung", in *Zeitschrift für ausländisches öffentliches Recht und Völkerrecht* 63/3. Heidelberg: Max-Planck-Institut für Ausländisches Öffentliches Recht und Völkerrecht; Stuttgart: Kohlhammer, 2003.

_____. "Globalisierung der Menschenrechte", in *Blätter für deutsche und internationale Politik* 10/2002. Bonn: Blätter Verlagsgesellschaft, 2002.

_____. "Globale Solidarität. Inklusionsprobleme der modernen Gesellschaft", in Lutz Wingert & Klaus Günther (orgs.). *Die Öffentlichkeit der Vernunft und die Vernunft der Öffentlichkeit: Festschrift für Jürgen Habermas.* Frankfurt am Main: Suhrkamp, 2001.

FOERSTER, Heinz von. *Observing Systems.* Seaside, CA: Intersystems Publications, 1981.

GÜNTHER, Klaus. "Vom Zeitkern des Rechts", in *Rechtshistorisches Journal* 14. Frankfurt am Main: Löwenklau, 1995.

HABERMAS, Jürgen & Niklas LUHMANN. *Theorie der Gesellschaft oder Sozialtechnologie – was leistet die Systemforschung?* Frankfurt am Main: Suhrkamp, 1971.

HABERMAS, Jürgen. *Theorie des kommunikativen Handelns*. 2.ª ed. Frankfurt am Main: Suhrkamp, v. 1, 1982.

______. *Teoría de la acción comunicativa*. Madri: Taurus, 1978, v. 1.

______. "Reply to Symposium Participants, Benjamin N. Cardozo School of Law" / "Replik auf Beiträgen zu einem Symposium der Benjamin N. Cardozo School of Law", in Jürgen Habermas et al. *Habermas on Law and Democracy: Critical Exchanges*. *Cardozo Law Review*, v. 17, n. 4-5. Nova York: Benjamin N. Cardozo School of Law – Yeshiva University, mar. 1996.

______. *Faktizität und Geltung: Beiträge zur Diskurstheorie des Rechts und des demokratischen Rechtsstaats*. Frankfurt am Main: Suhrkamp, 1992.

______. *Direito e democracia: entre facticidade e validade*. Rio de Janeiro: Tempo Brasileiro, 1997. 2 v.

______. *Strukturwandel der Öffentlichkeit: Untersuchungen zu einer Kategorie der bürgerlichen Gesellschaft*. Frankfurt am Main: Suhrkamp, 1990. [1.ª ed. Neuwied: Luchterhand, 1962].

TEUBNER, Gunther. *Recht als autopoietisches System*. Frankfurt am Main: Suhrkamp, 1989.

______. *O direito como sistema autopoiético*, Lisboa: Fundação Calouste Gulbenkian, 1993.

LADEUR, Karl-Heinz. "Rechtliche Ordnungsbildung unter Ungewissheitsbedingungen und intersubjektive Rationalität", in Werner Krawietz & Gerhard Preyer (orgs.). *System der Rechte, demokratischer Rechtsstaat und Diskurstheorie des Rechts nach*

Jürgen Habermas: Habermas-Sonderheft (*Rechtstheorie* 27/3). Berlim: Duncker & Humblot, 1996.
MATURANA, Humberto R. *Erkennen: Die Organisation und Verkörperung von Wirklichkeit. Ausgewählte Arbeiten zur biologischen Epistemologie*. Braunschweig/Wiesbaden: Vieweg, 1982.
MATURANA, Humberto R. & Francisco J. VARELA. *Autopoiesis and Cognition: the Realization of the Living*. Dordrecht: D. Reidel Publishing Company, 1980.
_____. *El árbol del conocimiento: las bases biológicas del entendimiento humano* [1984]. 18.ª ed. Santiago: Editorial Universitaria, 2006.
_____. *A árvore do conhecimento*: as bases biológicas da compreensão humana. São Paulo: Palas Athena, 2001.
NEVES, Marcelo. *Zwischen Themis und Leviathan: Eine Schwierige Beziehung – Eine Rekonstruktion des demokratischen Rechtsstaats in Auseinandersetzung mit Luhmann und Habermas*. Baden-Baden: Nomos Verlagsgesellschaft, 2000.
_____. *Entre Têmis e Leviatã: uma relação difícil – O Estado Democrático de Direito a partir e além de Luhmann e Habermas*. São Paulo: Martins Fontes, 2006.
_____. *Verfassung und Positivität des Rechts in der peripheren Moderne: Eine theoretische Betrachtung und eine Interpretation des Falls Brasilien*. Berlim: Duncker & Humblot, 1992.
_____. "Entre subintegração e sobreintegração: a cidadania inexistente". *DADOS – Revista de Ciências Sociais*, v. 37, n. 2. Rio de Janeiro: Iuperj, 1994.
_____. "Zwischen Subintegration und Überintegration: Bürgerrechte nicht ernstgenommen." [versão alemã revista e ampliada] *Kritische Justiz* 32/4. Baden-Baden: Nomos Verlagsgesellschaft, 1999.

______. Da autopoiese à alopoiese do direito. *Revista Brasileira de Filosofia*, v. XLII. São Paulo: Instituto Brasileiro de Filosofia, 1995.

______. "Von der Autopoiesis zur Allopoiesis des Rechts", [versão alemã revista e ampliada] in *Rechtstheorie* 34/2. Berlim: Duncker & Humblot, 2003.

______. "Do pluralismo jurídico à miscelânea social: o problema da falta de identidade da(s) esfera(s) de juridicidade na modernidade periférica e suas implicações na América Latina". *Direito em Debate*, ano V, n. 5. Ijuí: Universidade de Ijuí, 1995.

______. "Vom Rechtspluralismus zum sozialen Durcheinander: Der Mangel an Identität der Rechtssphäre(n) in der peripheren Moderne und seine Implikationen in Lateinamerika" [versão alemã revista e ampliada], in Hauke Brunkhorst & Wenzel Matiaske (orgs.): *Peripherie und Zentrum in der Weltgesellschaft*. Munique/Mering: Rainer Hampp, 2004.

SCHMITT, Carl. *Verfassungslehre*, 5.ª ed. [reimpressão inalterada da 1.ª edição, de 1928] Berlim: Duncker & Humblot, 1993.

______. *Teoría de la Constitución*. Cidade México: Editora Nacional, 1970.

SPENCER-BROWN, George. *Laws of Form*. Londres: George Allen and Unwin, 1971.

STICHWEH, Rudolf. "Inklusion/Exklusion, funktionale Differenzierung und die Theorie der Weltgesellschaft", in *Soziale Systeme: Zeitschrift für soziologische Theorie* 3, Opladen: Leske und Budrich, 1997.

TEUBNER, Gunther. "Die Anonyme Matrix: Zu Menschenrechtsverletzungen durch 'private' transnationale Akteure". *Der Staat*, v. 45, n. 2. Berlim: Duncker & Humblot, 2006

SOBRE OS AUTORES

JORGE DE ALMEIDA Doutor em Filosofia e professor do Departamento de Teoria Literária e Literatura Comparada da FFLCH-USP. Tradutor e crítico literário. Autor, entre outras obras, de *Crítica dialética em Theodor Adorno* (2007).

WOLFGANG BADER Diretor executivo do Goethe-Institut São Paulo e diretor regional do mesmo instituto para a América do sul. Foi professor de literatura e língua alemã na UFRJ e na UnB. Organizou as coletâneas *Brecht no Brasil: experiências e influências* (1987) e *Com raiva e paciência* (1985) de Hans Magnus Enzensberger, entre outras.

GILBERTO BERCOVICI Professor associado da Faculdade de Direito da USP. Professor do Programa de Pós-Graduação em Direito Político e Econômico da Universidade Presbiteriana Mackenzie. Doutor em Direito do Estado e livre-docente em Direito Econômico pela USP.

GABRIEL COHN Professor titular do Departamento de Sociologia da FFLCH-USP. É autor de, entre outros livros, *Crítica e resignação: fundamentos da sociologia de Max Weber* (2ª ed., 2003), e organizador das antologias *Theodor W. Adorno* (1986) e *Max Weber* (1979).

DELAMAR VOLPATO DUTRA Professor da UFSC e doutor pela UFRGS. Escreveu, entre outras obras, *Razão e consenso em Habermas: a teoria discursiva da verdade, da moral, do direito e da biotecnologia* (2005) e *Kant e Habermas: a reformulação discursiva da moral kantiana* (2002).

JEANNE-MARIE GAGNEBIN Professora titular de Filosofia na PUC-SP e livre-docente em Teoria Literária pela Unicamp. É autora de *Lembrar, escrever, esquecer* (2006), *Sete aulas sobre linguagem, memória e história* (1997) e *Histoire et narration chez Walter Benjamin* (1994) entre outros livros.

JORGE GRESPAN Professor do Departamento de História da FFLCH-USP. Autor de *O negativo do capital: o conceito de crise na crítica de Marx à economia política* (1998).

ZELJKO LOPARIC Professor na PUC-SP e professor colaborador na Unicamp. É autor de, entre outros livros, *A semântica transcendental de Kant* (3ª ed., 2005), *Ética e finitude* (2004) e *Heidegger* (2004).

ISABEL MARIA LOUREIRO Professora aposentada do Departamento de Filosofia da Unesp (Marília); atualmente é professora colaboradora do Programa de Pós-Graduação em Política da Unicamp. Escreveu, entre outros livros, *A revolução alemã* (2005) e *Rosa Luxemburgo – os dilemas da ação revolucionária* (2ª ed., 2004) e organizou de duas antologias de Herbert Marcuse em português, *Cultura e psicanálise* (2001) e *A grande recusa hoje* (1999).

CARLOS EDUARDO JORDÃO MACHADO Professor de História da Filosofia e de História Social da Cultura da Unesp (Assis) e escreveu *Debate sobre o expressionismo: um capítulo da história da modernidade estética* (1998) e *As formas e a vida: estética e ética no jovem Lukács* (1910-1918) (2004).

RENATO MEZAN Professor titular na PUC-SP. Publicou, entre outros, *Escrever a clínica* (2ª ed., 2006), *Freud, pensador da cultura* (7ª ed., 2006) e *Freud – a trama dos conceitos* (6ª ed., 2004).

MARCELO NEVES Professor da Faculdade de Direito da USP e dos programas de pós-graduação da PUC-SP e do Instituto Brasiliense de Direito. Doutor em Direito pela Universidade de Bremen. Escreveu, entre outros livros, *A constitucionalização simbólica* (2007) e *Entre Têmis e Leviatã: uma relação difícil* (2006).

ALESSANDRO PINZANI Professor da UFSC. Livre-docente e doutor pela Universidade de Tübingen. É autor de, entre outros, *An den Wurzeln moderner Demokratie. Bürger und Staat in der Neuzeit* (2009), *Jürgen Habermas* (2007), e coautor, com Maria Monetti, de *Diritto, politica e moralità in Kant* (2004).

VLADIMIR SAFATLE Professor do Departamento de Filosofia da FFLCH-USP e professor visitante das universidades de Paris VII e Paris VIII. Autor de *Cinismo e falência da crítica* (2008), *Lacan* (2007) e *A paixão do negativo: Lacan e a dialética* (2006). É um dos coordenadores da coleção de novas traduções das obras de Theodor Adorno em português (Editora da Unesp).

ÍNDICE ONOMÁSTICO

EDIÇÃO Milton Ohata
ASSITENTE EDITORIAL Ana Paula Martini
PREPARAÇÃO Todotipo Editorial
REVISÃO Débora Donadel
PROJETO GRÁFICO Cosac Naify
PRODUÇÃO GRÁFICA Aline Valli

1ª edição Cosac Naify Portátil, 2013

Nesta edição, respeitou-se o novo Acordo Ortográfico da Língua Portuguesa.

Dados Internacionais de Catalogação na Publicação (CIP)
(Câmara Brasileira do Livro, SP, Brasil)

O pensamento alemão no século XX:
grandes protagonistas e recepção das obras
no Brasil, volume I
Jorge de Almeida e Wolfgang Bader (orgs.)
1ª edição Cosac Naify Portátil
São Paulo: Cosac Naify, 2013
416 pp.

ISBN 978-85-405-0292-5

1. Ensaios 2. Filosofia alemã 3. Filósofos - Alemanha -
Século 20 I. Almeia, Jorge de. II. Bader, Wolfgang.

12-14988 CDD 193

Índices para catálogo sistemático:
1. Filosofia alemã: Século 20 193
2. Filósofos alemães: Século 20 193

COSAC NAIFY
rua General Jardim, 770, 2º andar
01223-010 São Paulo SP
[55 11] 3218 1444
cosacnaify.com.br
atendimento ao professor [55 11] 3218 1473

COSACNAIFY PORTÁTIL

1 *Lero-lero*, Cacaso
2 *Khadji-Murát*, Liev Tolstói
3 *A sociedade contra o Estado*, Pierre Clastres
4 *O amante*, Marguerite Duras
5 *O africano*, J. M. G. Le Clézio
6 *Como funciona a ficção*, James Wood
7 *Degas dança desenho*, Paul Valéry
8 *Leão-de-chácara*, João Antônio
9 *O fim da história da arte*, Hans Belting
10 *Antropologia estrutural*, Claude Lévi-Strauss
11 *Teoria da vanguarda*, Peter Bürger
12 *A prosa do mundo*, Maurice Merleau-Ponty
13 *Carta a D.*, André Gorz
14 *A festa de Babette*, Karen Blixen
15 *O som e a fúria*, William Faulkner
16 *A invenção da cultura*, Roy Wagner
17 *Esperando Foucault, ainda*, Marshall Sahlins
18 *Uma criatura dócil*, Fiódor Dostoiévski
19 *O pensamento alemão no século XX – vol. I*, Jorge de Almeida e Wolfgang Bader (orgs.)
20 *O pensamento alemão no século XX – vol. II*, Jorge de Almeida e Wolfgang Bader (orgs.)

FONTES Akzidenz-Grotesk Pro e More Pro
PAPEL Munken Pure Rough 100 g/m²
IMPRESSÃO Geográfica
TIRAGEM 3000